hommage respectueux de l'auteur à Mr Horace Say membre du conseil général de la Seine

J. Le Berquier

LA COMMUNE DE PARIS

ET LE DÉPARTEMENT DE LA SEINE

OU

Code de l'Habitant de Paris et de la Banlieue.

Paris, Imprimerie de Paul Dupont,
rue de Grenelle-St-Honoré, 45.

LA

COMMUNE DE PARIS

ET

LE DÉPARTEMENT DE LA SEINE,

OU

CODE de l'Habitant de Paris et de la Banlieue

EN MATIÈRE D'ÉLECTIONS, DE GARDE NATIONALE, DE CONTRIBUTIONS,
DE GRANDE ET DE PETITE VOIRIE, D'ALIGNEMENT, D'EXPROPRIATION,
DE TRAVAUX PUBLICS, DE POLICE MUNICIPALE, D'ACTIONS JUDI-
CIAIRES ET ADMINISTRATIVES, ETC., RÉSUMANT LES DROITS
ET LES DEVOIRS DES CITOYENS, ÉLECTEURS ET ÉLIGIBLES,
ET LES RAPPORTS DES ADMINISTRÉS AVEC L'ADMI-
NISTRATION MUNICIPALE ET DÉPARTEMENTALE,

Précédé d'une Introduction historique sur la Commune de Paris,

Par Jules LE BERQUIER,

Avocat à la Cour royale de Paris, auteur du *Corps Municipal.*

PARIS,

LIBRAIRIE ADMINISTRATIVE DE PAUL DUPONT,

Rue de Grenelle-Saint-Honoré, 55, hôtel des Fermes.

1847

AVERTISSEMENT.

Au milieu des trente - huit mille communes de France, il en est une qui a son administration, sa manière d'être, si l'on peut ainsi parler, et qui diffère en cela des autres communes, soumises à une législation uniforme : c'est, il est vrai, la première de toutes ; c'est Paris, la tête de l'État, le point central où tout vient aboutir et d'où le reste du pays reçoit le mouvement et la vie.

Il nous a semblé que cette administration exceptionnelle de la commune de Paris méritait un examen spécial, et nous en avons fait l'objet du travail que nous livrons au public.

Ce n'est point qu'avant nous l'on n'eût déjà soulevé le voile qui depuis trop longtemps couvrait le mécanisme administratif de la grande cité. D'éminents publicistes en ont fait connaître quelques parties avec un talent égal à la juste réputation qu'ils ont acquise dans les travaux de haute législation et d'économie politique (1). Loin de nous la pensée de reprendre en sous-œuvre ce qu'ils ont dit à ce sujet et d'aborder, après eux, les régions élevées de la théorie. Nous n'avons ni ce fol orgueil ni cette témérité. Jurisconsulte, il nous appartient moins de signaler ce qui pourrait

---

(1) MM. Vivien, Macarel et Horace Say.

être que ce qui existe : le présent, plutôt que l'avenir, doit fixer nos regards. La législation usuelle et la jurisprudence, voilà à nous notre domaine, et ce domaine, nous l'avons trouvé, nous pouvons le dire, en quelque sorte inexploré; nous avons dû le parcourir au milieu d'écueils sans nombre, ne trouvant çà et là qu'un appui, que des secours d'un moment. Si donc le pied nous a glissé dans cette voie nouvelle, nous aurons du moins l'excuse du danger qu'il y avait à y entrer l'un des premiers.

A ce point de vue tout pratique, nous avons essayé de faire connaître l'administration de la commune de Paris, comme nous avons fait connaître celle des autres communes du royaume. Toutefois, c'est moins aux administrateurs qu'aux administrés, qu'aux citoyens eux-mêmes que nous nous adressons aujourd'hui. Nous n'avons point la prétention d'instruire et de guider les magistrats qui surveillent avec un zèle si éclairé les intérêts collectifs de la population parisienne. Mais, et c'est là notre espoir, nous viendrons en aide aux habitants de Paris et du département de la Seine qui voudront se familiariser avec le système particulier d'administration qui régit ces deux circonscriptions, et pourrons leur donner d'utiles conseils dans tous les cas où leurs intérêts privés se trouveront en lutte ou en contact avec l'intérêt commun.

En outre, une large place a été faite à ces matières que nul ne peut ignorer sans péril pour ses biens et pour sa fortune. Spécialement, après avoir tracé les règles générales des travaux d'utilité publique, dont l'exécution soulève tant et de si fréquentes contestations entre les citoyens et l'administration supérieure, nous avons reproduit en entier la loi sur l'expropriation. L'expérience nous a démontré que souvent, dans l'ignorance de leurs droits, les citoyens se laissent aller à des sacrifices que l'intérêt public n'exige pas toujours, et qu'ils regrettent alors qu'il n'est plus temps de s'y soustraire ou d'en diminuer le poids. — Les patentes, cet objet de réclamations perpétuelles, ont aussi fixé notre attention ; nous avons voulu que chacun pût avoir sous les yeux le texte même de la loi nouvelle, encore si peu connue des contribuables. — Nous avons également rappelé toutes les mesures de police réglementaire qui reçoivent leur application dans le ressort de la préfecture de police. — En un mot, nous avons groupé, dans cet ouvrage, les éléments de la législation usuelle que chacun doit connaître, et tous les documents qui constituent la législation exceptionnelle de la commune de Paris et du département de la Seine.

L'ouvrage, précédé d'une introduction historique, se divise en deux parties principales :

La première comprend l'administration proprement dite de la ville de Paris. Dans cette première partie sont examinées successivement les attributions du préfet de la Seine, du préfet de police, des maires et adjoints de Paris, et du conseil municipal.

La seconde partie est consacrée à l'administration du département de la Seine. Il est traité, dans des chapitres distincts, du conseil de préfecture, du conseil général de la Seine et des conseils d'arrondissement de Sceaux et de Saint-Denis.

Vient ensuite un *Appendice*, dans lequel on trouvera la loi du 25 mai 1838, sur la compétence des juges de paix, avec des annotations relatives à la coutume de Paris, en matière de locations et de congés ;

la loi du 3 mai 1841, sur l'expropriation pour cause d'utilité publique ; celle du 25 avril 1844, sur les patentes, et l'ordonnance de police du 10 mars 1845, sur l'exercice de la chasse dans le département de la Seine.

L'administration de Paris étant à celle des autres communes ce que l'exception est à la règle, nous avons renvoyé au *Corps municipal* toutes les fois qu'il a été question du droit commun dans le cours de l'ouvrage, comptant ainsi épargner de fastidieuses recherches à ceux de nos lecteurs qui désireraient à cet égard plus d'éclaircissements.

INTRODUCTION.

De la ville de Paris et de son organisation municipale.

Chateaubriand l'a dit : « On se plaît à recher- « cher l'origine des grandes cités comme à re- « monter à la source des grands fleuves. » — Et cependant, l'origine de la plupart des grandes cités nous est peu connue. Faut-il s'en étonner ? Un jour, quelques cabanes se sont élevées sur le bord d'une rivière, au pied d'une monta- gne ou dans une vaste plaine ; peu à peu la bourgade s'est étendue ; elle a grandi plus ou moins vite, suivant l'industrie et l'activité des habitants, suivant la beauté et la richesse na- turelle de la contrée ; puis, elle est devenue l'asile d'une immense population. Mais bien des siècles se sont écoulés avant qu'elle ait ac- quis un accroissement digne d'attirer les regards du voyageur ou de l'historien. Dès lors, com- ment tout ce qui touche à son premier état ne serait-il pas environné d'incertitudes !

La reine des cités, Paris, n'a pas dû com- mencer d'une autre manière. Aussi, jusqu'alors, son origine a-t-elle échappé à l'investigation la plus opiniâtre. On ignore même d'où lui est venue sa dénomination, à laquelle toutefois

1

l'imagination des archéologues a su trouver une foule d'étymologies.

Pour nous, qui ne voulons nous occuper ici que de l'organisation municipale de Paris, qu'il nous soit permis, avant d'examiner le caractère de cette organisation aux différentes époques de notre histoire et afin d'en donner une idée plus complète, qu'il nous soit permis, disons-nous, d'exposer en peu de mots ce que l'on sait indubitablement de la ville elle-même et des transformations à la suite desquelles nous la voyons ce qu'elle est aujourd'hui.

I.

C'est à Jules César qu'on doit la première page de l'histoire de Paris ou de Lutèce, comme on l'appelait d'abord. Dans le récit qu'il fait de ses expéditions, on voit qu'avant la conquête des Romains, la Gaule était composée d'une foule de peuplades qui formaient autant de nations distinctes, bien qu'elles eussent en gé-néral les mêmes mœurs, les mêmes lois ou cou-tumes. Chacune portait un nom spécial et se ralliait à une cité plus renommée ou plus consi-dérable que les autres : c'était son chef-lieu, sa capitale. A dés époques déterminées, les cités de chaque nation envoyaient des députés à une assemblée particulière où étaient réglées les af-faires de la confédération. Dans certaines cir-constances, une assemblée générale était convo-quée par la Gaule entière et toutes les cités devaient y avoir leurs représentants. Les Parisiens formaient une de ces peuplades; leur capitale était Lutèce, située sur la Seine et renfermée dans l'Ile que nous appelons aujourd'hui la Cité.

Lorsque César voulut soumettre la Gaule, la plupart des peuplades se soulevèrent contre lui. Quelques-unes ne lui opposèrent d'abord aucune résistance et semblèrent accepter la domination romaine en échange de la protection qu'il leur offrait. De ce nombre fut sans doute la peuplade des Parisiens, car Lutèce est bientôt choisie par César comme le lieu où doit se réunir l'assemblée générale de la Gaule. Toutefois, cette soumission toute bénévole des Parisiens ne fut pas de longue durée. César repasse en Italie; les Gaulois asservis se préparent à reconquérir leur liberté. Les Carnutes donnent le signal de la révolte; l'exemple est suivi par les habitants de l'Auvergne; leur jeune chef, Vercingétorix s'attache plusieurs autres peuples parmi lesquels figurent les Parisiens; il excite l'ardeur des insurgés et leur recommande de brûler les bourgs et les places qui ne sont pas assez à l'abri du péril et peuvent tomber au pouvoir des Romains. César revient en toute hâte dans la Gaule, marche contre Vercingétorix et dépêche Labienus avec quatre légions contre les Parisiens. Ceux-ci s'étaient réunis avec quelques peuples voisins sous le commandement d'un vieillard, Camulogène, qui d'abord alla se placer avec ses troupes sur le marais qui entourait la ville et de là se mit à disputer le passage aux Romains.

En vain Labienus travaille à se frayer une voie

à l'aide de claies et de fascines; il ne peut y parvenir. C'est alors qu'il remonte jusqu'à Melun, qu'il prend d'assaut, s'empare d'une cinquantaine de barques et revient vers Lutèce, en suivant le cours du fleuve. Avertis de son approche et du succès qu'il vient de remporter, les Parisiens incendient leur ville, en coupent les ponts et, quittant le marais sur lequel ils étaient placés, vont camper sur le bord de la Seine, vis-à-vis de Lutèce et en face de l'armée de Labienus. Le général romain paraît différer l'attaque, mais il profite de l'obscurité de la nuit pour faire passer le fleuve à son armée. Au point du jour, les Parisiens sont circonvenus et attaqués à l'improviste; Camulogène est tué; ceux qui peuvent échapper au fer de l'ennemi s'enfuient dans les bois ou sur les hauteurs environnantes.

Voilà ce que rapporte César dans ses *Commentaires*. Après cela, la tradition se trouve interrompue. Tout ce que l'on sait, c'est qu'à partir de ce moment, Lutèce fut occupée par les Romains, qui ne l'abanbonnèrent qu'à l'arrivée des Francs. Un proconsul y avait sa résidence habituelle. Julien, qui y fut envoyé à ce titre, nous a laissé de précieux souvenirs sur le séjour qu'il y fit; il en parle avec amour et s'attache à relever tous les avantages qu'elle offrait par sa situation. On ne verra pas sans intérêt ce tableau de Paris d'après nature, tracé de la main d'un homme qui l'habitait il y a bientôt quinze cents ans :

« Je me trouvais, dit-il, pendant un hiver, à

ma chère Lutèce; c'est ainsi qu'on appelle dans la Gaule la ville des Parisiens. Elle est située dans une petite île; l'on y entre de l'un et de l'autre côté par des ponts de bois. Le fleuve qui l'environne de toutes parts monte et déborde rarement; tel il est en été, tel il demeure en hiver; l'eau en est très-pure et très-agréable à boire, ce qui est d'un grand secours pour les habitants. L'hiver est peu rigoureux dans cet endroit, et cela, dit-on, parce que l'Océan, qui n'en est éloigné que de neuf cents stades, y répand la chaleur de sa température : l'eau de mer est en effet moins froide que l'eau douce. Par cette raison ou par toute autre que j'ignore, la saison d'hiver est donc moins rude là qu'ailleurs. Aussi, y croit-il de bonnes vignes; les Parisiens ont même l'art d'élever des figuiers en les enveloppant de paille de blé, et en employant les autres moyens à l'aide desquels on abrite les arbres dans les mauvais temps. Or, par extraordinaire, l'hiver que je passais à Lutèce fut d'une rigueur extrême : la rivière charriait d'énormes glaçons blancs comme des pierres de Phrygie; ces glaçons se pressaient les uns les autres et, par leur réunion, semblaient former un pont. Mais, plus dur à moi-même que je ne l'avais jamais été, je ne voulus point souffrir que l'on échauffât ma chambre avec des fourneaux, selon l'usage du pays. »

C'est dans ce lieu même que Julien fut proclamé empereur par les légions romaines. Une acclamation le salua maître du monde. S'il faut en croire Ammien Marcellin, il fut

1.

élevé sur un bouclier ; le collier d'un soldat lui servit de diadême. Il n'y a pas un demi-siècle que Napoléon recevait, lui, la couronne impériale dans la basilique de Notre-Dame, au milieu du plus éclatant cortége. C'était la seconde fois que Paris assistait à cette cérémonie, qui peut-être eût lieu au même endroit pour les deux empereurs. Julien s'apprêtait à rompre avec l'Église ; Napoléon se réconciliait avec elle.

Lorsqu'après avoir chassé les Romains de la Gaule, les Francs ralentirent leurs incursions et commencèrent à se fixer, Paris devint comme le point central autour duquel ils vinrent établir leur retraite. L'aménité du lieu, les ressources de toute espèce dont il était entouré, car on pouvait trouver à peu de distance des champs propres à la culture, des forêts immenses, des bancs de pierre, des mines de fer, tout cela dut séduire un peuple qui, cessant d'être nomade et guerrier, allait devenir colonisateur. Vers l'an 508, après avoir défait le chef des Visigoths, Clovis se rend à Paris avec les trésors de ce prince et y établit le siége de ses États. C'est Grégoire de Tours qui l'atteste. Désormais, dit un auteur, Paris devait être la résidence de nos rois et la capitale du royaume.

Depuis longtemps déjà, la population, trop resserrée dans l'île étroite de la Cité, avait débordé sur les deux rives de la Seine et principalement sur la rive droite ; de vastes faubourgs s'étaient élevés sur la boue des marais. Cependant, au commencement du neuvième siècle, on

remarquait encore les deux ponts de bois par
lesquels on entrait dans l'île du temps de Julien,
avec cette différence qu'ils se terminaient par
une petite tour ou forteresse du côté du rivage ;
une tour plus grande était située, selon toute pro-
babilité, à leur point de jonction dans l'île même. Il paraît aussi qu'une forte muraille bor-
dait la Cité sur tous les points. C'est dans cet
état qu'elle fut assiégée par les Normands, en
l'année 885; c'est du haut de cette muraille
que l'évêque Gozlin et Eudes, comte de Paris,
repoussèrent si vaillamment les assaillants. Il faut
voir à ce sujet le curieux poëme d'Abbon, écrit
peu d'années après le siége.

En vertu du traité qui leur accordait une partie de la Neustrie, les Normands s'établirent enfin dans la belle contrée que les Romains ap-
pelaient Lyonnaise seconde. Alors Paris n'ayant
plus à redouter les continuelles attaques de ce
peuple, recula de nouveau ses limites. On vit
se former sur les deux rives de la Seine comme
de nouvelles cités. Le peuple y affluait de toutes
parts et désertait les autres points de la France.
Ce qui faisait surtout envier le séjour de Paris,
c'est que là, par des priviléges spéciaux, l'habitant était affranchi de la plupart des impôts et
des charges qu'il supportait partout ailleurs. On
a souvent pris des mesures contre cet envahis-
sement; elles ont toujours été impuissantes à
l'arrêter.

Les diverses enceintes dont la ville de Paris a
été entourée donneraient, pour ainsi dire, sa
mesure de capacité à toutes les époques, si on

en avait conservé les traces ; mais on en est réduit aux conjectures sur l'étendue et la situation des deux premières. Celle qui fut entreprise par les ordres de Philippe-Auguste et que l'on considère généralement comme la troisième, est un peu mieux connue. Des deux côtés de la Seine, elle formait un arc qui commencerait aujourd'hui, vers le nord, à peu près au pont des Arts, se dirigerait le long de la rue de l'Oratoire, passerait par le carrefour existant à la rencontre des rues Coquillière et Jean-Jacques-Rousseau, longerait la rue Mauconseil, la rue Michel-Lecomte, la rue Paradis, et aboutirait au pont Marie. Au midi, et en suivant, l'arc partirait du pont de la Tournelle, passerait derrière le Panthéon et s'arrêterait au bord de la rivière, là où est situé le palais de l'Institut.

De distance en distance, des portes étaient pratiquées dans le mur d'enceinte ; on en comptait six sur la rive gauche de la Seine, et sept sur la rive droite. Des tours ou forteresses s'élevaient çà et là au-dessus du mur. « Outre le grand nombre de tours élevées d'espace en espace dans tout le circuit de l'enceinte, dit Félibien, il y en avait quatre plus grosses et plus fortes que les autres, pour servir de principale défense à la ville. Elles étaient toutes quatre sur le bord de la rivière, deux d'un côté, et deux de l'autre, à chaque extrémité des deux murailles. Celles du côté du nord furent nommées *tour de Billy* et *tour de Bois*, et les deux autres, au midi, *Tournelle* et *tour de Nesle*. Pour joindre, en quelque sorte, la clôture que le cours de la rivière interrompait, on mit de grosses chaînes attachées, tant aux quatre tours qui finissaient chaque enceinte, qu'à d'autres élevées dans l'île Notre-Dame, et ces chaînes, portées sur des bateaux liés à de gros pieux, traversaient la rivière. Enfin, suivant ce plan, le circuit de Paris se trouvait presque rond, et l'ancienne ville ou Cité en était le centre. »

Deux siècles plus tard, après la bataille de Poitiers, la ville fut fortifiée de nouveau. On creusa de larges fossés au-devant de la dernière enceinte. Les travaux avaient été exécutés aux frais de la ville ; le droit de pêche dans les fossés lui fut concédé en récompense, par lettres patentes du mois de février 1358. On consolida les travaux dans la suite, à l'aide de murs et de remparts. On songea aussi à rendre propres à la navigation les fossés de la ville ; mais ce projet, d'une exécution trop dispendieuse, fut bientôt abandonné.

Au commencement du dix-septième siècle, une nouvelle enceinte fut donnée à la ville, ou plutôt l'on renferma dans ses murs les marais subsistant entre le faubourg Saint-Honoré et le faubourg Montmartre. Alors, en effet, l'on remarquait encore dans l'enceinte de la ville des endroits marécageux, des champs en culture, des prairies livrées au pâturage ; les habitants occupaient à peine le tiers de l'espace, et cependant il se formait à chaque instant de nouveaux faubourgs en dehors des murs. Cette tendance de la population à reculer sans cesse les limites de la ville, a toujours été combattue par l'autorité supérieure. Rome n'était devenue si difficile à garder que parce qu'on avait donné trop d'étendue à ses murailles. La préoccupation de cet exemple de l'antiquité a fait défendre, plusieurs fois, de bâtir aux abords de Paris, à peine de confiscation des constructions et du terrain occupé par elles.

Sous Louis XIV, tout ce qui restait des anciennes fortifications et de l'enceinte fut abattu. Des remparts plantés d'arbres formèrent alors la seule clôture de la ville.

Dans l'origine, Paris avait été divisé en quatre parties; afin d'en rendre la surveillance plus facile et plus active, des officiers spéciaux avaient été institués dans chaque partie ou quartier; ensuite, il avait été partagé en seize régions qui conservèrent toutefois le nom de quartiers en souvenir de leur première division. Le nombre des quartiers fut porté à vingt-quatre par un édit du 14 janvier 1702. « C'est ainsi, dit Delamare, après en avoir constaté les divers accroissements, que la ville de Paris, renfermée originairement dans une petite île d'environ cinquante arpents, ou, pour parler plus précisément, de cinq cents toises de long sur cent quarante de large au milieu, et beaucoup moins aux extrémités, est parvenue à cette extrême grandeur qui lui donne aujourd'hui deux lieues de diamètre, et six lieues de circonférence, y compris les faubourgs. »

Mais il y a plus d'un siècle que l'auteur du *Traité de la police* faisait cette remarque. Aujourd'hui, la circonférence des boulevards extérieurs de Paris est de 22 kilomètres. La méridienne tirée du nord au sud et passant par l'Observatoire, donne une longueur de 5,505 mètres ; la perpendiculaire tirée de l'est à l'ouest, c'est-à-dire de la barrière de Charonne à celle de Passy, est de 7,809 mètres. Les murs d'octroi renferment dans leur enceinte une superficie de 34,396,800 mètres carrés. Enfin, d'après le recensement opéré en 1841, la population de Paris est de 912,033 habitants.

II.

Examinons maintenant l'organisation de la commune de Paris :

On connaît le caractère distinctif de nos institutions municipales : elles reposent sur ce droit en vertu duquel les habitants d'une cité ou d'une bourgade délèguent à un petit nombre d'entre eux le soin des intérêts communs auxquels les devoirs de la famille les empêchent de s'appliquer eux-mêmes; droit primitif et naturel dont le germe, vigoureusement implanté dans les cités gauloises, dans les municipes romains, s'est perpétué jusqu'à nous à travers les temps d'oppression les plus déplorables de notre histoire; droit antérieur aux grandes constitutions sociales, que chaque commune a puisé dans son essence même et qui ne relève, par conséquent, d'aucune charte. Il est vrai qu'à une époque, des princes, des seigneurs ont eu la prétention d'octroyer ce droit; mais on est maintenant fixé sur le mérite de ces concessions : les puissantes institutions de la féodalité avaient comprimé sinon absorbé toutes les autres institutions vers le dixième siècle; le pouvoir municipal, subissant l'influence commune, avait sommeillé dans l'oppression ou était passé dans les mains qui renfermaient alors tous les autres pouvoirs. Quand vint la dernière heure du régime féodal, quand rappelées de leur sommeil léthargique, les cités voulurent secouer le joug sous lequel elles étaient courbées depuis des siècles, la plupart des seigneurs et des suzerains s'empressèrent de leur abandonner ce qu'ils ne pouvaient plus retenir; ils leur rendirent le droit de nommer leurs magistrats et de s'administrer. De leur côté, les rois allant au-devant d'une mesure qui devait plus promptement les débarrasser de la puissance féodale, en ce qu'elle tendait à ériger contre celle-ci la nouvelle force des cités rendues à la liberté, les rois accordèrent des chartes de communes aux villes et aux villages placés sous leur autorité exclusive et confirmèrent celles qui étaient passées avec les seigneurs dont les terres n'étaient pas encore réunies au domaine de la couronne. Mais, qu'on ne s'y trompe pas, ce ne fut point là un droit nouveau; ce droit était préexistant; on put le restituer ou le reconnaître à une époque où il avait été tant et si souvent méconnu; on ne pouvait le concéder, il ne l'a point été en dépit des termes de quelques chartes. Les communes qui, au douzième siècle, rentrèrent dans la plénitude de leurs droits descendaient, par une filiation incontestable, des municipalités romaines dont, à leur tour, elles nous ont transmis le principe, après bien des vicissitudes.

Les municipes étaient régis par un conseil ou sénat électif composé de décurions : c'était l'assemblée délibérante; par des magistrats choisis au sein de ce conseil et qui, sous le nom de duumvirs, de principaux, de curateurs, exerçaient l'autorité exécutive; enfin, par un défenseur de la cité, investi de la haute mission de protéger les intérêts de la communauté et ceux de tous ses membres. — Aujourd'hui dans nos communes, il existe un conseil municipal qui délibère ; un maire et des adjoints qui exécutent. Il y a cinquante ans, un procureur de la commune remplissait encore, à peu de chose près, l'office de défenseur de la cité ; cette attribution spéciale a disparu dans l'institution actuelle.

La commune de Paris offre-t-elle le caractère général des autres communes ? A-t-elle été organisée dès l'origine comme les cités gauloises, comme les municipes romains ? Avait-elle ses magistrats électifs, ses biens, sa police, la liberté municipale, en un mot ? La question n'a été sérieusement examinée qu'à l'époque où l'on a commencé à s'enquérir avec quelque sollicitude du droit municipal en France. Nos vieux auteurs n'en ont eu nul souci ; tout ce qu'ils disent à cet égard atteste, d'ailleurs, la faible portée de leurs connaissances sur la nature de nos institutions municipales. Nicoles Gilles et Robert Gaguin, ayant pris les établissements communaux du douzième siècle pour des créations nouvelles dues à la munificence des princes et des sei-

2

gneurs, attribuèrent naturellement à la générosité de Philippe-Auguste l'institution des magistrats municipaux de la commune de Paris : pour eux, il n'y avait rien au delà. Leur opinion fut bientôt accréditée ; les auteurs qui vinrent après eux, tels que Gilles Corrozet, Jean du Tillet, François Belleforest, René Chopin et François du Chesne, l'acceptèrent sans défiance et la propagèrent en la fortifiant de leur propre assentiment. Cette opinion, déjà vieille de plusieurs siècles, fut combattue pour la première fois par Delamare ; puis, vint Le Roi qui s'appliqua avec un soin tout particulier à rechercher l'origine de l'administration municipale de Paris et à définir son véritable caractère. Après avoir constaté qu'une célèbre corporation avait été considérée comme dépositaire de cette administration dans les édits de quelques-uns de nos rois et notamment de Philippe-Auguste, il remonta les âges et fut amené à conclure qu'elle avait dû en être investie dès les premiers temps qui suivirent la conquête de la Gaule ; dès lors, qu'il fallait reconnaître dans les magistrats municipaux de Paris les anciens administrateurs des cités gallo-romaines.

Il est ici, en effet, une considération qui doit prédominer sur toutes les autres : nos institutions municipales présentent entre elles une homogénéité parfaite ; elles procèdent du même principe ; elles ont eu pour berceau la Gaule et les provinces romaines. A défaut de renseignements positifs sur sa première organisation, il semble donc qu'on soit forcé d'admettre que la cité de Paris n'a pas été autrement gouvernée, à l'origine, que le reste des cités gauloises. Il faudrait, pour donner quelque poids à l'assertion opposée, établir tout d'abord que la cité de Paris a dû être placée, à cet égard, dans une situation exceptionnelle, et jusqu'alors c'est ce qu'on n'a pu faire. Cette considération n'a pas échappé à Raynouard, qui a poussé si loin l'étude du droit municipal en France : « Quoiqu'il n'existe, a-t-il dit, ni monument ni titre qui prouve qu'un sénat municipal et les diverses magistratures accordées par les institutons romaines, existassent dans l'antique cité de Paris, on n'en doit pas moins regarder le fait comme certain, puisque rien ne permet de présumer le contraire. La cité de Paris pouvait-elle ne pas jouir des institutions romaines devenues le patrimoine politique de toutes les autres cités des Gaules ? »

Par sa situation sur une rivière qui a de nombreux affluents dans un rayon peu étendu, Paris offrait au commerce et à la navigation un riche entrepôt dont les avantages ne pouvaient manquer d'être mis à profit. Il faut croire que ces avantages fixèrent de bonne heure l'attention des Parisiens, car, sous le règne de Tibère, on voit une compagnie de négociants par eau qui, sous le titre de *nautes parisiens*, préside au commerce et semble déjà en possession des plus hautes prérogatives (1). Selon toute apparence,

---

(1) En 1711, un caveau fut pratiqué dans le chœur de l'église Notre-Dame pour la sépulture des archevêques ; en creusant le

les membres de cette corporation étaient les habitants les plus considérables de la cité, ceux parmi lesquels pouvaient et devaient être choisis les magistrats municipaux. Dans une cité qui florissait surtout par la navigation, quels autres citoyens eussent mieux connu la gestion de ses plus chers intérêts! Aussi, faut-il croire que cette gestion n'a jamais été confiée qu'aux nautes parisiens, et ce qui doit le confirmer, c'est que plus tard on la retrouve entre les mains de la corporation qui a succédé à leurs traditions, à leurs droits et à leurs priviléges.

Dès les premiers temps de la monarchie, il y avait à Paris des magistrats qui réglaient l'administration de la ville et connaissaient, comme juges, des faits de commerce et principalement de commerce par eau. On ne les désigna d'abord que sous le nom de citoyens, de bourgeois; mais les titres que l'on donna, dans la suite, à la corporation de ces magistrats, à son chef, à l'édifice qui lui était destiné, démontrent clairement son origine, son double caractère, et ne laissent aucun doute sur l'intimité étroite qui la rattache à celle dont nous venons de parler.

Les membres de cette corporation étaient connus sous le nom de *marchands de l'eau de Paris;* ils avaient à leur tête un premier ma-

---

sol du monument, l'on découvrit dans un pan de mur, à une assez grande profondeur, plusieurs pierres ornées de bas-reliefs fort anciens, qui avaient dû servir de piédestal à une statue de Jupiter. L'on recueillit, en effet, sur l'une d'elles, l'inscription suivante, formulée en latin : « Sous Tibère (César-Auguste), les nautes Parisiens (*nautæ Parisiaci*) ont publiquement élevé cet autel à Jupiter très-bon, très-grand. »

gistrat que l'on appelait le *prévôt des marchands ;* auprès de lui étaient placés des *échevins* et puis un *procureur de la marchandise*, qui devait être une image affaiblie de l'ancien défenseur de la cité. Le tribunal où siégeaient ces magistrats citoyens portait le nom de *Parloir aux bourgeois,* de *Maison de la marchandise* (1).

Sans doute, il serait assez difficile de donner une nomenclature exacte des attributions de ces marchands de l'eau, parce qu'elles n'ont été constatées doctrinalement à aucune époque; mais on peut dire qu'elles s'appliquaient, en définitive, à deux grands intérêts : aux intérêts du commerce de Paris et de la navigation fluviale; aux intérêts particuliers de la cité, à l'administration municipale proprement dite.

A l'égard du commerce et de la navigation, les marchands de l'eau présidaient à la confédération qui, sous le titre de *Hanse parisienne,* (2) avait pour objet d'assurer la loyauté dans les opérations commerciales. On a peine à croire aujourd'hui de quelles précautions et de quelles difficultés le commerce était alors environné. Nul ne pouvait exercer le commerce sur la rivière, dans les limites de la ville, sans être *hansé de la marchandise de l'eau,* c'est-à-dire sans en avoir ob-

---

(1) Enfin, la nef ou barque marchande que la ville paraît avoir eue pour emblème dès la plus haute antiquité, et que l'on retrouve aujourd'hui dans ses armoiries, un peu modifiée il est vrai, indique encore le lien qui a primitivement uni son administration à la police du commerce par eau.—*Voy.* toutefois la dissertation de M. Petit-Radel à ce sujet.

(2) Le mot *hanse,* d'origine germaine, équivaut à celui d'association.

2.

tenu la permission formelle des officiers municipaux. Le haut de la rivière était libre jusqu'au
premier pont de Paris exclusivement, mais, par
le bas, il était défendu de passer le pont de Mantes sans être hansé. Une seule exception existait
en faveur des bourgeois de Rouen, qui étaient
autorisés à remonter la Seine jusqu'à Saint-Germain pour prendre chargement au rivage du port
au Pecq. En cas d'infraction, les bateaux et la
marchandise qui y était renfermée étaient con-
fisqués au profit du Roi et de la ville, qui en
partageaient la valeur par moitié.

Pour faire partie de la hanse, il fallait s'engager
par serment à exercer loyalement le fait de la
marchandise, suivant l'expression consacrée ;
à signaler au prévôt des marchands tout ce
qu'on saurait avoir été fait au préjudice de
la hanse, enfin à soumettre à ce magistrat
toutes les affaires dont la connaissance lui était
attribuée et de lui rendre obéissance. Ce serment,
prêté dans le Parloir aux bourgeois, était suivi
de la remise des lettres de hanse qui conféraient
les priviléges attachés à l'association.

Outre ce serment, qui était imposé aux Parisiens eux-mêmes, le marchand forain avait une
formalité particulière à remplir avant d'être admis
aux franchises du commerce par eau. Il devait
déclarer, sous la foi du serment, le juste prix auquel lui revenaient ses marchandises rendues à
Paris, et cela avant de passer les ponts. Sur cette
déclaration, le magistrat municipal lui donnait
compagnie française, c'est-à-dire désignait un
bourgeois hansé de Paris qui devait examiner la

cargaison. Cet examen fait, si les marchandises
étaient à sa convenance, le bourgeois pouvait en
prendre la moitié pour son compte et au prix
coûtant; sinon, il se désistait de ses droits et
laissait au marchand forain la liberté de vendre
à ses profits et pertes la totalité du chargement.
A une époque où Paris était exposé à de fréquentes attaques, il y avait au fond de cette mesure un très-bon moyen de police; de cette
manière, tous les arrivages étaient surveillés avec
soin, surtout du côté de la mer, d'où le danger
était le plus à craindre.

Les marchands de l'eau devaient encore nommer à tous les emplois que nécessitait cette
vaste association, connaître de tous les différents
qui s'élevaient entre les marchands et autres à
raison des actes de commerce, fixer les prix sur
lesquels on n'était point d'accord et régler les
mesures employées par les marchands, d'après
les étalons déposés au Parloir.

Pour ce qui est de l'administration municipale
proprement dite, la prévôté des marchands avait
mission de stipuler au nom de la ville, de per-
cevoir ses revenus, de pourvoir à l'entretien des
rues et des places publiques, de régler la cote
des tailles et impositions mises à la charge des
citoyens, et de statuer sur les demandes en remise ou modération; de faire exécuter les travaux
d'utilité communale; de prescrire des mesures
de sûreté tant à l'intérieur de la ville qu'au dehors et notamment à l'égard des ponts, des quais,
ports et chaussées, des chemins de halage établis le long des rivières; elle avait aussi la garde

des tours, bastilles et fossés, des chaînes et des clefs de la ville; en un mot, tout ce qui concernait la gestion des intérêts particuliers de la cité, son embellissement, sa défense et sa police(1) était spécialement dans ses attributions.

Il y avait aussi un prévôt de Paris; mais ce fonctionnaire était moins l'homme de la commune que celui du gouvernement. Ses fonctions étaient nombreuses : il exerçait un certain contrôle sur l'administration de la ville et intervenait dans tous les actes où le gouvernement avait un intérêt personnel à défendre. En 1304, on le voit nommer, concurremment avec le prévôt des marchands et les échevins, les sergents investis du soin de saisir les marchandises qui, contrairement aux règles prescrites, passeraient le pont de Mantes et celui de Paris; ces marchandises, on le sait, étaient confisquées par moitié au profit du Roi et de la ville.

Les fonctions les plus importantes du prévôt de Paris étaient celles qu'il exerçait comme chef du tribunal ordinaire, comme préposé à la juridiction du Châtelet, dont le sceau était entre ses mains et aux audiences duquel il remplaçait le Roi. Dans l'origine, le prévôt de Paris rendait la justice en personne; mais lorsqu'il fut passé

---

(1) C'est-à-dire ce que nous appelons aujourd'hui la police municipale, qui se confondait alors avec la basse justice. La police judiciaire, la haute justice ou, comme on disait, la justice du larron et du sang répandu, étaient exercées, au nom du roi, par le prévôt de Paris. La ligne de démarcation que nous établissons ici était toutefois peu caractérisée à cette époque; mais on peut voir que la prévôté des marchands avait généralement la police des lieux et édifices entretenus aux frais de la ville.

en règle que les gens de justice devaient être docteurs ou licenciés, le prévôt de Paris devint purement titulaire de sa charge de judicature ; un lieutenant civil le remplaça au Châtelet. Sous Louis XIV, l'office du lieutenant civil fut divisé en deux magistratures : l'une, pour la juridiction ordinaire ; l'autre, pour la police, ce qui donna lieu à la création d'un lieutenant général de police.

Par suite de ces éminentes fonctions, le prévôt de Paris veillait à la bonne distribution de la justice et au maintien des coutumes du pays ; lorsqu'il s'élevait quelque doute sur l'application d'une règle coutumière, il faisait appel aux souvenirs des magistrats municipaux de la ville, fidèles dépositaires des plus antiques traditions. C'est ainsi que le Parloir aux bourgeois a émis son opinion sur plusieurs dispositions que l'on retrouve dans la coutume écrite de Paris, mais qui alors ne subsistaient que dans la mémoire des hommes. Les sentences interprétatives du Parloir étaient confirmées par le prévôt de Paris et acquéraient pour ainsi dire force de loi.

Enfin, le prévôt de Paris avait le commandement de la noblesse, l'intendance des armes à Paris et dans la province, et la haute surveillance du guet de la ville, institution où l'on peut retrouver la première idée des deux corps qui la remplacent aujourd'hui, la garde nationale et la garde municipale : — le service était particulièrement à la charge des artisans et des gens de métier. Chaque métier devait faire le guet une fois en trois semaines. C'était là le guet bour-

geois, qu'on surnommait guet assis ou dormant.
Les rois en avaient établi une autre à leurs frais,
composé de vingt sergents à cheval et de quarante sergents à pied, qui exécutaient des ron-
des de nuit. A la tête de l'institution était placé
le chevalier du guet, ayant auprès de lui deux
greffiers chargés de tenir le registre des inscriptions et d'avertir ceux dont le tour de garde
était arrivé. Les artisans étaient exemptés du
guet à soixante ans ; ils étaient excusés, en cas
d'absence pour leur commerce ou pour toute
autre cause, lorsqu'ils s'étaient fait saigner le
jour ou lorsque leur femme était en couches,
selon les termes de l'ordonnance réglementaire.
Les sergents du guet à cheval et à pied devaient
partir du Châtelet au son de la cloche du cou-
vre-feu et marcher toute la nuit. Ils visitaient
le guet des métiers et, afin de prévenir les dé-
sertions, si quelqu'un s'était absenté, le reste
de la bande était mis en prison. Le prévôt de
Paris devait être informé de l'ordre du service
et de toutes les mesures disciplinaires. Etienne
Boileau, qui fut investi de la prévôté sous Saint-
Louis, poussait le zèle de sa mission jusqu'à
faire le guet en personne avec les artisans.

On le voit donc, le prévôt de Paris était en
même temps de robe et d'épée et ses attributions n'avaient rien de commun avec celles
du prévôt des marchands : « Il présidait en
robe au tribunal, dit Delamare, et portait
l'épée à la tête des troupes dont il avait le
commandement. Ce double pouvoir était même
exprimé par ses ornements dans les grandes cé-

rémonies : il paraissait vêtu d'une robe de brocard d'or fourrée d'hermine, son cheval richement caparaçonné, et deux de ses pages, qui marchaient devant lui, portaient chacun au bout d'une lance son casque et ses gantelets. »

S'il fallait donner une dernière preuve du caractère véritablement démocratique de l'administration municipale de Paris, on la trouverait dans la mesure à laquelle donna lieu la sédition des maillotins. Le peuple s'était opposé par la violence à la perception de certains impôts; pour le punir de sa résistance et des excès auxquels il s'était laissé aller, Charles VI supprima la prévôté des marchands par un édit du 27 janvier 1382, et remit les droits et prérogatives qui y étaient attachés entre les mains du prévôt de Paris. On s'aperçut bientôt des calamités qui résultèrent de cet état de choses : déjà les édifices publics dépérissaient, les revenus de la ville étaient mal gérés; le désordre était partout; peut-être, une seconde sédition était-elle à craindre. On jugea à propos de mettre un terme à cet acte de rigueur, et, par un édit du 20 janvier 1411, l'administration municipale fut restituée au prévôt des marchands et aux échevins.

Ainsi, au moment où la plupart des communes venaient d'obtenir des chartes, Paris était dépouillé de son administration. Ici, les libertés municipales avaient été contestées, puis reconnues ou concédées comme par libéralité; là, au contraire, elles étaient si vivaces qu'il fallait un édit du souverain pour les comprimer un seul instant. Paris n'avait pas et n'a jamais eu de charte de commune proprement dite ; le grand mouvement des douzième et treizième siècles s'était accompli sans que personne songeât à lui contester ses antiques priviléges ; au milieu de la conflagration universelle, les Parisiens s'étaient bornés à demander acte des coutumes qui leur étaient le plus chères avec l'administration de leur cité et qui formaient la base de leur grande association de commerce. Louis-le-Jeune avait fait droit à leur demande en reconnaissant qu'ils en jouissaient depuis les temps les plus reculés, *ab antiquo ;* de sorte que, par la seule force de ses institutions, la commune de Paris avait paisiblement traversé la période où tant d'autres avaient dû soutenir leurs droits les armes à la main. On compte fort peu de cités en France où le régime municipal ait eu d'aussi profondes racines.

Mais que pouvait ce régime contre les désordres d'un gouvernement où la vénalité des charges devait pourvoir aux prodigalités de la cour et où toutes les fonctions allaient être vénales ? Si la commune de Paris ne perdit pas absolument tous ses priviléges, comme les autres communes du royaume, il lui en resta bien peu ; les élections des magistrats ne furent plus qu'un vain simulacre de représentation populaire ; les citoyens n'y figuraient que pour la forme ; leur vote, tout restreint qu'il était, ne devenait définitif qu'après une révision qui en altérait presque entièrement le caractère. Voici, en effet, la physionomie que présentait le corps municipal de Paris au dix-huitième siècle :

L'ancien Parloir aux bourgeois avait fait place à l'Hôtel-de-Ville ; c'est là que continuaient de siéger les officiers municipaux.

Un prévôt des marchands, quatre échevins, un procureur du roi, un greffier et un receveur composaient ce qu'on appelait le bureau de la ville. A côté de ce bureau étaient institués vingt-six conseillers et dix sergents. Enfin, des officiers subalternes, sous le nom de quarteniers, de cinquanteniers, de dizainiers, étaient répartis dans les différents quartiers de la ville pour y maintenir le bon ordre. Trois compagnies d'archers complétaient le corps de ville.

Les charges des magistrats municipaux, à part celles du prévôt des marchands et des échevins, étaient vénales. L'élection du prévôt des marchands avait lieu pour deux années ; les échevins étaient renouvelés tous les ans par moitié. A l'approche des élections, chaque quartenier rassembliat les électeurs de son quartier et les invitait à désigner quatre citoyens parmi lesquels deux seraient choisis pour procéder à la nomination du prévôt et des échevins. Le choix de ces deux citoyens était fait en assemblée générale, sur la liste des quatre candidats, par les électeurs du second degré qui appartenaient, pour la plupart, au gouvernement. Le corps électoral se composait alors du prévôt des marchands et des échevins, des conseillers de ville, des quarteniers et des deux citoyens délégués par chaque quartier. Le roi confirmait l'élection des nouveaux magistrats et recevait leur serment.

Telle était encore l'organisation de la com-

3

mune de Paris, lorsqu'éclata la révolution du
dernier siècle. Au moment de la convocation des
états généraux, Paris avait été divisé en soixante
districts. Ce sont ces districts qui avaient désigné les électeurs chargés de nommer les vingt
députés ou représentants de la commune à l'Assemblée nationale. Après la nomination des députés, et bien que leur mission fût remplie, les
électeurs avaient cependant continué de s'assembler dans les différents districts. Aux premières
alarmes jetées dans la capitale, ils siégèrent sans
interruption. Le 12 juillet 1789, l'Hôtel-de-
Ville était envahi par la foule ; ils s'y rendirent,
confirmèrent les magistrats municipaux dans
leurs pouvoirs, et, de leur propre autorité, in-
stituèrent un comité permanent, composé de la
plupart des magistrats municipaux et d'un grand
nombre d'électeurs. De leur côté, les districts
continuèrent d'agir. Le 14 juillet, le jour même
de la prise de la Bastille, le dernier prévôt des
marchands, Jacques Flesselles, tomba sous les
coups de la multitude qui l'accusait de trahison.
Bailly fut nommé par acclamation maire de la
commune. Le trouble était à son comble. Les
districts étaient devenus de petites républiques
où les ordres du comité permanent et de la
commune n'avaient plus d'accès. Le 23 juillet,
comme on venait informer l'Assemblée nationale
des désordres qui éclataient de toutes parts,
Mirabeau s'écria que l'établissement d'une municipalité pouvait seul ramener la subordination
et la paix : « Les municipalités, ajouta-t-il, sont
d'autant plus importantes qu'elles sont la base

du bonheur public, le plus utile élément d'une bonne constitution, le salut de tous les jours, la sécurité de tous les foyers, en un mot, le seul moyen possible d'intéresser le peuple entier au gouvernement, et de réserver les droits autour des individus. Quelle heureuse circonstance que celle où l'on peut faire un si grand bien sans composer avec cette foule de prétentions, de titres achetés, d'intérêts contraires, que l'on aurait à concilier, à sauver, à ménager dans des temps calmes! Quelle heureuse circonstance que celle où la capitale, en élevant sa municipalité sur les vrais principes d'une élection libre, faite par la fusion des trois ordres dans la commune, avec la fréquente amovibilité des conseils et des emplois, peut offrir à toutes les villes du royaume un modèle à imiter! » Aussitôt, en effet, l'on s'occupa d'un plan de municipalité; en attendant son achèvement, une municipalité provisoire fut organisée; chaque district nomma des représentants et consentit à faire abdication de ses pouvoirs entre leurs mains. Dès le 30 juillet, le comité de l'Hôtel-de-Ville demeura seul chargé de l'administration communale; ses membres, s'élevant au nombre de cent vingt, furent désignés sous le nom de *représentants de la commune*.

Après avoir supprimé jusqu'à la dénomination des anciens magistrats, le décret du 14 décembre 1789 reconstitua les municipalités du royaume sur un plan uniforme. Il fut bientôt suivi par la loi du 21 mai 1790, qui posa les bases spéciales de la municipalité de Paris.

D'après cette loi, la ville de Paris fut divisée en quarante-huit parties sous le nom de sections, au sein desquelles devaient être choisis les divers officiers municipaux et les commissaires de police, alors soumis à l'élection des citoyens. La municipalité fut composée d'un maire, de seize administrateurs, de trente-deux conseillers, de quatre-vingt-seize notables, d'un procureur de la commune et de deux substituts. Tous ces magistrats étaient élus par les citoyens actifs, et ne pouvaient être destitués que pour forfaiture jugée.

Le corps municipal se divisait en conseil et en bureau. Le maire et les seize administrateurs composaient le bureau. Les trente-deux conseillers réunis au bureau formaient le conseil municipal. Enfin la réunion du conseil municipal et des quatre-vingt-seize notables constituait le conseil général de la commune, qui n'était appelé à se prononcer que dans les affaires importantes.

La municipalité avait deux espèces de fonctions à remplir, les unes propres au pouvoir municipal, les autres propres à l'administration générale de l'Etat, par qui elles lui étaient déléguées.

Les fonctions propres au pouvoir municipal étaient : 1º de régir les biens communs et revenus de la ville ; 2º de régler et d'acquitter les dépenses locales qui devaient être payées des deniers communs ; 3º de diriger et faire exécuter les travaux publics qui étaient à la charge de la ville ; 4º d'administrer les établissements ap-

partenant à la commune, ou entretenus de ses
deniers; 5° d'ordonner tout ce qui avait rapport à la voirie; 6° de faire jouir les habitants
des avantages d'une bonne police, notamment
de la propreté, de la salubrité, de la sûreté, de
la tranquillité dans les rues, lieux et édifices publics.

Parmi les fonctions propres à l'administration
générale de l'État, la municipalité pouvait avoir
par délégation, 1° la direction de tous les travaux publics, dans le ressort de la municipalité,
qui n'étaient pas à la charge de la ville; 2° la
direction des établissements publics qui n'appartenaient pas à la commune, ou qui n'étaient pas
entretenus de ses deniers; 3° la surveillance et
l'agence nécessaires à la conservation des propriétés nationales; 4° l'inspection directe des
travaux de réparations ou reconstructions des
églises, presbytères et autres objets relatifs au
service du culte.

La municipalité exerçait la première espèce
de fonctions sous la simple surveillance de l'administration du département de Paris; elle ne
lui était subordonnée qu'à l'égard des fonctions
qu'elle remplissait par délégation.

A cette époque le département de Paris avait
peu d'éclat; il était pour ainsi dire effacé par la
commune qui était l'objet de toutes les préoc-
cupations et avait pris date avant lui dans les
grands travaux d'organisation qui venaient de
s'exécuter. Plus tard nous verrons la commune
céder la place au département et à son tour dis-

3.

paraître dans la vaste administration de celui-ci, où elle est encore ensevelie.

Le territoire du royaume avait été divisé en départements et en districts par la loi du 22 décembre 1789. En désignant ces diverses circonscriptions et leurs chefs-lieux, la loi du 26 février 1790 statuait de cette manière à l'égard de Paris : « L'assemblée de ce département se tiendra dans la ville de Paris. Il est divisé en trois districts, dont les chefs-lieux sont : Paris, Saint-Denis, le Bourg-la-Reine. »

Et comme la loi du 22 décembre avait établi dans les chefs-lieux de département et de district une assemblée administrative divisée en conseil et en directoire, ce système d'organisation devint celui du département de Paris, des districts de Saint-Denis et du Bourg-la-Reine. Quant à la commune de Paris, qui formait à elle seule un des districts du département, la loi des 3-5 novembre 1790 déclara qu'elle n'aurait point d'administration de district et que cinq commissaires seraient chargés d'y suppléer dans certains cas.

Telle était la situation respective du département et de la commune.

Ainsi, la commune de Paris avait la libre administration de ses biens et se trouvait placée sous la surveillance tutélaire du département, qui n'intervenait d'une manière active qu'autant qu'il s'agissait de mesures touchant à l'ordre public. Si les circonstances avaient été plus calmes, cette institution, basée sur les vrais principes du droit municipal, eût été pour Paris

la source des plus grands bienfaits; on peut s'en
convaincre par les actes qui ont signalé le court
espace de temps où elle a fonctionné librement ;
ce qui ne permet pas d'en douter, c'est le spectacle de nos communes où ce système d'administration est aujourd'hui en vigueur. Mais, dans
ces temps d'orage, quelle est l'institution dont le
mécanisme n'aurait pas été ébranlé! Celle-là fut
bientôt faussée, détruite par les mains violentes
qui s'emparèrent de l'administration municipale
lors des événements du 10 août. Ce jour-là même
on vit se former à l'Hôtel-de-Ville une Commune
insurrectionnelle; les magistrats municipaux en
furent expulsés, et à l'ancienne municipalité suc-
céda une dictature toute politique La royauté
venait de tomber; la nouvelle commune reçut
quelques-unes des attributions du pouvoir exécutif : le 11 août 1792, l'Assemblée législative lui départit la police générale, dite de
sûreté, ce terrible instrument dont Marat devait faire un si cruel usage. On organisa,
en effet, un comité de surveillance; c'est Marat qui en fut le chef et délivra les mandats
contre les suspects. Le reste est connu de tous;
chacun sait le nom et l'histoire de ces fameux
représentants de la commune; ces mêmes hommes, qui se rendaient au conseil en sabots pour
épargner le cuir alors que l'armée manquait de
chaussures, étaient la terreur du pays. Le 9 ther-
midor fut le dernier jour de leur règne. Devenue maîtresse absolue, la Convention remit le
soin de l'administration municipale à deux commissions provisoires nommées par elle et agissant

sous la surveillance du département : l'une était chargée de la partie administrative et de la police municipale, l'autre de l'assiette et de la répartition des impôts. Ces commissions, instituées le 14 fructidor an II, subsistèrent jusqu'à la constitution de l'an III.

D'après cette constitution, la France devait être divisée en départements, en cantons et en communes. En conséquence, la loi du 11 octobre 1795 circonscrivit le territoire de la commune de Paris dans un canton qu'elle partagea en douze municipalités. Un bureau central, composé de trois membres, désignés par l'administration du département, fut spécialement chargé de la police et des subsistances dans le ressort du canton, ces objets n'ayant pas paru susceptibles d'être divisés entre les douze maires de la capitale. C'était un acheminement à la création d'un préfet de police.

Arriva enfin la constitution de l'an VIII avec un nouveau mode de circonscription administrative, avec un nouveau système d'organisation. Il y eut alors des départements et des arrondissements communaux. La loi du 28 pluviôse an VIII institua dans le département de la Seine, comme dans tous les autres départements, un préfet, un conseil de préfecture, un conseil général et leur attribua les fonctions exercées jusque-là par les administrations de département. Le préfet de la Seine, les conseillers de préfecture et les membres du conseil général étaient à la nomination du premier consul.

L'arrêté du 17 ventôse de la même année di-

visa le département de la Seine en trois arrondissements. Paris fut désigné comme le siége de
la préfecture; Sceaux et Saint-Denis devinrent
les chefs-lieux des deux sous-préfectures.

Quant à la commune de Paris, un maire et
deux adjoints furent chargés, dans chacun des
arrondissements municipaux, de la partie administrative et des fonctions relatives à l'état civil. Un préfet fut préposé à la police de la commune, sous le nom de préfet de police ; des
commissaires, répartis dans les douze municipalités furent placés sous ses ordres.

La loi du 28 pluviôse déclara en même temps
que le conseil général du département remplirait
à Paris les fonctions du conseil municipal. Par
là, la commune se trouvait privée de son administration et de sa police; le droit d'élire ses représentants lui était également enlevé : le premier
consul choisissait les maires et les adjoints; les
conseillers municipaux étaient nommés par le
préfet de la Seine, qui pouvait les suspendre. Le
département absorbait ainsi la commune; c'était
là toute l'économie de la constitution, non-seulement à l'égard de Paris, mais à l'égard des
autres communes du royaume; de sorte qu'à vrai
dire, il n'y avait en France qu'une seule municipalité dont le maire était le chef de l'Etat; les
fonctions d'adjoints étaient remplies par les préfets et les sous-préfets. Ce système de centrali-
sation administrative n'aurait pas dû survivre à
l'empire; il a cependant traversé la restauration :
les institutions de 1830 l'ont aboli.

La charte avait promis qu'il serait pourvu à

des institutions départementales et municipales fondées sur un système électif. La promesse a été remplie envers les départements par les lois des 22 juin 1833 et 10 mai 1838; et envers les communes par les lois des 21 mars 1831 et 18 juillet 1837. Toutefois, la ville de Paris et le département de la Seine ayant paru devoir être l'objet de dispositions spéciales, la loi du 20 avril 1834 a réglé en partie leur situation exceptionnelle: nous disons en partie, car cette loi est purement organisatrice; il lui manque un complément indispensable; il faut qu'une autre loi vienne définir les attributions des magistrats et fonctionnaires institués. On a fait espérer dans la disposition finale de la loi du 18 juillet 1837 que ces attributions seraient bientôt déterminées. Il serait temps que les chambres fussent appelées à s'en occuper, car la loi du 20 avril est restée boiteuse et n'a pour seul appui que la constitution de l'an VIII.

La loi du 20 avril a rendu à la commune de Paris le droit de choisir les membres du conseil municipal, les maires et les adjoints des douze arrondissements; mais elle n'est pas allée au delà; le système de la constitution de l'an VIII a été suivi presque entièrement pour le reste : d'après cette loi, le corps municipal de Paris se compose du préfet du département de la Seine, du préfet de police, des maires, des adjoints et des conseillers élus par les citoyens. Il y a un maire et deux adjoints par chacun des douze arrondissements. C'est toujours le conseil général qui remplit les fonctions du conseil municipal de la ville. Seulement, lorsqu'il s'agit des intérêts purement départementaux, huit membres sont adjoints à l'assemblée pour y représenter les arrondissements de Sceaux et de Saint-Denis.

Dans l'état des choses, le pouvoir municipal se trouve partagé entre le préfet de la Seine et le préfet de police. Les douze maires de Paris n'ont qu'une fonction importante à remplir, et cette fonction n'a rien de commun avec le pouvoir municipal proprement dit : c'est la tenue des registres de l'état civil. Il est vrai qu'une loi doit bientôt régler les attributions de ces magistrats, mais l'organisation actuelle ne permet guère d'étendre la sphère de ces attributions. Il semble que les souvenirs de la révolution du dernier siècle pèsent à tout jamais sur la commune de Paris et la condamnent à l'impuissance et à l'inertie. Ce sont du moins ces souvenirs que l'on évoque toutes les fois qu'il s'agit de régler les droits de ses magistrats municipaux. Il est à craindre qu'il y ait ici confusion. Est-ce le pouvoir municipal, qu'on revendique en faveur de la ville de Paris, et dont jouissent toutes les autres villes, tous les bourgs et villages du royaume, est-ce ce pouvoir qui a rendu la commune si redoutable à l'époque que l'on s'efforce de rappeler aujourd'hui? Évidemment non ; les faits sont là, qu'on les interroge. On ajoute, il est vrai, que c'est de l'Hôtel-de-Ville qu'est tombée la première proclamation contre l'empire et qu'une commission municipale a porté le dernier coup à la restauration. Mais si, en 1793, la commune de Paris avait le droit absolu d'administrer ses propres affaires, oublie-t-on qu'en 1814 et en 1830, elle était sous le régime de l'an viii, qui avait effacé jusqu'aux dernières traces du pouvoir municipal? — Qu'on y songe bien, ce n'est point à l'œuvre du pouvoir muni- pal qu'il faut attribuer les événements de ces trois époques, et quand on en tire exemple pour refuser à la première cité du monde la libre ad- ministration de ses biens, on abuse des mots ou l'on se trompe sur les choses.

LA COMMUNE DE PARIS

ET LE DÉPARTEMENT DE LA SEINE,

ou

CODE DE L'HABITANT DE PARIS ET DE LA BANLIEUE.

PREMIÈRE PARTIE.

ADMINISTRATION DE LA COMMUNE DE PARIS.

1. Observations générales.

Considérée au point de vue des actes de la vie civile, la commune de Paris, ainsi que toutes les autres communes, forme un être de raison, une personne morale qui a ses biens, ses revenus et ses charges, qui peut acheter, vendre, emprunter, comparaître en justice soit en demandant, soit en défendant. Nous verrons plus loin par quel fonctionnaire elle est représentée dans chacun de ces actes et dans tous ceux où il s'agit de ses intérêts.

Comme circonscription administrative, la commune de Paris embrasse à elle seule tout un arrondissement de sous-préfecture, mais, par suite de sa classification au nombre des arrondissements chefs-lieux de préfecture, et de la nature particulière de son organisation, elle ne possède ni sous-préfet ni conseil d'arrondissement, et se trouve, dès lors, en contact immédiat avec l'autorité départementale. (Loi du 28 pluviôse an VIII, art. 11, et loi du 20 avril 1834, art. 9.)

Elle est divisée, par rapport à son administration, en douze arrondissements municipaux, que l'on distingue par ordre numérique. Chaque arrondissement se subdivise lui-même en quatre sections ou quartiers. Voici cette division telle qu'elle a été effectuée par la loi du 19 vendémiaire an IV, à part les changements qui se sont introduits dans quelques-unes des dénominations : — Le premier arrondissement comprend les quartiers du Roule, des Champs-Elysées, de la place Vendôme et des Tuileries ; — le second, ceux de la Chaussée-d'Antin, du Palais-Royal, de Feydeau et du faubourg Montmartre ; — le troisième, ceux du faubourg Poissonnière, de Saint-Eustache, du Mail et de Montmartre ; — le quatrième, ceux de Saint-Honoré, du Louvre, des Marchés et de la Banque de France ; — le cinquième, ceux du faubourg Saint-Denis, de la porte Saint-Martin, de Bonne-Nouvelle et Montorgueil ; — le sixième, ceux de la porte Saint-Denis, de Saint-Martin-des-Champs, du Temple et des Lombards ; — le septième, ceux de Sainte-Avoye, du Mont-de-Piété, du Marché-Saint-Jean et des Arcis ; — le huitième, ceux du Marais, de Popincourt, du faubourg Saint-Antoine et des Quinze-Vingts — le neuvième, ceux de l'Ile Saint-Louis, de l'Hôtel de ville, de la Cité et de l'Arsenal ; — le dixième, ceux de la Monnaie, de Saint-Thomas-d'Aquin, des Invalides et Saint-Germain ; — le onzième, ceux du Luxembourg, de l'École de Médecine, de la Sorbonne et du Palais-de-Justice; — et le douzième, ceux de Saint-Jacques, de Saint-Marcel, de l'Observatoire et du Jardin du Roi.

Il y a un commissaire de police dans chaque quartier. (Loi du 19 vendémiaire an IV, art. 10.)

Les limites de Paris ont été déterminées en vertu d'une décision du 23 janvier 1785; ces limites n'ont guère été modifiées depuis un demi-siècle et constituent encore, à peu de chose près, la seule ligne démarcative du périmètre de la commune pour la perception des droits d'entrée et d'octroi. Dans l'intérêt même de cette perception, il est défendu d'élever, augmenter ou réparer aucune construction à moins de cinquante toises (98 mètres environ) du mur d'enceinte de la ville. La même prohibition existe pour l'intérieur, mais la distance à observer entre le mur d'enceinte et les bâtiments est seulement de trente-six pieds ou 11 mètres 69 centimètres. (Ordon. du bureau des finances de Paris, 16 janvier 1789; — décrets 6 juin 1790 et 11 janvier 1808.)

Les propriétaires qui veulent élever, augmenter ou réparer des constructions aux abords des murs d'enceinte doivent, au préalable, obtenir une autorisation et recevoir alignement, comme il est réglé pour les cas de grande voirie.

2. Organisation municipale de la commune de Paris.

La commune de Paris est administrée par un corps municipal qui diffère essentiellement de celui qui a été institué dans toutes les autres communes.

Il se compose du préfet du département de la Seine, du préfet de police, des maires, des adjoints et des conseillers élus par la ville de Paris, et formant le conseil municipal. (Loi du 20 avril 1834, art. 11.)

Nous examinerons, dans des chapitres différents, le rôle spécial qui a été attribué à chacun de ces fonctionnaires et au conseil municipal dans la gestion des intérêts de la commune.

CHAPITRE Ier.

DU PRÉFET DE LA SEINE.

Les attributions du préfet de la Seine, considéré comme représentant de la commune de Paris, n'ont point été définies d'une manière spéciale par le législateur. Après avoir réglé le mode d'administration des autres communes, la loi du 28 pluviôse an VIII statuait seulement en ces termes à l'égard de la commune de Paris : « Dans chacun des arrondissements municipaux, un maire et deux adjoints seront chargés de la partie administrative et des fonctions relatives à l'état civil. Un préfet de police sera chargé de ce qui concerne la police. »

Ainsi, de toutes les attributions d'autrefois, il restait à l'autorité municipale de Paris la tenue des registres de l'état civil et la partie administrative. Mais quelle était cette partie administrative ainsi réservée aux maires et aux adjoints? La loi n'en dit rien, et les discussions qui en ont précédé l'adoption ne font connaître ni la portée ni la nature de cette branche d'attributions. Si dans l'esprit du législateur elle s'appliquait à la manutention des affaires de la commune et à l'exécution des mesures prescrites par l'autorité supérieure, en réalité, elle ne fut pour les maires et adjoints la source d'aucune initiative dans l'administration proprement dite de la commune, qui passa tout entière entre les mains du préfet. Les lois qui suivirent proclamèrent ce que la loi du 28 pluviôse n'avait laissé qu'entrevoir, l'autorité exclusive du préfet dans les actes d'administration communale et surtout dans ceux qui n'exigent l'action que d'un seul fonctionnaire. Ainsi, l'article 69 du Code de procédure déclara que la commune de Paris ne pourrait être assignée devant les tribunaux qu'en la personne du préfet de la Seine. Les arrêtés et les ordonnances firent le reste ; de sorte que, par le fait, la commune de Paris fut entièrement administrée par ce magistrat, tandis que la mission des maires se trouva limitée à la tenue des registres de l'état civil, qui, on le sait, est tout à fait étrangère aux attributions municipales.

Cet état de choses n'a point changé. Aujourd'hui encore c'est le préfet de la Seine qui procède à toutes les opérations administratives qui touchent aux intérêts de la commune, dont il est en quelque sorte le maire central. Toutefois, depuis la loi du 20 avril 1834, ce magistrat ne peut guère agir que d'après les délibérations du conseil municipal.

Et puis, c'est par le conseil municipal que le budget de la commune est réglé chaque année, et comme la plupart des actes de gestion aboutissent, en définitive, à des recettes ou à des dépenses, il en est fort peu, de cette manière, qui ne tombent sous le contrôle de la commune ou de ses représentants, ce qui est la même chose.

Dans les communes, en général, deux grands intérêts se partagent l'action du pouvoir municipal proprement dit : d'une part, la gestion des revenus, l'entretien et la surveillance des biens ; d'autre part, la police de la cité, avec toutes les mesures qu'elle

4.

comporte. Ces intérêts sont inhérents à la constitu- tion de toutes les communes; on les rencontre par- tout, et partout aussi ils sont confiés aux soins des maires. À l'égard de la gestion des biens et des re- venus de la commune, les maires agissent sous l'au- torité du conseil municipal; ils règlent, au contraire, la police municipale de leur propre mouvement et sans être obligés de se conformer à aucun avis, de recourir à aucune espèce d'autorisation de la part du corps délibérant.

A côté de ces intérêts purement locaux, viennent se placer les mesures qui se rattachent à l'adminis- tration générale de l'Etat, comme la répartition des impôts, le recrutement de l'armée, l'instruction pri- maire. L'autorité municipale participe à toutes ces mesures, mais comme simple déléguée du pouvoir municipal.

Enfin, des soins d'une autre espèce sont encore remis aux magistrats municipaux dans toutes les communes : ils reçoivent les actes de l'état civil et exercent la police judiciaire sous la surveillance du procureur du roi (1).

A Paris, voici de quelle manière ces attributions se trouvent réparties entre les divers fonctionnaires préposés à l'administration de la commune : le pré- fet de la Seine gère les biens et revenus communaux, et procède, tantôt seul, tantôt avec le concours des maires et adjoints, aux mesures relatives à l'adminis- tration générale de l'Etat. — La police municipale est spécialement confiée au préfet de police, qui se trouve chargé en même temps de la police judi- ciaire. — Quant aux maires et adjoints, ils sont sur- tout préposés à la réception des actes de l'état civil.

---

(1) Nous avons classé et défini ces diverses espèces d'attribu- tions dans le *Corps municipal*, 1 vol. in-8°, Paul Dupont, éditeur.

Telle est la répartition peu rationnelle d'attributions qu'il s'agit de rectifier aujourd'hui et d'approprier à la loi organique du 20 avril. Mais là commence la tâche du législateur.

Nous ne saurions examiner ici toutes les matières qui rentrent dans les attributions du préfet de la Seine comme investi de la gestion des intérêts de la commune de Paris et comme chargé de l'exécution des mesures d'ordre public qui la concernent. Nous devons nous borner à signaler celles qui, par leur nature, méritent plus particulièrement de fixer l'attention des citoyens.

1° *Actes d'administration municipale proprement dite.*

Propriétés communales. — Nous l'avons dit déjà, la ville de Paris a ses biens propres dont elle perçoit les revenus ou qu'elle affecte à des usages spéciaux dans l'intérêt commun des habitants. Ainsi, elle possède cinq abattoirs généraux, situés aux barrières des Invalides, de Miroménil, de Rochechouart, d'Ivry et de Popincourt; un entrepôt pour les vins et eaux-de-vie; des marchés et des halles; tout cela est pour la commune la source de loyers, de droits et de perceptions, suivant le mode d'affectation arrêté par le conseil municipal.

La commune possède encore des mairies, des églises, des écoles; l'hôtel de ville constitue son premier édifice et son plus beau monument. Toutefois, à raison même de leur destination, ces diverses propriétés ne sont pas d'un rapport matériel bien considérable pour la commune. Quant à l'hôtel de ville, en même temps qu'il est consacré aux réunions du conseil municipal et à d'autres usages d'utilité

communale proprement dite, comme il sert auss
d'hôtel de préfecture pour le département de la
Seine, en considération de ce fait, la commune
reçoit, chaque année, une indemnité du département.

En sa qualité d'administrateur des biens de la
commune, c'est le préfet de la Seine qui préside à
toutes les locations et affectations des propriétés
dont il vient d'être parlé et de toutes celles que la
commune possède en propre, conformément aux
vœux du conseil municipal, qui, au préalable, doit
toujours formuler son avis sur les mesures de cette
espèce.

On peut voir au budget de la commune quel est
le produit annuel de ces différentes propriétés. —
Voyez p. 155.

C'est également le préfet de la Seine qui, de con-
cert avec le conseil municipal, fixe le taux de la location des constructions provisoires établies sur les
terrains acquis par la ville pour l'élargissement de la
voie publique, conformément aux prescriptions de
l'article 11 de l'ordonnance du 24 décembre 1823.
Le montant des locations de cette espèce est versé,
à sa diligence, par année et d'avance, à la caisse municipale. (Ordon. 11 avril 1838.) — Voyez p. 122.

Enfin, le préfet de la Seine représente la commune
de Paris et agit en son nom dans tous les contrats
de vente, d'acquisition et d'échange où elle est intéressée, ainsi que dans toutes les adjudications qui
ont lieu pour son compte.

Travaux communaux. —Une ordonnance du
26 février 1817 avait institué un directeur des travaux
de Paris, qui devait diriger et surveiller les travaux
qui s'exécuteraient à Paris, tant pour le compte de
la commune que pour celui du département de la
Seine et du ministère de l'intérieur. Cette charge a

été supprimée par l'ordonnance du 31 décembre 1830.

Aujourd'hui, les travaux à la charge du budget du ministère de l'intérieur sont placés sous la direction du ministre de ce département.

Quant au préfet de la Seine, il a succédé à la direction des travaux pour tout ce qui est relatif au budget particulier de la ville de Paris et à celui du département.

Dès lors, c'est lui qui dirige et surveille les constructions neuves, les reconstructions, les grosses réparations et les travaux d'entretien qui sont à la charge de la commune ou du département ; il discute les plans, devis, détails et cahiers des charges, rédigés par les architectes. Les projets sont approuvés par le ministre de l'intérieur, sur la proposition du conseil des bâtiments civils. (Ordon. du 26 fév. 1817, art. 1 et 2.)

Les adjudications et marchés pour l'exécution des projets arrêtés sont passés en séance du conseil de préfecture. Le préfet les soumet à l'approbation du ministre. (*Id.* art. 3.)

Les contestations qui peuvent s'élever entre l'administration et les entrepreneurs relativement à l'exécution ou au payement des travaux, sont jugées en conseil de préfecture, sauf recours au conseil d'Etat, s'il y a lieu. (*Id.* art. 8.)

Parmi les grands travaux qui s'exécutent au sein de Paris, il importe d'établir une distinction entre ceux qui sont entrepris dans l'intérêt même de la commune et ceux qui ont un caractère plus général d'utilité publique.

Lorsqu'il s'agit de travaux proposés par le conseil municipal dans l'intérêt exclusif de la commune, l'enquête est ouverte sur un projet où l'on fait connaître le but de l'entreprise, le tracé des travaux, les dispositions principales des ouvrages, et l'appréciation sommaire des dépenses. (Ordon. du 23 août 1835, art. 2.)

Ce projet est déposé à la mairie, afin que chaque habitant puisse en prendre connaissance; à l'expiration de ce délai, un commissaire désigné par le préfet reçoit à la mairie, pendant trois jours consécutifs, les déclarations des habitants, sur l'utilité publique des travaux projetés, laquelle est ensuite déclarée, s'il y a lieu, par ordonnance royale. (*Id.* art. 3 et suiv.)

Au contraire, lorsque les travaux n'intéressent pas exclusivement la commune, l'enquête a lieu de la manière déterminée par l'ordonnance du 18 février 1834.

Dans l'un et l'autre cas, après que la loi ou l'ordonnance déclarative d'utilité publique a été rendue, après qu'il a été procédé à la désignation des propriétés dont la cession est nécessaire, le tribunal civil prononce l'expropriation desdites propriétés. La commune ou l'administration notifie aux propriétaires et autres intéressés les sommes qu'elle offre pour indemnités. Ceux-ci déclarent leurs acceptations ou indiquent le montant de leurs prétentions. Lorsque les offres de la commune ou de l'administration ne sont pas acceptées, les propriétaires et tous les intéressés sont appelés devant le jury spécial convoqué à l'effet de procéder au règlement des indemnités. Là ils renouvellent leurs prétentions et font connaître, par l'organe d'un défenseur, les raisons qui les justifient. Le jury prononce définitivement.

Telles sont les formalités auxquelles donnent lieu, à chaque instant, l'ouverture et la formation des rues ou autres voies publiques.— Voyez à l'appendice, la loi du 3 mai 1841, sur l'expropriation.

Octroi. — Les octrois ont pour objet de subvenir aux dépenses qui sont à la charge des communes. Les tarifs d'octroi ne doivent porter que sur les choses destinées à la consommation, telles que les boissons et liquides, les comestibles, les combustibles, les fourrages et les matériaux. Il ne peut être fait exception à cette règle que dans les cas extraordinaires, et en vertu d'une loi spéciale.

L'octroi de la ville de Paris représente aujourd'hui au budget un produit net de trente millions environ; il constitue l'un des plus forts revenus de la capitale.

L'octroi de Paris, ainsi que les établissements qui en dépendent, sont régis et administrés, sous l'autorité immédiate du préfet de la Seine et sous la surveillance générale du directeur de l'administration des contributions indirectes, par un directeur et trois régisseurs, formant un conseil d'administration présidé par le directeur. A l'exception du directeur et des régisseurs, tous les préposés de l'octroi sont nommés par le préfet de la Seine, sur une liste présentée par le conseil d'administration. Néanmoins, le préfet peut nommer au quart des emplois de receveurs qui viennent à vaquer.

On ne doit pas confondre les droits d'entrée, qui n'ont aucun caractère municipal, avec les droits d'octroi. Les droits établis aux entrées de Paris sont bien perçus par les préposés de l'octroi, mais pour le compte du trésor public et non pour celui de la commune. Ces deux espèces de perceptions sont régies par des règles distinctes; celle des droits d'entrée a lieu sous l'autorité immédiate de l'administration des contributions indirectes.

Les décharges ou restitutions de droit d'octroi sont autorisées par le préfet de la Seine, sur la proposition du conseil d'administration.

L'organisation des octrois repose sur plusieur lois fondamentales dont l'ordonnance réglem entair du 9 décembre 1814 a résumé les dispositions. La loi du 28 avril 1816 a introduit à cet égard quelques règles nouvelles. L'organisation de l'octroi de Paris est spécialement régie par l'ordonnance du 22 juillet 1831.

Plusieurs tarifs ont été successivement arrêtés pour l'octroi de Paris. Ces tarifs contiennent la nomenclature des objets de consommation soumis aux droits. On peut consulter l'ordonnance du 23 décembre 1818, où se trouve l'énumération générale de ces objets; celle du 25 décembre 1822, qui taxe les huiles destinées à la consommation; celle du 28 décembre 1830, qui modifie le tarif pour les boissons; celle du 17 août 1832, qui établit un droit supplémentaire pour certains objets; celles des 15 septembre 1832 et 22 mai 1836 qui réduisent, la première, le droit établi sur le verre à vitre en table, et la seconde, le droit perçu sur la menuise de bois dur ou de bois blanc.

Caisse de Poissy. — La caisse de Poissy constitue une espèce de banque ouverte au commerce de la boucherie par la ville de Paris; elle est chargée de payer comptant, sans déplacement, aux herbagers et marchands forains, le prix de tous les bestiaux que les bouchers de Paris achètent aux marchés de Sceaux et de Poissy, et à la halle aux veaux.

L'administration de cette caisse, et la surveillance de toutes les opérations dont elle est chargée, appartiennent au préfet de la Seine. — Le préfet de police intervient dans les rapports de caisse avec les bouchers, pour les avances et crédits qui leur sont faits, le versement de leurs cautionnements et les autres opérations relatives au commerce de la boucherie.

Le fonds de la caisse de Poissy se compose,

d'un cautionnement fourni par les bouchers et de sommes versées par la caisse municipale, d'après un crédit ouvert par le préfet de la Seine, jusqu'à concurrence de ce qui est nécessaire pour payer comptant les marchands forains.

Il est perçu un droit au profit de la ville par chaque tête de bétail, sur toutes les ventes faites aux bouchers de Paris. Ce droit représente un chiffre important dans les recettes municipales.

L'organisation de la caisse de Poissy est déterminée par le décret du 6 février 1811 ; l'ordonnance du 28 mars 1821 fixe le tarif des droits perçus au profit de la ville. Enfin, la boucherie de Paris est réglementée par l'ordonnance du 18 octobre 1829.

2° Actes d'administration générale.

Nous comprendrons sous ce titre les matières qui se rattachent plutôt à l'intérêt public qu'aux intérêts particuliers de la commune et qui rentrent spécialement dans les attributions du préfet de la Seine. Toutefois, et afin de ne pas répéter ailleurs ce qui peut trouver ici sa place, nous ferons également connaître en passant la mission confiée à cet égard, dans plusieurs circonstances, soit au préfet de police, soit aux maires et adjoints de Paris.

Bureaux de bienfaisance.—Le service des secours à domicile, dans chacun des douze arrondissements de la ville de Paris, est spécialement confié à un bureau de bienfaisance. Les bureaux de bienfaisance sont placés sous la direction du préfet de la Seine et la surveillance du conseil général d'administration des hospices. Chaque bureau est composé : 1° du maire de l'arrondissement, président né; 2° des adjoints, membres nés; 3° de douze administrateurs; 4° d'un nombre illimité de commissaires de bien-

5

faisance et de dames de charité, qui n'assistent aux séances qu'avec voix consultative, et lorsqu'ils y sont invités par le bureau ; 5° d'un secrétaire-trésorier. (Ordon. du 29 avril 1831, art. 3.)

Chacun des administrateurs est choisi par le ministre du commerce et des travaux publics, et sur l'avis du préfet, parmi quatre candidats, dont deux sont présentés par le conseil général des hospices, et deux par le bureau dont il doit faire partie. (*Id.*, art. 4.)

Les bureaux se renouvellent part quart chaque année : les trois premières années, les membres sortants sont désignés par le sort, et ensuite par l'ancienneté. (*Id.*, art. 5.)

Les commissaires visiteurs ou de bienfaisance et les dames de charité sont nommés par les bureaux. (*Id.*, art. 6.)

Un agent comptable est attaché à chaque bureau sous le titre de *Secrétaire-Trésorier*. Les secrétaires-trésoriers sont salariés et fournissent un cautionnement. Ils sont nommés par le préfet de la Seine. (*Id.*, art. 7.)

L'organisation des bureaux de bienfaisance et de leur comptabilité, la fixation des cautionnements des trésoriers, la classification des indigents, le mode de distribution des secours, le nombre des médecins, chirurgiens, sages-femmes et sœurs de charité qui doivent faire partie du service des secours à domicile dans chaque arrondissement, sont déterminés par une instruction réglementaire présentée par le préfet et approuvée par le ministre.

Les anciens administrateurs des bureaux de bienfaisance, après deux années d'exercice, sont, de droit, candidats aux places vacantes dans le conseil général d'administration des hospices de Paris, concurremment avec ceux présentés par ce conseil. (*Id.*, art. 9.)
— Voyez p. 78.

L'organisation des bureaux de bienfaisance des douze arrondissements a été réglée dans ses détails par un arrêté du ministre de l'intérieur du 24 septembre 1831.

Écoles primaires de filles. — L'instruction primaire dans les écoles de filles est élémentaire ou supérieure.

L'instruction primaire élémentaire comprend nécessairement : l'instruction morale et religieuse, la lecture, l'écriture, les éléments du calcul, les éléments de la langue française, le chant, les travaux d'aiguille et les éléments du dessin linéaire. — L'instruction primaire supérieure comprend en outre des notions plus étendues d'arithmétique et de langue française, et particulièrement de l'histoire et de la géographie de la France. (Ordon. du 23 juin 1836, art. 1.)

Dans les écoles de l'un et de l'autre degré, sur l'avis des comités locaux et du comité central, l'instruction primaire peut recevoir, avec l'autorisation du recteur de l'Académie, les développements qui sont jugés convenables. (*Id.*, art. 2.)

Le vœu des pères de famille doit toujours être consulté et suivi en ce qui concerne la participation de leurs enfants à l'instruction religieuse. (*Id.*, art. 3.)

L'instruction primaire pour les filles est ou privée ou publique. (*Id., id.*)

Écoles primaires privées. — Pour avoir le droit de tenir une école primaire de filles, il faut avoir obtenu : 1° un brevet de capacité, sauf le cas prévu ci-après en faveur des institutrices qui appartiennent à une congrégation religieuse ; 2° une autorisation pour un lieu déterminé.

Aucune postulante n'est admise devant la commission d'examen chargée de la délivrance des brevets, si elle n'est âgée de vingt ans au moins. Elle est tenue de présenter : 1° son acte de naissance; si elle est mariée, l'acte de célébration de son mariage ; si elle est veuve, l'acte de décès de son mari; 2° un certificat de bonne vie et mœurs délivré sur l'attestation de trois conseillers municipaux, par le maire de la commune ou de chacune des communes où elle a résidé depuis trois ans et, à Paris, sur l'attestation de trois notables, par le maire de l'arrondissement municipal ou de chacun des arrondissements municipaux où l'impétrante a résidé depuis trois ans. (*Id.*, art. 6.)

L'autorisation nécessaire pour tenir une école de filles est délivrée par le recteur de l'Académie.—Cette autorisation est donnée à Paris, après avis des comités locaux et du comité central, sur la présentation du brevet de capacité et d'un certificat attestant la bonne conduite de la postulante depuis l'époque où elle a obtenu le brevet de capacité.(*Id.*, art. 7.)

Ecoles primaires publiques. — Nulle école ne peut prendre le titre d'école primaire communale qu'autant qu'un logement et un traitement convenables ont été assurés à l'institutrice, soit par des fondations, donations ou legs faits en faveur d'établissements publics, soit par délibération du conseil municipal dûment approuvée. (*Id.*, art. 9.)

Lorsque le conseil municipal alloue un traitement fixe suffisant, la rétribution mensuelle peut être perçue au profit de la commune, en compensation des sacrifices qu'elle s'impose. —Sont admises gratuitement dans l'école publique les élèves que le conseil municipal a désignées comme ne pouvant payer aucune rétribution. (*Id.*, art. 10.)

Ecoles de Filles dirigées par des congrégations religieuses. — Les institutrices appartenant à une congrégation religieuse dont les statuts, régulièrement approuvés, renferment l'obligation de se livrer à l'éducation de l'enfance, peuvent être aussi autorisées par le recteur à tenir une école primaire élémentaire, sur le vu de leurs lettres d'obédience et sur l'indication, par la supérieure, de la commune où les sœurs sont appelées. (*Id.*, art. 13.)

Autorités préposées à l'instruction primaire. — Les comités locaux et spéciaux et le comité central de Paris exercent sur les écoles primaires de filles les attributions énoncés dans les art. 21, § 1, 2, 3, 4 et 5; 22, § 1, 2, 3, 4 et 5; 23, § 1, 2 et 3 de la loi du 28 juin 1833.

Les comités font visiter les écoles primaires de filles par des délégués pris parmi les membres ou par des dames inspectrices.

Lorsque les dames inspectrices sont appelées à faire des rapports aux divers comités concernant les écoles qu'elles ont visitées, elles assistent à la séance avec voix délibérative. (*Id.*, art. 16 et 17.)

Commissions d'examen. — Il y a dans chaque département une commission d'instruction primaire, chargée d'examiner les personnes qui aspirent aux brevets de capacité. (*Id.*, art. 18.)

Élections des Députés. — *Capacités électorales.* — Tout Français, jouissant des droits civils et politiques, âgé de vingt-cinq ans accomplis et payant 200 francs de contributions directes, est électeur, s'il remplit d'ailleurs les autres conditions fixées par la loi. (*Loi du* 19 *avril* 1831, art. 1.)

Sont en outre électeurs, en payant 100 francs de contributions directes : 1º les membres et correspondants de l'Institut; 2º les officiers des armées de terre et de mer jouissant d'une pension de retraite de 1,200 francs au moins, et justifiant d'un domicile réel de trois ans dans l'arrondissement électoral. Les officiers en retraite peuvent compter, pour compléter les 1,200 francs ci-dessus, le traitement qu'ils touchent comme membres de la Légion d'honneur. (*Id.*, art. 3.)

Les contributions qui confèrent le droit électoral, sont la contribution foncière, les contributions personnelle et mobilière, la contribution des portes et fenêtres, les redevances fixes et proportionnelles des mines, l'impôt des patentes, les suppléments d'impôt de toute nature connus sous le nom de centimes additionnels, et le droit annuel de diplôme payé par les chefs d'institution et de pension. (*Id.*, art. 4 et 5.)

Les propriétaires des immeubles temporairement exemptés d'impôts peuvent les faire expertiser contradictoirement et à leurs frais, pour en constater la valeur, de manière à établir l'impôt qu'il payeraient, impôt qui alors leur est compté pour les faire jouir des droits électoraux. (*Id.*, art. 4.)

Pour former la masse des contributions nécessaires à la qualité d'électeur, on compte à chaque Français les contributions directes qu'il paye dans tout le royaume : au père, les contributions des biens de ses enfants mineurs dont il a la jouissance; et au mari, celles de sa femme, même non commune en biens, pourvu qu'il n'y ait pas séparation de corps. L'impôt des portes et fenêtres des propriétés louées est compté, pour la formation du cens électoral, aux locataires ou fermiers. Les contributions foncière, des portes et fenêtres et des patentes payées par une maison de commerce composée de plusieurs associés, sont, pour le cens électoral, partagées par égales portions entre les associés, sans autre justification qu'un certificat du président du tribunal de commerce énonçant les noms des associés. Dans le cas où l'un des associés prétendrait à une part plus élevée, soit parce qu'il serait seul propriétaire des immeubles, soit à tout autre titre, il est admis à en justifier devant le préfet en produisant ses titres. (*Id.*, art. 6.)

Les contributions foncière, personnelle et mobilière, et des portes et fenêtres, ne sont comptées que lorsque la propriété foncière a été possédée, ou la location faite antérieurement aux premières opérations de la révision annuelle des listes électorales. Cette disposition n'est point applicable au possesseur à titre successif ou par avancement d'hoirie. La patente ne compte que lorsqu'elle a été prise et l'industrie exercée un an avant la clôture de la liste électorale. (*Id.*, art. 7.)

Les contributions directes payées par une veuve, ou par une femme séparée de corps ou divorcée, sont comptées à celui de ses fils, petits-fils, gendres ou petits-gendres qu'elle désigne. (*Id.*, art. 8.)

Tout fermier à prix d'argent ou de denrées, qui, par bail authentique d'une durée de neuf ans au moins, exploite par lui-même une ou plusieurs propriétés rurales, a droit de se prévaloir du tiers des contributions payées par lesdites propriétés, sans que ce tiers soit retranché au cens électoral du propriétaire. (*Id.*, art. 9.)

Domicile politique. — Le domicile politique de tout Français est dans l'arrondissement électoral où il a son domicile réel; néanmoins il peut le transférer dans tout autre arrondissement électoral où il paye une contribution directe, à la charge d'en faire, six mois d'avance, une déclaration expresse au greffe du tribunal civil de l'arrondissement électoral où il a son domicile politique actuel, et au greffe du tribunal civil de l'arrondissement électoral où il veut le transférer : cette double déclaration est soumise à l'enregistrement. Dans le cas où un électeur a séparé son domicile politique de son domicile réel, la translation de son domicile réel n'emporte pas le changement de son domicile politique, et ne le dispense pas des déclarations ci-dessus prescrites, s'il veut le réunir à son domicile réel. (*Id.*, art. 10.)

Nul individu, appelé à des fonctions publiques temporaires ou révocables, n'est dispensé de la susdite formalité; les individus appelés à des fonctions inamovibles peuvent exercer leur droit électoral dans l'arrondissement où ils remplissent leurs fonctions. (*Id.*, art. 11.)

On ne peut transférer son domicile politique dans un arrondissement électoral qu'autant qu'on y paye au moins 25 francs de contribution directe. — La moitié de cette contribution suffit pour les électeurs inscrits en vertu de l'article 3 de la loi. (*Loi du 25 avril* 1845.)

Nul ne peut exercer le droit d'électeur dans deux arrondissements électoraux. (Loi du 19 avril 1831, art. 12.)

Listes électorales. — Les listes des électeurs sont permanentes, sauf les radiations et inscriptions qui peuvent avoir lieu lors de la révision annuelle. Cette révision a lieu du 1er au 10 juin de chaque année. A Paris, les maires des douze arrondissements, assistés des percepteurs, procèdent à la révision sous la présidence du doyen de réception. (*Id.*, art. 14 et 15.)

Le résultat de cette opération est transmis au préfet avant le 1er juillet. A partir du 1er juillet, le préfet procède à la révision générale des listes. (*Id.*, art. 16.)

Les listes, ainsi rectifiées par le préfet, sont affichées le 15 août. Elles sont déposées, 1° au secrétariat des mairies de chacun des arrondissements; 2° au secrétariat de la préfecture pour être données en communication à toutes les personnes qui le requièrent. (*Id.*, art. 19.)

A compter du 15 août, jour de la publication, il

est ouvert, au secrétariat de la préfecture, un registre coté et parafé par le préfet, sur lequel sont inscrites, à la date de leur présentation et suivant un ordre de numéros, toutes les réclamations concernant la teneur des listes. Ces réclamations sont signées par le réclamant ou par son fondé de pouvoirs. Le préfet donne récépissé de chaque réclamation et des pièces à l'appui. Ce récépissé énonce la date et le numéro de l'enregistrement. (*Id.*, art. 23.)

Tout individu qui croit avoir à se plaindre, soit d'avoir été indûment inscrit, omis ou rayé, soit de toute autre erreur commise à son égard dans la rédaction des listes, peut, jusqu'au 30 septembre inclusivement, présenter sa réclamation, qui doit être accompagnée de pièces justificatives. (*Id.*, art. 24.)

Dans le même délai, tout individu inscrit sur les listes d'un arrondissement électoral peut réclamer l'inscription de tout citoyen qui n'y est pas porté, quoique réunissant les conditions nécessaires; la radiation de tout individu qu'il prétendrait indûment inscrit, ou la rectification de toute autre erreur commise dans la rédaction des listes. Ce même droit appartient à tout citoyen inscrit sur la liste des jurés non électeurs de l'arrondissement. (*Id.*, art. 25.)

Aucune des demandes dont il s'agit n'est reçue, lorsqu'elle est formée par des tiers, qu'autant que le réclamant y joint la preuve qu'elle a été par lui notifiée à la partie intéressée, laquelle a dix jours pour y répondre, à partir de celui de la notification. (*Id.*, art. 26.)

Le préfet statue en conseil de préfecture sur ces demandes, dans les cinq jours qui suivent leur réception, quand elles sont formées par les parties elles-mêmes ou par leurs fondés de pouvoirs; et dans les cinq jours qui suivent l'expiration du délai voulu si elles sont formées par des tiers. (*Id.*, art. 27.)

Le 16 octobre, le préfet procède à la clôture des listes. Le dernier tableau de rectification, et l'arrêté de clôture des listes sont publiés et affichés le 20 du même mois. (*Id.*, art. 31.)

La liste reste jusqu'au 20 octobre de l'année suivante, telle qu'elle a été arrêtée, sauf néanmoins les changements qui y sont ordonnés par des arrêts, et sauf aussi la radiation des noms des électeurs décédés, ou privés des droits civils ou politiques par jugement. L'élection se fait sur cette liste. (*Id.*, art. 32.)

Toute partie qui se croit fondée à contester une décision rendue par le préfet peut porter son action devant la Cour royale et y produire toutes pièces à l'appui. La cause est jugée sommairement, et sans qu'il soit besoin du ministère d'avoué. La partie intéressée est entendue ou se fait représenter à l'audience par un avocat. Le préfet, sur la notification de l'arrêt rendu, fait sur la liste la rectification prescrite.

Élections de département.—*Capacités électorales.* — Le conseil général de la Seine se compose de quarante-quatre membres. -- Les douze arrondissements de la ville de Paris nomment chacun trois membres du conseil général, et les deux arrondissements de Sceaux et de Saint-Denis chacun quatre. Les membres choisis par les arrondissements de Paris sont pris parmi les éligibles ayant leur domicile réel à Paris. (Loi du 20 avril 1834, art. 1 et 2.)

Cependant, tout éligible peut être élu à Paris dans un arrondissement autre que celui où il a son domicile et où il paye ses contributions.

Les élections sont faites, dans chaque arrondissement, par des assemblées électorales convoquées par le préfet de la Seine.

Sont appelés à ces assemblées :

1º Tous les citoyens ayant droit de voter pour les
députés (Voyez p. 53.); 2º les électeurs qui, ayant
leur domicile réel à Paris, ne sont pas portés sur ces
listes, parce qu'ils ont leur domicile politique dans
un autre département où ils exercent et continueront d'exercer tous leurs droits d'électeurs, conformément aux lois existantes.

Ainsi, les électeurs qui ont leur domicile politique
ailleurs, et qui ont qualité, comme plus imposés, pour
voter dans le département de la Seine, sont portés
sur la liste électorale, sans être astreints à faire la
déclaration voulue par l'article 29 de la loi du 22 juin
1833, et, après avoir voté pour le conseil municipal
de Paris et le conseil général, ils peuvent encore
exercer le même droit dans les lieux où ils sont portés sur les listes électorales. Mais cette faveur
n'existe que pour les électeurs domiciliés à Paris; les
électeurs domiciliés dans les arrondissements de
Sceaux et de Saint-Denis ne sauraient la revendi-
quer.

3º Les officiers des armées de terre et de mer, en
retraite, jouissant d'une pension de douze cents
francs au moins, et ayant, depuis cinq ans, leur
domicile réel dans le département de la Seine; 4º
les membres des cours, ceux des tribunaux de première instance et de commerce siégeant à Paris; 5º
les membres de l'Institut et autres sociétés savantes
instituées par une loi; 6º les avocats aux conseils
du roi et à la cour de cassation, les notaires et les
avoués, après trois ans d'exercice de leurs fonctions
dans le département de la Seine; 7º les docteurs et
licenciés en droit inscrits depuis dix années non in-
terrompues sur le tableau des avocats près les cours
et les tribunaux dans le département de la Seine;
8º les professeurs au collège de France, au Muséum
d'Histoire naturelle, à l'Ecole Polytechnique, et les

docteurs et licenciés d'une ou de plusieurs des facultés de droit, de médecine, des sciences et des lettres, titulaires des chaires d'enseignement supérieur ou secondaire dans les écoles de l'Etat situées dans le département de la Seine : 9° les docteurs en médecine, après un exercice de dix années consécutives dans la ville de Paris, dûment constaté par le payement ou par l'exemption régulière du droit de patente. *Id.*, art. 3.)

Nul n'est éligible au conseil général, s'il ne jouit des droits civils et politiques ; si, au jour de son élection, il n'est âgé de vingt-cinq ans, et s'il ne paye, depuis un an, au moins, deux cents francs de contributions directes dans le département. (*Id.*, art. 10 et loi du 22 juin 1833, art. 4.)—Voyez, *pour les incompatibilités*, p. 153.

Les membres du conseil général sont nommés pour neuf ans ; ils sont renouvelés par tiers tous les trois ans, et sont indéfiniment rééligibles. (*Id., id.,* art. 8.)

Listes électorales. —Tout ce qui a été dit pages 56 et suiv., de la confection des listes électorales, est applicable à la matière.(*Id.*, art. 4.)

Assemblées. — Aucun scrutin n'est valable si la moitié plus un des électeurs inscrits n'a voté. Nul n'est élu s'il ne réunit la majorité absolue des suffrages exprimés. Lorsqu'il y a plusieurs membres du conseil général à élire, on procède par scrutin de liste. Après les deux premiers tours de scrutin, si l'élection n'est point faite, le bureau proclame les noms des candidats qui ont obtenu le plus de suffrages en nombre double de celui des membres à élire. Au troisième tour de scrutin, les suffrages ne peuvent être valablement donnés qu'aux candidats ainsi proclamés.

Lorsque l'élection n'a pu être faite faute d'un nombre suffisant d'électeurs, ou est déclarée nulle pour quelque cause que ce soit, le préfet du département de la Seine assigne un jour, dans la quinzaine suivante, pour procéder de nouveau à l'élection. (*Id.*, art. 5.)

Les colléges électoraux et leurs sections sont présidés par le maire, par ses adjoints, suivant l'ordre de leur nomination, et par les conseillers municipaux de l'arrondissement ou de la commune où l'élection a lieu, suivant l'ordre de leur inscription au tableau. Les quatre scrutateurs sont les deux plus âgés et les deux plus jeunes des électeurs présents ; le bureau, ainsi constitué, désigne le secrétaire. L'élection a lieu par un seul collége dans chacun des arrondissements de Sceaux et de Saint-Denis. (*Id.*, art. 6.)

La tenue des assemblées électorales a lieu conformément aux dispositions contenues dans les articles 41, 43, 46, 47, 48, 49, 50, 51, 52, 53, 56 et 58 de la loi du 19 avril 1831, et les articles 50 et 51 de la loi du 21 mars 1831. (*Id.*, art. 7.) Voyez la seconde partie.

Elections d'arrondissement. — *Capacités électorales.*—Il n'y a point de conseil d'arrondissement pour la ville de Paris. —Voyez p. 38.

Les conseillers d'arrondissement sont élus dans chacun des cantons des arrondissements de Sceaux et de Saint-Denis, par des assemblées électorales composées des électeurs appartenant à chaque canton et appelés à concourir à l'élection des membres du conseil général du département de la Seine. (Loi du 20 avril 1834, art. 8.)—Voyez p. 58.

Le nombre des conseillers à élire dans l'arrondissement de Saint-Denis est de deux pour chacun des cantons de Courbevoie, de Pantin et de Saint-Denis, et de trois pour le canton de Neuilly. — Dans l'arrondissement de Sceaux, ce nombre est de deux pour les cantons de Charenton-le-Pont, de Villejuif et de Vincennes ; il est de trois pour le canton de Sceaux. (Ordonn. 17 octobre 1834.)

Les membres des conseils d'arrondissement peuvent être choisis parmi tous les citoyens âgés de vingt-cinq ans accomplis, jouissant des droits civils et politiques, payant dans le département, depuis un an, au moins, cent cinquante francs de contributions directes, dont le tiers dans l'arrondissement, et qui ont leur domicile réel ou politique dans le département. Si le nombre des éligibles n'est pas sextuple du nombre des membres du conseil d'arrondissement, le complément est formé par les plus imposés. (Loi du 20 avril 1834, art. 10, et loi du 22 juin 1833, art. 23.)—Voyez, *pour les incompatibilités,* la seconde partie de l'ouvrage.

Les membres des conseils d'arrondissement sont élus pour six ans. Ils sont renouvelés par moitié tous les trois ans. (*Id.,* art. 25.)

Déclaration de domicile. — Si un électeur qui, aux termes de l'article 10 de la loi du 19 avril 1831 (Voyez p. 55), a choisi son domicile politique hors de son domicile réel, veut néanmoins coopérer à l'élection des conseillers de département ou d'arrondissement, dans le canton de son domicile réel, il est tenu d'en faire, trois mois d'avance, une déclaration expresse aux greffes des justices de paix du canton de son domicile politique et de son domicile réel. (*Id.,* art. 29.)

Listes électorales.—Les listes électorales sont dressées et rectifiées de la même manière que celles concernant les élections des députés. (Loi du 20 avril 1834, art. 8.)—Voyez p. 56 et suiv.

Elections municipales. — Le conseil municipal de Paris se composant des trente-six membres élus par les douze arrondissements pour faire partie du conseil général du département, il n'y a donc pas à Paris d'élections municipales proprement dites, ou plutôt les élections des conseillers municipaux et des membres du conseil général ne font qu'une seule et même chose.

Dans les autres communes du département de la Seine, les élections municipales ont lieu conformément à la loi du 21 mars 1831 (1).

Garde nationale. — La garde nationale de Paris et celle du département de la Seine ont été l'objet d'une loi spéciale; leur organisation a été réglée par la loi du 14 juillet 1837. Toutefois, dans les cas non prévus et spécifiés par cette loi, on doit avoir recours aux dispositions de la loi fondamentale du 22 mars 1831, qui alors deviennent applicables à la matière et doivent recevoir leur exécution tant à Paris que dans la banlieue.

La garde nationale de Paris et celle du département sont placées sous la direction et la surveillance du préfet de la Seine.

Obligation du Service. — Tout Français appelé par la loi du 22 mars 1831 au service de la garde nationale est tenu à ce service dans le département de la Seine : 1° lorsqu'il y a son domicile réel ; 2° lorsqu'il y réside habituellement une partie de l'année, et ce, nonobstant son inscription sur les registres-matricules d'un autre département. Dans ces deux cas, le service est dû dans la commune, ou, à Paris, dans l'arrondissement municipal où le garde national a sa principale habitation. (Loi du 14 juillet 1837, art. 1.)

Inscription au registre-matricule et sur les contrôles. — Dans l'étendue du département de la Seine, tous les Français appelés par la loi au service de la garde nationale, et qui ne sont pas portés sur le re-

_____

(1) Voy. le *Corps municipal*, p. 288.

gistre-matricule, sont tenus de se faire inscrire à la
mairie de leur résidence. Cette inscription doit être
faite dans les deux mois de l'accomplissement des
conditions qui rendent obligatoire le service de la
garde nationale. Ce délai ne court, pour les Français
âgés de moins de vingt et un ans, que du jour où ils
ont satisfait à la loi du recrutement. En cas de changement de résidence, la déclaration à fin d'inscription doit être faite, dans le même délai, à la mairie
de l'arrondissement municipal ou de la commune de
la nouvelle résidence. Tout Français qui ne s'est pas
conformé aux dispositions précédentes, et dont l'inscription d'office au contrôle du service ordinaire est
devenue définitive, est, par ce seul fait, constitué en
état de refus de service, et renvoyé par le maire devant le conseil de discipline, qui peut le condamner
à un emprisonnement d'un jour au moins, de cinq
jours au plus. Ne sont pas tenus de se faire inscrire
les citoyens exceptés ou dispensés du service par les
articles 11, 12, 13, 20, 28 et 29, de la loi du 22 mars
1831. Les dispositions du § 3 de l'article 19 de ladite loi ne sont pas applicables à la ville de Paris. (*Id.*,
art. 2.)

Le registre-matricule et les contrôles du service
ordinaire et de réserve sont déposés au secrétariat
de chaque mairie; il en est donné communication
à tout habitant, sur sa demande. (*Id.*, art. 3.)

Conseil de recensement. — A Paris, il y a par arrondissement un conseil de recensement composé de
seize membres nommés par le maire, qui doit les
choisir, en nombre égal pour chaque bataillon, parmi
les officiers, sous-officiers, caporaux et délégués de
la légion. Ce conseil est renouvelé tous les six mois
par moitié. — Le renouvellement semestriel qui suit
chaque composition intégrale du conseil, s'opère par
un tirage au sort fait par le maire, en conseil de re-

censement. Les membres sortants peuvent être nommés de nouveau. Le conseil est présidé par le maire
ou par un adjoint; en cas de partage, le président
a voix prépondérante. Le conseil ne peut délibérer
qu'au nombre de neuf membres au moins, y compris
le président. En cas de dissolution de la légion, le
maire désigne, pour la réorganisation, les membres
d'un conseil de recensement provisoire, qui cesse
ses fonctions au moment de l'entrée en exercice du
conseil nommé ainsi qu'il vient d'être dit. (*Id.*, art. 4.)

A Paris, les membres du conseil de recensement
peuvent se dispenser du service, mais la dispense
n'existe pas en faveur des membres de conseils de
recensement de la banlieue. Après trois absences consécutives, ils sont considérés comme démissionnai-
res, et immédiatement remplacés par le maire, s'ils
ne justifient d'empêchement légitime. (*Id.*, art. 5.)

Jury de révision. — Les douze membres de chaque
jury de révision, et six suppléants sont tirés au sort
sur la liste des officiers, sous-officiers, caporaux et
délégués en fonctions, qui réunissent les conditions
exigées par l'article 23 de la loi du 22 mars 1831,
c'est-à-dire qui savent lire et écrire et sont âgés de
vingt-cinq ans.

Cette liste est réduite, par le préfet, à deux cents
noms sur lesquels le tirage a lieu, à Paris, par arrondissement, et, dans la banlieue, par canton. Les membres désignés par le sort sont rayés de la liste et ne
peuvent y être rétablis qu'après les élections générales. En cas d'absence sans motif légitime, les membres du jury de révision sont passibles d'une amende
de cinq à quinze francs, prononcée, séance tenante,
par le président du jury. Nul ne peut en même temps
faire partie d'un conseil de recensement et d'un jury
de révision. (*Id.*, art. 6.)

Il y a près de chaque jury de révision un rappor-

6.

teur ayant rang de capitaine, et un rapporteur-adjoint ayant rang de lieutenant. Ils sont nommés par le roi, et pour trois ans; ils font partie de l'état-major de la légion. Le greffier du juge de paix remplit les fonctions de secrétaire. (*Id.*, art. 7.)

A Paris, la circonscription des bataillons et des compagnies est réglée, dans chaque arrondissement, par le maire, sous l'approbation du préfet. (*Id.*, art. 8.)

Nominations aux Grades. — A Paris, il y a deux chefs de bataillon par bataillon dans chaque légion, quel que soit le nombre d'hommes qui composent ce bataillon. (*Id.*, art. 9.)

Dans le département de la Seine, les officiers de compagnie, les porte-drapeaux et chefs de bataillon, ne peuvent être choisis que dans la circonscription de la légion. Les chefs de légion et lieutenants-colonels peuvent l'être dans toute l'étendue du département. (*Id.*, art. 10.)

Les chirurgiens-majors doivent être choisis et résider dans la circonscription de la légion, et les chirurgiens-aides-majors dans la circonscription du bataillon. (*Id.*, art. 11.)

Les délégués sont élus sur bulletins de liste et à la majorité relative, immédiatement après les officiers. (*Id.*, art. 13.)

Sauf le cas d'élections générales ou de dissolution, lorsque les gardes nationaux sont convoqués pour une élection, celle-ci n'est valable qu'autant que le tiers plus un des gardes nationaux convoqués y ont pris part. Le scrutin est immédiatement clos après l'appel et le réappel, et le bureau ne procède au dépouillement que si le nombre des votes est égal au tiers plus un des inscrits. Si le nombre des gardes nationaux présents est inférieur au tiers plus un, il est procédé à l'élection par les officiers, sous-officiers, caporaux et délégués existants dans la compagnie.

Les sergents-majors et fourriers sont élus sur bulletins individuels; les sergents et caporaux, sur bulletins de liste. Dans les deux cas, l'élection a lieu à la majorité relative. (*Id.*, art. 14.)

Dans l'intervalle d'une élection générale à l'autre, le remplacement des officiers, sous-officiers, caporaux et délégués a lieu selon les besoins du service. (*Id.*, art. 15.)

Toutes les élections sont faites sous la présidence du maire ou d'un adjoint, assisté de deux membres du conseil de recensement. (*Id.*, art. 16.)

Ordre du service ordinaire. — L'article 17 de la loi organisatrice de la garde nationale du département de la Seine annonçait que le service ordinaire, les revues, les exercices et les prises d'armes seraient réglés par une ordonnance royale. Cette ordonnance n'a pas encore été rendue et le règlement du service est fait par le commandant supérieur.

L'organisation de la garde nationale à cheval de Paris est déterminée par les ordonnances des 28 mai 1831 et 18 janvier 1838; — celle des sapeurs-porte-haches, par l'ordonnance du 27 mars 1838; — celle de la musique des légions, par l'ordonnance du 28 mars de la même année. Enfin, une ordonnance du 4 octobre 1838 fixe l'organisation de la cavalerie, des sapeurs-porte-haches, de la musique et des sapeurs-pompiers de la garde nationale de la banlieue de Paris.

Discipline. — Dans le département de la Seine, l'uniforme et l'équipement sont obligatoires pour tout garde national qui n'en est pas dispensé par le conseil de recensement. Les décisions du conseil de recensement peuvent être déférées, par la voie d'appel, au jury de révision. Il est interdit à tout chef de légion, officier supérieur, ou commandant quelconque, d'autoriser aucune modification à l'uniforme et

à l'équipement réglés par ordonnance royale. L'infraction à la règle concernant l'uniforme et l'équipement est considérée comme refus de service d'ordre
et de sûreté, et punie des mêmes peines. (*Id.*,
art. 19.)

Dans le département de la Seine, sont considérés
comme services commandés et obligatoires, sous les
peines portées en l'article 89 de la loi du 22 mars
1831, non-seulement le service auquel on a été appelé dans la forme ordinaire, mais encore les prises
d'armes pour service d'ordre et de sûreté annoncées
par voie de rappel, ainsi que toute réunion pour inspection d'armes. L'arrivée tardive au poste, l'absence
du poste sans autorisation et l'absence autorisée pro-
longée au delà du terme fixé, peuvent être considérées et punies comme refus de service. (*Id.*, art. 20.)

Les infractions au service, commises par les majors
et adjudants-majors soldés, sont punies des peines
suivantes : Des arrêts simples; des arrêts forcés avec
remise d'armes. En aucun cas, ces arrêts n'excèdent
trois jours. Les arrêts simples peuvent être appliqués
par les officiers supérieurs en grade auxdits majors
et adjudants-majors. Les arrêts forcés ne sont pro-
noncés que par le commandant supérieur. (*Id.*,
art. 21.)

Pour les délits prévus par les articles 82, 87 et 89
de la loi du 22 mars 1831, les tambours-majors,
tambours-maîtres, tambours et trompettes, peuvent
être punis, par tout officier sous les ordres duquel
ils se trouvent, de la prison pour un temps qui n'excède pas trois jours. Pour une peine plus forte, il en
est référé au chef de légion, qui ne peut cependant
pas infliger la prison pour plus de quinze jours. (*Id.*,
art. 22.)

Le conseil supérieur de discipline du département
de la Seine est composé du commandant supérieur,

président, ou d'un officier général délégué par lui ; de deux colonels ou lieutenants-colonels, de deux chefs de bataillon ou d'escadron, de deux capitaines. Lorsqu'il s'agit de juger des officiers de l'état-major général, les colonels, lieutenants-colonels, chefs de bataillon ou d'escadron et capitaines composant le conseil, sont pris dans l'état-major. Ils sont pris dans les légions, lorsqu'il s'agit de juger les officiers des légions. A cet effet, il est formé, par le préfet, deux tableaux par grade des colonels, lieutenants-colonels, chefs de bataillon ou d'escadron et des capitaines ; l'un desdits tableaux pour les officiers des légions, et l'autre pour les officiers de l'état-major général. Les juges du conseil supérieur de discipline sont désignés par la voie du sort. Il est procédé au tirage en séance publique par le préfet. Les juges sont renouvelés tous les ans. Les membres sortants sont rayés du tableau, et ne peuvent être rétablis qu'après les élections générales, à moins d'épuisement des noms portés audit tableau. Le rapporteur près ce conseil a rang de chef de bataillon, et le secrétaire, rang de capitaine. Ce rapporteur est nommé par le roi, et pour trois ans ; il fait partie de l'état-major général. (*Id.*, art. 23.)

Dans le département de la Seine, le tableau des membres du conseil de discipline dont il est question dans l'article 105 de la loi du 22 mars 1831, est formé des officiers, de la moitié des sous-officiers, du quart des caporaux, et de pareil nombre de gardes nationaux désignés par le maire, en nombre égal dans chaque compagnie. Il est complété tous les ans, en conservant le rang des premiers inscrits. (*Id.*, art. 24.)

Recours. — Toute opposition à une décision du conseil de recensement rendue par défaut doit être formée dans la huitaine de la notification. Le conseil de recensement peut relever le défaillant du délai

d'opposition. L'appel des décisions du conseil de recensement devant le jury de révision n'est recevable
qu'autant qu'il a été interjeté dans la quinzaine de la
décision contradictoire, ou de la notification des décisions rendues par défaut ou sur l'opposition. Les
contestations élevées sur les élections doivent être
soumises au jury de révision. Ce recours n'est admis-
sible que s'il est formé par un garde national qui,
ayant participé à l'élection, a fait connaître, séance
tenante, au bureau, ou dans les trois jours à la mairie, la nature de ses réclamations. Le préfet, à Paris,
et les sous-préfets, peuvent, dans tous ces cas et
dans les mêmes délais, recourir devant le jury de révision. (*Id.*, art. 25.)

Toute décision des jurys de révision peut être déférée au conseil d'Etat pour incompétence, excès de
pouvoirs et violation de la loi. (*Id.*, art. 26.)

Il est à remarquer toutefois que le conseil d'Etat
n'est pas un tribunal d'appel des décisions du jury
de révision, car le jury de révision est lui-même le
tribunal d'appel du conseil de recensement. Le conseil d'Etat remplit en cette matière un rôle semblable
à celui que la cour de cassation remplit à l'égard des
tribunaux. Ainsi, lorsqu'un jury de révision a admis
comme constants des faits dont il résulte, suivant lui,
qu'un citoyen est par le caractère de sa résidence à
Paris, astreint au service de la garde nationale, ces
faits, quant à leur certitude, ne sont pas remis en
question devant le conseil d'Etat. Mais il examine si
le jury de révision n'a pas violé la loi en déclarant
que ces faits constituaient la résidence.

La contrariété de décisions rendues, en dernier
ressort, en différents conseils de recensement ou jurys de révision, pour l'application de la loi du 14 juillet 1837, ainsi que de la loi du 22 mars 1831, donne

également ouverture à un recours devant le conseil d'Etat. (*Id.*, art. 27.)

Cette disposition était déjà consacrée par l'article 504 du Code de procédure, en matière civile. Ainsi qu'on l'a fait remarquer lors de la discussion de la loi, quand deux décisions se sont emparées du même fait, à l'égard de la même personne, et ont, par exemple, condamné un garde national dans deux arrondissements à faire son service dans deux légions différentes, il est clair que la loi est mal appliquée, au moins dans un cas. Le conseil d'Etat, qui fait l'office de cour de cassation, doit donc casser un des deux arrêts.

Dépôt des armes. — Dans les cas de suspension ou de dissolution prévus par l'article 5 de la loi du 22 mars 1831, le préfet du département de la Seine peut ordonner le dépôt des armes dans un lieu déterminé, sous les peines portées par l'article 3 de la loi du 24 mai 1834. (*Id.*, art 28.)

Grande voirie. — La voirie de Paris se divise en grande et petite voirie. La grande voirie est dans les attributions du préfet de la Seine et la petite voirie dans celles du préfet de police. Toutefois, cette ligne de démarcation entre les attributions des deux préfets n'est pas très-rigoureusement observée dans la pratique, et ici encore, il est à désirer que la législation soit complétée sur plusieurs points. — Voyez *petite voirie*.

Suivant Daubenton, le préfet de la Seine connaît, en cette matière, sous l'autorité immédiate du directeur général des ponts et chaussées, des travaux des grandes routes, du pavé de Paris, des trottoirs et des boulevards; des travaux relatifs à la navigation, des canaux, digues, ports, quais, et aux chemins de halage; des bacs et bateaux; des travaux de la rivière de Bièvre; de la délimitation des quartiers affectés à l'exploitation des usines de gaz hydrogène, et des travaux sur et sous la voie publique relatifs à cette exploitation ; de la construction et de l'entretien des égouts de Paris ; de la distribution des eaux dans cette ville ; des pompes à feu, machines hydrauliques, fontaines et regards ; des travaux des voiries de Bondy et des voiries de dépôt; des acquisitions relatives à ces divers établissements ; de la surveillance générale des carrières; de la direction des travaux de consolidation dans les anciennes carrières sous et hors Paris.

Les agents d'exécution sont les ingénieurs des ponts et chaussées et des mines, les conducteurs et autres personnes attachées au même service.

Sous la dénomination impropre de grande voirie, le préfet de la Seine a encore dans ses attributions, selon le même auteur, les alignements, les constructions neuves, les travaux aux constructions anciennes, l'ouverture des nouvelles voies publiques, l'inscription de noms des rues, le numérotage des maisons. Cette partie de la voie publique relève directement du ministère de l'intérieur.

Les agents d'exécution sont les commissaires voyers divisionnaires, les commissaires voyers d'arrondissement, les inspecteurs particuliers de la voirie. Il y a un commissaire voyer par arrondissement.

Les contraventions de grande voirie sont portées devant le conseil de préfecture.

Il existe sur la voirie de Paris une foule de règlements particuliers. Parmi ceux dont il est fait le plus souvent application, se trouvent les règlements des 10 avril 1783 et 25 août 1784, qui fixent, d'une part, le maximum d'élévation qui peut être donné aux maisons, et qui déterminent, d'autre part, une échelle des hauteurs permises corrélatives à la largeur des rues, sur l'alignement desquelles elles doivent être bâties. Ces règlements prononcent, contre les contrevenants, des amendes de 1,000 fr. et de 3,000 fr., qui, aujourd'hui, peuvent être modérées, en vertu de la loi du 23 mars 1842, jusqu'à un minimum de 16 fr.

Par un arrêté du 1ᵉʳ novembre 1844, M. le préfet de la Seine a fixé de nouveau la hauteur des bâtiments et de leurs combles dans Paris (1).

Alignements. — Les alignements sont donnés par le préfet de la Seine pour la construction des bâtiments et édifices suivant les plans arrêtés. Les plans sont tracés sur place par des commissaires voyers agissant sous la surveillance de quatre architectes qui portent le titre d'inspecteurs généraux. Les commissaires voyers et les architectes composent un bureau consultatif où sont examinées et discutées toutes les questions relatives à la matière et principalement à l'application des réglements; le préfet prononce. Il peut être appelé de ses décisions au ministère de l'intérieur.

Lorsque, par suite de l'alignement donné, un édifice est sujet à reculement, la partie de l'édifice qui dépasse la ligne fixée pour la voie publique ne peut être réparée sans une permission expresse de l'autorité supérieure, et il ne doit y être fait aucun travail confortatif, c'est-à-dire de nature à consolider les murs à l'intérieur ou à l'extérieur. Si la parcelle de terrain comprise dans l'alignement est vague, le propriétaire ne peut y élever aucune construction, ce qui en diminue considérablement la valeur. Mais, ainsi que le remarque de Lalleau, de ce que le propriétaire ne peut bâtir sur la parcelle de terrain destinée à la voie publique, de ce qu'il n'en peut faire

---

(1) Voy. *Recueil des actes administratifs de la préfecture de la Seine*, 2ᵉ année, p. 39, chez Paul Dupont.

aucun usage utile, il ne s'ensuit nullement qu'il cesse d'être propriétaire de cette parcelle. Il ne peut perdre sa propriété que par un traité amiable ou par suite d'une expropriation et moyennant une indemnité préalable; tant que cette indemnité n'a pas été réglée et payée, celui qui a demandé et même exécuté l'alignement ne cesse pas d'être propriétaire du terrain qui anticipe sur la voie publique. S'il veut sortir de cette position fâcheuse, il peut provoquer le jugement d'expropriation et le règlement de l'indemnité par le juge.

La cour de cassation a décidé, par arrêt du 19 mars 1838, que si l'alignement peut donner lieu à une indemnité, il n'a pas pour effet de dessaisir actuellement le propriétaire des portions de terrain retranchées sur lesquelles il lui est interdit de bâtir, et qu'ainsi il peut les hypothéquer valablement.

Il peut arriver que, par l'alignement, un propriétaire soit mis à même de s'avancer sur la voie publique. Dans ce cas là, il doit payer la valeur du terrain qui lui est cédé. Mais s'il refuse d'acquérir, l'administration est autorisée à le déposséder de l'ensemble de sa propriété, en lui en payant la valeur, telle qu'elle était avant l'entreprise des travaux. (Loi du 16 septembre 1807, art. 53.)

Saillies. — Il y a une importante distinction à faire, dans la voirie de Paris, entre les saillies fixes, comme les pilastres, les entablements, les balcons et les saillies qui, bien qu'ayant par elles-mêmes une certaine fixité, ne font pas corps avec les constructions, telles que les échoppes, les auvents, les étalages et toutes les saillies de cette espèce. Les unes appartiennent à la grande voirie et sont, dès lors, dans les attributions du préfet de la Seine; les autres appartiennent au contraire à la petite voirie et sont dans les attributions du préfet de police. Cette classification, dit Davenne, est fondée sans doute sur ce que les premières, une fois établies conformément aux conditions prescrites, n'intéressent point la viabilité des rues, présentent une solidité qui dispense de toute surveillance ultérieure; tandis que les secondes, pouvant, par leur chute ou par l'excès de leurs dimensions, compromettre la sûreté publique ou gêner la circulation, appellent plus particulièrement l'attention de l'autorité, et, sous ce rapport, doivent être soumises à l'action de la police. — Pour les dimensions des saillies de grande voirie, voyez p. 118 et suiv.

Numérotage.—Toutes les maisons de Paris doivent être numérotées dans un ordre suivant lequel un côté de chaque rue porte les numéros pairs et l'autre côté les numéros impairs. (Décret du 15 pluviôse an XIII.)

Le numérotage est exécuté à l'huile, et, pour la première fois, à la charge de la commune de Paris; mais l'entretien du numérotage est à la charge des propriétaires qui peuvent, en conséquence, le faire exécuter, à leurs frais, d'une manière plus durable, soit en tôle vernissée, soit en faïence ou en terre à poële émaillée, en se conformant aux dispositions du décret du 15 pluviôse an XIII, sur la couleur des numéros et la hauteur à laquelle ils doivent être placés. (*Id.*, art. 9 et 11.)

Droits de grande voirie. — Il est perçu à Paris certains droits pour les délivrances d'alignements, permissions de construire ou réparer et autres permis de toute espèce qui se requièrent en grande ou en petite voirie.

La perception de ces droits est faite à la préfecture de la Seine, pour les objets de grande voirie, et à la préfecture de police pour les objets de petite voirie, à l'instant même où les permis sont délivrés. —Voy. *Petite Voirie.*

Voici le tarif des droits perçus, en matière de

grande voirie, tel qu'il est établi par le décret du 27
octobre 1808 :

Alignements, pour chaque mètre de longueur de face, savoir : d'un
     bâtiment dans une rue de moins de 8 mètres de large.   5 f. » c.
        De 8 mètres jusqu'à 10......................   6   »
        De 10 et au-dessus........................   7   »
        D'un mur de clôture.......................   1   »
        D'une clôture provisoire en planches............   »   25
Réparations partielles. (*Voy.* Jambe étrière, pied
     droit, etc.)
Avant-corps en pierre, et pilastre (*voy.* Colonnes), droit
     fixe pour chaque................................ 10   »
Balcon (petit), avec construction nouvelle, pour chaque
     croisée.......................................   5   »
Balcon (grand), pour chaque mètre de longueur...... 10   »
Barrière au-devant des fouilles, cours, constructions et
     réparations...................................   5   »
Bâtiments. (*Voy.* Alignements.)
Colonnes engagées en pierre, formant support, droit fixe
     pour chaque 5 centimètres de saillie en pierre. (*Bien,*
     attendu qu'on ne permettra pas de prendre sur la
     voie publique.)
Colonnes isolées, en pierre, droit fixe. (*Même observa-*
     tion qu'à l'article précédent.)
Contrefiches pour constructions et réparations, droit fixe.   5   »
Dosserets, droit fixe............................... 10   »
Encorbellement pour chaque 5 centimètres de saillie. .   5   »
Entablement avec échafaud, droit fixe............... 10   »
Idem en partie..................................   5   »
Étais ou étrésillons. (*Voy.* Contrefiches.).............   5   »
Exhaussement d'un bâtiment aligné, droit fixe........ 10   »
Idem d'un bâtiment non aligné. (*Voy.* Alignements.)
Jambe étrière, reconstruite en la face d'une maison ali-
     gnée, droit fixe................................ 10   »
Idem à reconstruire suivant l'alignement. (*Voy.* Aligne-
     ments.)
Linteau.. 10   »
Mur. (*Voy.* Alignements.)
Ouverture ou percement de boutiques ou croisées..... 10   »
Pans de bois neuf, droit fixe, non compris l'alignement. 20   »
Idem pour rétablissement partiel, droit fixe........ 10   »
Pied droit à reconstruire en la face d'une maison ali-
     gnée, droit fixe................................ 10   »
Idem à reconstruire suivant l'alignement. (*Voy.* Aligne-
     ments.)
Pilastres en pierre. (*Voy.* Colonnes.)
Poitrail, droit fixe................................ 10   »
Idem (1)....................................... 10   »

---

(1) Si cette indication, qui se trouve dans le texte officiel, ne

Réparations en la face d'un bâtiment. (*Voy.* Alignements.)
Ravalement avec échafaud, droit fixe................ 10 f. » c.
Idem partiel...................................... 5 »
Tour creuse ou enfoncement........................ 10 »
Tour ronde, ne sera plus autorisée................ *Mémoire.*
Trumeaux à reconstruire en la face d'une maison ali-
  gnée, droit fixe................................ 10 »
Idem à reconstruire suivant l'alignement. (*Voy.* Aligne-
  ments.)

Il ne peut être rien perçu en sus des droits portés au tarif ou pour autres causes que celles qui y sont énoncées, même sous prétexte de droit de quittance, frais de timbre ou autres, à peine de concussion. (Décret du 27 octobre 1808, art. 7.)

Hôpitaux et Hospices civils. — Les maisons ouvertes aux personnes obligées de recourir à la charité publique sont de deux espèces principales : les hôpitaux où sont admis les malades, et les hospices où l'on reçoit les infirmes et les indigents.

Les établissements de la première espèce sont à Paris : l'Hôtel-Dieu, l'Hôtel-Dieu-annexe, l'hôpital de la Charité, l'hôpital de la Pitié, l'hôpital Saint-Antoine, l'hôpital Cochin, l'hôpital Necker, l'hôpital Beaujon, l'hôpital des Enfants, l'hôpital Saint-Louis, l'hôpital du Midi, l'hôpital de Lourcine; la maison Royale-de-Santé, la maison d'Accouchement, et l'hôpital des Cliniques.

On compte parmi les établissements de la seconde espèce l'hospice des Enfants trouvés et orphelins réunis, l'hospice de la Rochefoucauld, l'institution de Sainte-Perine, l'hospice de la Vieillesse pour les hommes (Bicêtre), l'hospice de la Vieillesse pour les femmes (la Salpétrière), l'hospice des Incurables, l'hospice des Ménages, l'hospice Saint-Michel, l'hospice Devillas et l'hospice de la Reconnaissance.

---

constitue pas une superfétation, elle est au moins incomplète. On peut croire qu'elle s'applique au droit perçu pour le rétablissement partiel du poitrail. Toutefois, M. Sageret (*Annuaire des bâtiments*) paraît supposer qu'il y a là omission du mot *poteau* et il l'ajoute à l'alinéa.   7.

Outre le soulagement que la souffrance et la pauvreté trouvent dans ces établissements, des secours sont encore distribués à domicile par les bureaux de bienfaisance. — Voy. p. 49.

Les personnes atteintes d'une maladie grave qui les oblige à garder le lit ou qui sont dans un cas d'urgence, sont admises à l'hôpital spécialement affecté au traitement que réclame leur position, sur le simple avis de l'officier de santé préposé à la visite. Dans tous les autres cas, les malades sont tenus de se présenter au bureau central de réception formé auprès de la commission administrative, afin d'obtenir, s'il y a lieu, un bulletin d'entrée.

L'administration des hôpitaux et hospices civils de Paris est composée d'un conseil général d'administration et d'une commission administrative. (Arrêté du 27 nivôse an IX.)

Le conseil a la direction générale des hôpitaux et hospices; il fixe le montant des dépenses de tout genre, l'état des recettes, réparations et améliorations; enfin il délibère sur tout ce qui intéresse le service de ces établissements, leur conservation et la gestion de leurs revenus. (Id.)

La commission administre conformément aux arrêtés pris par le conseil général et est responsable de leur exécution, ainsi que du défaut d'exactitude des agents et employés. — Deux membres de la commission administrative assistent aux séances du conseil général; ils peuvent y faire les propositions qu'ils croient utiles au service des hospices et hôpitaux et sont entendus sur tous les objets mis en délibération. (Id.)

Ainsi, le conseil général représente l'assemblée délibérante et la commission le pouvoir exécutif.— Les fonctions administratives ont été partagées entre les membres de la commission sous la surveillance des membres du conseil général spéciale-

ment désignés pour chaque partie de l'administration. Il existe à cet égard cinq divisions principales
qui embrassent, la première, les hospices ; la
deuxième, les hôpitaux ; la troisième, les domaines ;
la quatrième, les secours à domicile, la fondation
Montyon, destinée à procurer des secours aux pauvres sortant des hôpitaux ; le bureau central d'admission, la cave générale, la boulangerie générale,
la pharmacie centrale ; la cinquième, la comptabilité
générale.—Voyez, pour le budget et la comptabilité,
l'article 35 de l'ordonnance du 31 octobre 1821,
l'ordonnance du 29 novembre 1831 — et la circulaire ministérielle du 8 juillet 1836.

Les membres du conseil général sont au nombre
de quinze, indépendamment du préfet de police,
et du préfet de la Seine, qui préside le conseil.
(Ordon. 18 février 1818, art. 1.)

Les membres du conseil sont nommés par le roi.
En cas de vacance d'une place, le conseil, pour y
pourvoir, dresse une liste de cinq candidats qui
est soumise à l'autorité royale, avec l'avis du préfet de la Seine. (*Id.*, art. 2.)

Le conseil est renouvelé, chaque année, par
cinquième, au mois de décembre. La sortie des
membres est déterminée par ordre d'ancienneté.—
Dans le cas où il survient des vacances dans le
cours de l'année, soit par mort ou démission, elles
comptent pour le renouvellement. Rien ne s'oppose
à ce que les membres sortants soient immédiatement
réélus. (*Id.*, art. 3., et ordon. 10 avril 1837.)

La commission administrative est composée de
cinq membres qui sont nommés par le ministre de
l'intérieur, sur la présentation du préfet. (Arrêté 27
nivôse an IX.)

Les pharmaciens et les aumôniers des hospices et
hôpitaux de Paris ont droit à des pensions de retraite,

mais les médecins et chirurgiens de ces établissements ne jouissent pas du même bénéfice. Il est
établi un fonds de pensions de retraite pour les
employés, au moyen d'une retenue exercée sur leur
traitement. (Décrets des 7 février 1809 et 18 mars
1813, ordon. 16 avril 1823.)

Les règles qui précèdent ne s'appliquent pas aux
établissements généraux de bienfaisance et d'utilité
publique. Ainsi, l'hôpital royal des Quinze-Vingts, la
maison royale de Charenton, l'institution royale des
Sourds-Muets, l'institution royale des jeunes Aveu-
gles, et tous les établissements analogues, sont soumis
à un mode particulier d'organisation : ils sont administrés, sous l'autorité du ministre de l'intérieur et
sous la surveillance d'un conseil supérieur, par des
directeurs responsables assistés de commissions con-
sultatives. — Voy. l'ordon. du 21 février 1841.

Instruction primaire. — L'instruction primaire a été réglementée par la loi du 28 juin 1833.
Les dispositions de cette loi sont applicables à la
commune de Paris. Toutefois, le mode particulier
d'administration de cette commune a fait apporter
quelques changements à l'organisation des comités de
surveillance. C'est ainsi que le comité d'arrondissement est remplacé à Paris par un comité central
exerçant un contrôle général sur les comités des
douze arrondissements municipaux. Voici, au surplus, les règles spéciales de la matière :

De l'instruction primaire et de son objet. — L'instruction primaire est élémentaire ou supérieure.

L'instruction primaire élémentaire comprend nécessairement l'instruction morale et religieuse, la lecture, l'écriture, les éléments de la langue française
et du calcul, le système légal des poids et mesures.—
L'instruction primaire supérieure comprend nécessairement, en outre, les éléments de la géométrie et

ses applications usuelles, spécialement le dessin linéaire et l'arpentage, des notions des sciences physi-
ques et de l'histoire naturelle applicables aux usages
de la vie ; le chant, les éléments de l'histoire et de la
géographie, et surtout de l'histoire et de la géographie de la France. Selon les besoins et les ressources des localités, l'instruction primaire peut recevoir
les développements qui sont jugés convenables. (Loi
du 28 juin 1833, art. 1.)

Le vœu des pères de famille doit toujours être
consulté et suivi en ce qui concerne la participation
de leurs enfants à l'instruction religieuse. (*Id.*, art. 2.)

L'instruction primaire est ou privée ou publique.
(*Id.*, art. 3.)

Écoles primaires privées. — Tout individu âgé de
dix-huit ans accomplis peut exercer la profession
d'instituteur primaire et diriger tout établissement
quelconque d'instruction primaire, sans autres conditions que de présenter préalablement au maire de
la commune où il veut tenir école : 1° un brevet
de capacité obtenu, après examen, selon le degré de
l'école qu'il veut établir ; 2° un certificat constatant
que l'impétrant est digne, par sa moralité, de se livrer
à l'enseignement. Ce certificat est délivré à Paris,
sur l'attestation de trois habitants notables, par le
maire de l'arrondissement municipal, ou de chacun
des arrondissements municipaux où l'impétrant a
résidé depuis trois ans. (*Id.*, art. 4, et ordon. 8 novembre 1833, art. 6.)

Sont incapables de tenir école : 1° les condamnés
à des peines afflictives ou infamantes ; 2° les condamnés pour vol, escroquerie, banqueroute, abus de
confiance ou attentat aux mœurs, et les individus
qui ont été privés par jugement de tout ou partie
des droits de famille mentionnés aux paragraphes 5
et 6 de l'article 42 du Code pénal ; 3° les instituteurs

qui ont été interdits de l'exercice de leur profession
pour cause d'inconduite ou d'immoralité. (Loi du
28 juin 1833, art. 5.)

Écoles primaires publiques. — Les écoles primaires
publiques sont celles qu'entretiennent, en tout ou
en partie, les communes, les départements ou l'Etat.
(*Id.*, art. 8.)

Il y a à Paris des écoles primaires élémentaires
dans chacun des arrondissements. La ville possède
encore deux écoles primaires supérieures pour les
garçons et une pour les filles; mais cette dernière
école, établie par suite d'une fondation, ne se compose que de quarante-cinq pensionnaires.

Il est fourni à tout instituteur communal : 1° un
local convenablement disposé, tant pour lui servir
d'habitation que pour recevoir les élèves; 2° un traitement fixe, qui ne peut être moindre de deux cents
francs pour une école primaire élémentaire, et de
quatre cents francs pour une école primaire supérieure. (*Id.*, art. 12.)

A défaut de fondations, donations ou legs, qui
assurent un local et un traitement convenables, le
conseil municipal délibère sur les moyens d'y pourvoir. En cas d'insuffisance des revenus ordinaires
pour l'établissement des écoles primaires communales élémentaires et supérieures, il y est pourvu au
moyen d'une imposition spéciale, votée par le conseil municipal, ou, à défaut du vote de ce conseil,
établie par ordonnance royale. Cette imposition, qui
doit être autorisée chaque année par la loi de finances, ne peut excéder trois centimes additionnels au
principal des contributions foncière, personnelle et
mobilière. (*Id.*, art. 13.)

En sus du traitement fixe, l'instituteur communal
reçoit une rétribution mensuelle dont le taux est
réglé par le conseil municipal, et qui est perçue dans

la même forme et selon les mêmes règles que les contributions publiques directes. Le rôle en est recouvrable, mois par mois, sur un état des élèves certifié par l'instituteur, visé par le maire, et rendu exécutoire par le préfet. (*Id.*, art. 14.)

Sont admis gratuitement, dans l'école communale élémentaire, ceux des élèves de la commune que le conseil municipal a désignés comme ne pouvant payer aucune rétribution. (*Id., id.*)

Dans les écoles primaires supérieures, un nombre de places gratuites, déterminé par le conseil municipal, peut être réservé pour les enfants qui, après concours, ont été désignés par le comité d'instruction primaire, dans les familles qui sont hors d'état de payer la rétribution. (*Id., id.*)

Il est établi, dans chaque département, une caisse d'épargne et de prévoyance en faveur des instituteurs primaires communaux. Cette caisse est formée par une retenue annuelle d'un vingtième sur le traitement fixe de chaque instituteur communal. Le montant de la retenue est placé au compte ouvert au trésor royal pour les caisses d'épargne et de prévoyance; les intérêts de ces fonds sont capitalisés tous les six mois. Le produit total de la retenue exercée sur chaque instituteur lui est rendu à l'époque où il se retire, et, en cas de décès dans l'exercice de ses fonctions, à sa veuve ou à ses héritiers. Dans aucun cas, il ne peut être ajouté aucune subvention, sur les fonds de l'Etat, à cette caisse d'épargne et de prévoyance; mais elle peut recevoir des dons et legs dont l'emploi, à défaut de dispositions des donateurs ou des testateurs, est réglé par le conseil général. (*Id.*, art. 15.)

Nul ne peut être nommé instituteur communal, s'il ne remplit les conditions de capacité et de moralité dont il a été parlé plus haut.

Comités locaux et spéciaux de surveillance. — Il y
a dans chacun des arrondissements municipaux de
la ville de Paris un comité local chargé de la surveillance des écoles primaires de l'arrondissement.
Ce comité est composé : du maire ou de l'un des adjoints, président ; du juge de paix de l'arrondissement ; du curé ou du plus ancien des curés ; d'un
ministre de chacun des autres cultes reconnus par
la loi, désigné par son consistoire, s'il y a dans l'arrondissement des écoles suivies par des enfants appartenant à ces cultes ; et d'un à trois habitants notables qui sont choisis par le comité central. (Ordon.
8 novembre 1833, art. 1.)

Indépendamment des comités locaux, il est établi
des comités de même nature pour la surveillance
spéciale des écoles luthériennes, calvinistes et israé-
lites. (*Id.*, *id.*)

L'autorité des divers comités ainsi institués dans
la ville de Paris s'étend sur les salles d'asile, les ou-
vroirs, les écoles des divers degrés et autres établissements primaires de tout ordre, dans les formes et
les limites prévues par les lois, statuts, règlements
ou ordonnances qui régissent les divers ordres de
l'enseignement primaire. (Ord. 8 sept. 1845, art. 1.)

La présidence des comités spéciaux appartient au
maire ou à l'un de ses adjoints. (*Id.*, art. 2.)

Les comités locaux et spéciaux ont inspection sur
les écoles publiques et privées de l'arrondissement.
Ils veillent à la salubrité des écoles et au maintien
de la discipline, sans préjudice des attributions du
préfet de police en matière de police municipale. —
Ils s'assurent qu'il a été pourvu à l'enseignement
gratuit des enfants pauvres. — Ils arrêtent un état
des enfants qui ne reçoivent l'instruction primaire
ni à domicile ni dans les écoles privées ou publiques. — Ils font connaître au comité central les di-

vers besoins de l'arrondissement sous le rapport de l'instruction primaire. (Loi du 28 juin 1833, art. 21, et ordon. 8 septembre 1845, art. 4.)

En cas d'urgence, et sur la plainte des comités locaux ou spéciaux, les maires des divers arrondissements peuvent ordonner provisoirement que l'instituteur sera suspendu de ses fonctions, à la charge de rendre compte, dans le délai de vingt-quatre heures, au comité central, de cette suspension et des motifs qui l'ont déterminée. (*Id., id.*)

Les comités locaux et spéciaux sont appelés à donner leur avis sur tous les candidats aux fonctions d'instituteur dans les écoles publiques de leur ressort; les candidats sont présentés par le conseil municipal et nommés, après ledit avis, s'il y a lieu, par le comité central. (*Id., id.*)

Les comités, soit locaux, soit spéciaux, peuvent faire inspecter les écoles par des délégués gratuits qu'ils désignent. Les délégués assistent aux séances des comités avec voix consultative sur toutes les questions, et voix délibérative sur celles dont ils font le rapport. (Ordon. 8 septembre 1845, art. 3.)

Les comités se rassemblent au moins une fois par mois. Ils peuvent être convoqués extraordinairement sur la demande d'un délégué du ministre: ce délégué assiste s'il y a lieu à la délibération. (Dite loi, art. 20.)

Les comités locaux et spéciaux ne peuvent délibérer s'il n'y a au moins trois membres présents; en cas de partage, le président a voix prépondérante. (*Id., id.*)

Les fonctions des notables qui font partie de ces comités durent trois ans; ils sont indéfiniment rééligibles. (*Id., id.*)

Les comités locaux et spéciaux communiquent avec les diverses autorités, uniquement dans l'ordre

8

hiérarchique, et par l'organe de leur président. (Ordon. 8 septembre 1845, art. 6.)

Comité central. — Il est formé en outre à Paris un comité central exerçant pour toutes les écoles primaires de la ville les attributions des comités d'arrondissement. (Ordon. 8 novembre 1833.)

Sont membres de ce comité : le préfet de la Seine, président; le procureur du Roi près le tribunal de première instance; le plus ancien des maires de Paris; le plus ancien des juges de paix; le plus ancien des curés; un ministre de chacun des autres cultes reconnus par la loi, désigné par son consistoire; un des proviseurs ou professeurs des colléges, chefs d'institution ou maîtres de pension, désigné par le ministre de l'instruction publique; un instituteur primaire désigné par le ministre de l'instrution publique; trois membres du conseil général du département de la Seine, ou habitants notables désignés par le conseil municipal. Les autres membres du conseil général ayant leur domicile réel à Paris peuvent assister aux séances du comité, et prendre part à ses délibérations et à ses travaux. (*Id.*, art. 5, et ordon. 8 septembre 1845, art. 5.)

Le comité choisit tous les ans son vice-président et son secrétaire; il peut prendre celui-ci hors de son sein. Le secrétaire, lorsqu'il est choisi hors du comité, en devient membre par sa nomination. (Loi 28 juin 1833, art. 19.)

Le comité central inspecte, et au besoin fait inspecter, par des délégués pris parmi ses membres ou hors de son sein, toutes les écoles primaires de son ressort. Lorsque les délégués ont été choisis par lui hors de son sein, ils ont droit d'assister à ses séances avec voix délibérative. Il envoie chaque année au ministre de l'instruction publique l'état de situation de toutes les écoles primaires du ressort.

Il donne son avis sur les secours et les encourage-
ments à accorder à l'instruction primaire. Il pro-
voque les réformes et les améliorations nécessaires.
Il nomme les instituteurs communaux sur la présentation du conseil municipal, procède à leur instal-
lation, et reçoit leur serment. Les instituteurs communaux doivent être institués par le ministre de
l'instruction publique. (Ordon. 8 novembre 1833,
art. 4, et loi du 28 juin 1833, art. 22.)

En cas de négligence habituelle, ou de faute grave
de l'instituteur communal, le comité central, ou
d'office, ou sur la plainte adressée par les comités
locaux ou spéciaux, mande l'instituteur inculpé;
après l'avoir entendu ou dûment appelé, il le ré-
primande ou le suspend pour un mois avec ou sans
privation de traitement, ou même le révoque de ses
fonctions. L'instituteur frappé d'une révocation
peut se pourvoir devant le ministre de l'instruction
publique, en conseil royal. Ce pourvoi doit être
formé dans le délai d'un mois, à partir de la notification de la décision du comité, de laquelle notification il est dressé procès-verbal par le maire de
l'arrondissement. Toutefois, la décision du comité
est exécutoire par provision. Pendant la suspension
de l'instituteur, son traitement, s'il en est privé, est
laissé à la disposition du conseil municipal, pour
être alloué, s'il y a lieu, à un instituteur remplaçant.
(Dite ordon. et dite loi, art 23.)

Sur la demande du comité central, tout instituteur peut-être traduit, pour cause d'inconduite ou
d'immoralité, devant le tribunal civil de l'arrondissement et être interdit de l'exercice de sa profession à
temps ou à toujours. (Dite ordon. et dite loi, art. 24.)

Ce qui a été dit des réunions des comités locaux
et spéciaux et de leur correspondance est applicable au comité central. Toutefois, ce comité ne peut

délibérer s'il n'y a au moins cinq membres présents. (Dite loi, art. 20.)

Commissions d'examen. — Il y a dans chaque département une ou plusieurs commissions d'instruction primaire, chargées d'examiner tous les aspirants aux brevets de capacité, soit pour l'instruction primaire élémentaire, soit pour l'instruction primaire supérieure, et qui délivrent lesdits brevets sous l'autorité du ministre. Ces commissions sont également chargées de faire les examens d'entrée et de sortie des élèves de l'école normale primaire. Les membres de ces commissions sont nommés par le ministre de l'instruction publique. Les examens ont lieu publiquement et à des époques déterminées par le ministre de l'instruction publique. (*Id.*, art. 25.)

Service de l'inspection. — Le service de l'inspection de l'instruction primaire se compose, pour le département de la Seine, de deux inspecteurs au traitement de 3,000 fr.; d'un inspecteur adjoint, au traitement de 2,600 fr. et d'un sous-inspecteur, au traitement de 1,600 fr. (Ordon. 30 décembre 1842.)

Salles d'Asile. — Les salles d'asile ou écoles du premier âge sont des établissements charitables où les enfants des deux sexes peuvent être admis, jusqu'à l'âge de six ans accomplis, pour recevoir les soins de surveillance maternelle et de première éducation que leur âge réclame. Il y a dans les salles d'asile des exercices qui comprennent nécessairement les premiers principes de l'instruction religieuse et les notions élémentaires de la lecture, de l'écriture, du calcul verbal. On peut y joindre des chants instructifs et moraux, des travaux d'aiguilles et tous les ouvrages de main.

Les salles d'asile sont ou publiques ou privées. Les salles d'asile publiques sont celles que soutiennent en tout ou en partie les communes, les départements ou l'Etat.

Nulle salle d'asile n'est considérée comme publique qu'autant qu'un logement et un traitement convenables ont été assurés à la personne chargée de tenir l'établissement, soit par des fondations, donations ou legs, soit par des délibérations du conseil général ou du conseil municipal dûment approuvées.

Direction des salles d'asile. — Les salles d'asile peuvent être dirigées par des hommes ; toutefois, une femme y est toujours préposée. Ces adjonctions sont permises dans des circonstances et dans des limites soigneusement déterminées. L'autorisation du recteur de l'Académie est nécessaire. Elle n'est donnée que sur une demande du comité local et sur l'avis du comité central à Paris, de l'inspecteur des écoles primaires et du curé ou du pasteur du lieu. (Ordon. du 22 décembre 1837, art. 5.)

Les directeurs et directrices de salles d'asile prennent le nom de surveillants et de surveillantes.

On ne peut être surveillant ou surveillante de salles d'asile, à moins d'être âgé de vingt-quatre ans accomplis. Sont exceptés de cette disposition la femme ou la fille, les fils, frères ou neveux du surveillant ou de la surveillante, lesquels peuvent être employés, sous son autorité, à l'âge de dix-huit ans accomplis. Toute autre exception exige l'autorisation du recteur. (*Id.,* art. 7.)

Tout candidat aux fonctions de surveillant et de surveillante d'asile, outre les justifications de son âge, doit présenter les pièces suivantes : 1° un certificat d'aptitude ; 2° un certificat de moralité ; 3° une autorisation pour un lieu déterminé. (*Id.,* art. 8.)

Le certificat d'aptitude est délivré, conformément aux dispositions de la loi du 28 juin 1833, après les épreuves soutenues devant les commissions d'examen dont il va être parlé. Nul n'est admis devant la commission d'examen sans avoir produit, au préalable, son acte de naissance et le certificat de moralité. (*Id.*, art. 9.)

Les certificats de moralité constatent que l'impétrant ou l'impétrante est digne, par sa bonne conduite et sa bonne réputation, de se livrer à l'éducation de l'enfance. Les certificats de moralité sont délivrés comme il est dit page 81. Le certificat donné dans la dernière résidence ne peut avoir plus d'un mois de date. (*Id.*, art. 10.)

Sur le vu et le dépôt de ces pièces, l'autorisation d'exercer dans un lieu déterminé est délivrée par le recteur de l'Académie.

Les pièces ci-dessus ne sont pas exigées pour l'autorisation des institutrices appartenant à des congrégations religieuses. (*Id.*, art. 12.)

Commissions d'examen. — Il y a dans chaque département une ou plusieurs commissions de mères de famille chargées d'exercer, en ce qui touche l'examen des candidats aux fonctions de surveillants ou de surveillantes d'asile, les attributions conférées, par l'article 25 de la loi du 28 juin 1833, aux commissions d'examen pour l'instruction primaire. Ces commissions délivrent les certificats d'aptitude dont il a été parlé plus haut. Elles en prononcent le retrait dans les cas déterminés ci-après. (*Id.*, art. 13.)

Les commissions d'examen sont prises parmi les dames inspectrices dont il va être parlé. Leur nombre ne peut être de moins de cinq. Le préfet les nomme. Chaque commission est placée sous la présidence d'un membre du conseil académique, ou de la commission d'examen pour l'instruction primaire. Le président est à la nomination du recteur, ainsi que le secrétaire. A Paris, il prend séance dans la commission supérieure dont il est parlé ci-après. (*Id.*, art. 14.)

Les commissions se réunissent à des époques déterminées par le recteur. Elles reçoivent de lui les programmes d'examen et toutes les instructions nécessaires. (*Id.*, art. 15.)

Il est institué une commission supérieure d'examen pour les salles d'asile, chargée de rédiger pour tout le royaume le programme des examens d'aptitude, celui de la tenue des salles d'asile, des soins qui y sont donnés et des exercices qui y ont lieu. Ces programmes sont soumis au conseil royal de l'instruction publique et approuvés par le ministre de ce département. La commission supérieure des asiles donne son avis sur les livres qui peuvent être considérés comme particulièrement propres aux salles d'asile, entre ceux qui sont approuvés par le conseil royal pour l'instruction primaire. Dans aucune salle d'asile, à quelque titre et par quelques personnes qu'elle soit tenue, il ne peut être fait usage de livres autres que ceux qui ont été ainsi déterminés. La commission supérieure peut également préparer toutes les instructions propres à propager l'institution des salles d'asile, à assurer l'uniformité des méthodes, et à fournir des directions pour le premier établissement des salles qui sont fondées, soit par les particuliers, soit par les communes. (*Id.*, art. 16.)

La commission supérieure des asiles est composée de dames faisant ou ayant fait partie des commissions d'examen. Elle est nommée par le ministre de l'instruction publique, et placée sous la présidence d'un membre du conseil royal de l'instruction publique qu'il désigne, ainsi que le secrétaire. La commission supérieure siége au chef-lieu de l'université. (*Id.*, art. 17.)

Autorités préposées aux salles d'Asile. — Les co-

mités locaux, les comités d'arrondissement, et, à
Paris, le comité central exercent sur les salles d'asile
toutes les attributions de surveillance générale, de
contrôle administratif et de pouvoir disciplinaire
dont ils sont revêtus par la loi sur l'instruction primaire, sauf les dérogations établies ci-après en faveur
des dames inspectrices. (*Id.*, art. 18.)

Des dames inspectrices sont chargées de la visite
habituelle et de l'inspection journalière des salles
d'asile. Il y a une dame inspectrice par chaque établissement. Elles peuvent se faire assister par des
dames déléguées qu'elles choisissent. Elles font connaître leur choix au maire, à la diligence de qui les
comités en sont informés. (*Id.*, art. 19.)

· Les dames inspectrices sont nommées sur la présentation du maire, président du comité local, par le
préfet, qui a seul le droit de les révoquer. Les dames
déléguées font partie, de droit, des listes de présentation. (*Id.*, art. 20.)

Les dames inspectrices surveillent la direction des
salles d'asile en tout ce qui touche à la santé des enfants, à leurs dispositions morales, à leur éducation
religieuse et aux traitements employés à leur égard.
Elles provoquent auprès des commissions d'examen
le retrait des brevets d'aptitude de tout surveillant
ou de toute surveillante d'asile dont les habitudes,
les procédés et le caractère ne seraient pas conformes à l'esprit de l'institution. Les présidents des
comités sont informés, au préalable, de la proposition des dames. Les dames inspectrices peuvent, en
cas d'urgence, suspendre provisoirement les surveillants ou surveillantes, en rendant compte sur-le-
champ de la suspension et de ses motifs au maire,
qui en réfère, dans les vingt-quatre heures, le comité local entendu, au président du comité d'arrondissement, et, à Paris, au président du comité cen-

tral, qui maintient, abroge, limite la suspension. (*Id.*, art. 21.)

Dans tous les cas de négligence habituelle, d'inconduite ou d'incapacité notoire et de faute grave, signalés par les dames inspectrices, le comité d'arrondissement, et, à Paris, le comité central mandent l'inculpé et lui appliquent les peines de droit. (*Id.*, art. 22.)

Les membres des comités peuvent aussi provoquer le retrait des brevets d'aptitude des surveillants et surveillantes d'asile, les suspendre provisoirement, ou les signaler au président du comité d'arrondissement et, à Paris, au président du comité central, dans les cas ci-dessus indiqués, en se conformant aux règles prescrites aux dames inspectrices. (*Id.*, art. 29.)

Les dames inspectrices sont chargées de l'emploi immédiat de toutes les offrandes destinées, par les comités, par les conseils municipaux et départementaux, par l'administration centrale ou par les particuliers, aux salles d'asile de leur ressort, sauf, à l'égard des deniers publics, l'accomplissement de toutes les formalités prescrites pour la distribution de ces deniers. (*Id.*, art. 23.)

Les dames inspectrices font, au moins une fois par trimestre, et plus souvent si les circonstances l'exigent, un rapport au comité local, qui en réfère au comité d'arrondissement, et, à Paris, au comité central. Ce rapport comprend tous les faits et toutes les observations propres à faire apprécier la direction matérielle et morale de chaque salle d'asile, et ses résultats de toute nature. Ce rapport peut contenir toutes les réclamations qu'elles croiraient devoir élever dans l'intérêt de la discipline, de la religion, de la salubrité, de la bonne administration de l'établissement confié à leurs soins. En cas d'urgence, elles adressent directement leurs réclamations aux autorités compétentes. (*Id.*, art. 24.)

Les dames inspectrices, quand elles le jugent utile, ont la faculté d'assister à la discussion de leurs rapports dans les comités ; elles y ont, en ce cas, voix délibérative. (*Id.*, art. 25.)

Il peut y avoir des dames inspectrices permanentes, rétribuées sur les fonds départementaux ou communaux. Elles portent le titre de déléguées spéciales pour les salles d'asile. Les déléguées spéciales sont nommées par le recteur, sur la présentation des comités d'arrondissement, et, à Paris, par le ministre de l'instruction publique, sur la présentation du comité central ; elles peuvent siéger, avec voix délibérative, dans les comités et dans les commissions d'examen. (*Id* art. 26.)

Il y a près le commission supérieure une inspectrice permanente rétribuée sur les fonds du ministère de l'instruction publique, laquelle porte le titre de déléguée générale pour les salles d'asile, et est nommée par le ministre de l'instruction publique. Elle a droit d'assister, avec voix délibérative, à toutes les séances de la commission supérieure et des autres commissions d'examen. (*Id.*, art. 27.)

Les salles d'asile sont spécialement soumises à la surveillance des inspecteurs et des sous-inspecteurs de l'instruction primaire. Les inspecteurs d'académie doivent les comprendre dans le cours de leurs tournées. (*Id.*, art. 28.)

CHAPITRE II.

DU PRÉFET DE POLICE.

Si les attributions du préfet de police sont aussi variées qu'étendues, du moins elles ont été précisées avec soin par le législateur ; elles reposent sur des règles positives, sur des textes qu'il suffit de lire pour comprendre l'ensemble et les détails de la vaste administration qu'elles embrassent et à laquelle on doit la tranquillité du foyer et la sécurité publique. —Voy. p. 40 et suiv.

Ces attributions s'appliquent tout à la fois à la police judiciaire, à la police générale et à la police municipale.

A l'égard de la police judiciaire, le préfet de police est autorisé, à Paris, d'après l'article 10 du Code d'instruction criminelle, à faire personnellement ou à requérir les officiers de police judiciaire, chacun en ce qui le concerne, de faire tous les actes nécessaires à l'effet de constater les crimes, délits et contraventions, et d'en livrer les auteurs aux tribunaux chargés de les punir.

La police générale appelle l'attention du préfet sur tout ce qui a rapport à la sûreté de l'Etat, à la défense des personnes et des biens, dans toutes les parties de la capitale. (Loi du 28 pluviôse an VIII, art. 16, et arrêté du 12 messidor, même année.)

Quant à la police municipale, le préfet exerce à Paris les attributions déférées aux maires dans toutes les autres communes, en ce qui concerne le repos, la salubrité et le bien-être dans la cité même. (Id., id.)

L'autorité du préfet de police a été étendue, pour quelques-uns des objets compris dans ces deux dernières espèces d'attributions, au département de la Seine tout entier, et aux communes de Saint-Cloud, de Sèvres et de Meudon, appartenant au département de Seine-et-Oise. On a voulu, par là, entourer les résidences royales qui se trouvent dans ce département et dans les localités voisines, de la surveillance active et intelligente de la police parisienne. (Arrêté du 3 brumaire, an IX.)—Voy. p. 142.

Le préfet de police peut publier de nouveau les lois et règlements de police, et rendre des ordonnances afin d'en assurer l'exécution (1). (Arrêté 12 messidor an VIII, art. 2.)

A ces diverses attributions, on peut encore ajouter la police politique, exercée par le préfet de police sous la surveillance du ministre de l'intérieur. Cette espèce de police, toute préventive de sa nature, s'exerce à l'aide d'agents spéciaux, sans caractère officiel, que le préfet choisit et révoque à volonté. Mais, ainsi que le remarque M. Vivien, la police politique n'est pas une attribution obligée de la préfecture de police; elle n'y est placée que par une délégation du ministre, qui a toujours droit d'en fixer les conditions et l'importance (2).

En dehors des attributions qui viennent d'être énumérées, le préfet de police doit encore ses soins à certains actes d'administration et de comptabilité. Ainsi, c'est lui qui ordonnance les dépenses de réparation et d'entretien relatives à l'hôtel de la préfecture de police. Il est chargé, sous les ordres du ministre de l'intérieur, de faire les marchés, baux, adjudications et dépenses nécessaires pour le balayage, l'enlèvement des boues, l'arrosage et l'illumination de la ville. (*Id.*, art. 40 et 41.)

De même, il est chargé de régler et d'arrêter les dépenses pour les visites d'officiers de santé et de vétérinaires, le transport des malades et blessés, le transport des cadavres, le retrait des noyés et les frais de fourrière, et d'ordonner les dépenses extraor-

---

(1) Les ordonnances rendues par l'autorité préfectorale de Paris en matière de police, depuis 1800 jusqu'en 1844, ont été réunies dans un recueil officiel imprimé par ordre de M. Gabriel Delessert, Paris, librairie de Paul Dupont.

(2) *Études administratives,* p. 349.

dinaires, en cas d'incendie, de débordement et de débâcle. (*Id.*, art. 42 et 43.)

Il règle, sous l'autorité du ministre de l'intérieur, le nombre et le traitement des employés de ses bureaux et de ceux des agents placés sous ses ordres qui ne sont pas institués et dont le nombre n'est pas déterminé par les lois, comme les agents de la police secrète. (*Id.*, art. 44.)

Les dépenses générales de la préfecture de police, ainsi fixées par le ministre de l'intérieur, sont acquittées sur les centimes additionnels aux contributions, et sur les autres revenus de la commune de Paris, et ordonnancées par le préfet de police. (*Id.*, art. 45.)

Le conseil municipal en porte le montant au budget de la commune, sous un titre spécial. — Voyez p. 156.

Le préfet de police a sous ses ordres, pour l'exercice de ses fonctions, —les commissaires de police, institués dans chaque quartier et secondés par un ou deux secrétaires, par un ou plusieurs inspecteurs de police, et par un porte-sonnette ; — les officiers de paix établis dans chacun des arrondissements et préposés à la direction d'une brigade d'inspecteurs et de sergents de ville, par qui s'exerce une surveillance continuelle sur tous les points de l'arrondissement.

Toutefois, le service des commissaires de police ne se lie pas à celui des officiers de paix. Les commissaires de police sont en communication directe avec le préfet, et, d'un autre côté, le Code d'instruction criminelle les met au rang des auxiliaires du procureur du roi. Les officiers de paix, ainsi que les agents placés sous leur direction, communiquent seulement avec le bureau central de la police municipale, dirigé à la préfecture par un commissaire de police, qui reçoit les instructions du préfet.

9

Outre les commissaires de police et la police municipale, qui embrassent dans leur action toutes les attributions du préfet, un personnel distinct d'inspecteurs, dit M. Vivien, est exclusivement attaché à plusieurs services spéciaux, ressortissant, selon leur objet, à l'une des deux divisions intérieures : la bourse a son commissaire de police et ses gardes; la halle aux grains, son contrôleur et ses deux inspecteurs; les halles et marchés, leur inspecteur général et 34 inspecteurs, préposés ou commis; les abattoirs, 6 inspecteurs; la navigation et les ports, 1 inspecteur général et 28 inspecteurs, sous-inspecteurs et préposés; le mesurage public et l'inspection des bois et charbons, 41 inspecteurs ou préposés; la vérification des poids et mesures, 6 commissaires de police inspecteurs. Douze dégustateurs procèdent à la visite des caves et des vins du commerce en détail. Le nettoiement, l'arrosement et l'éclairage occupent 1 directeur et 80 inspecteurs ou agents de divers grades; la petite voirie, 17 architectes et inspecteurs; les voitures publiques, 95 contrôleurs et surveillants. Deux ingénieurs et 1 inspecteur sont attachés à la surveillance des établissements dangereux, incommodes ou insalubres, 1 médecin à la Morgue, et enfin 12 médecins au dispensaire de salubrité (1).

Enfin, la garde municipale est à la disposition du préfet pour l'exercice de la police, et les sapeurs-pompiers pour le service des pompes et la prompte distribution des secours en cas d'incendie. Le préfet de police peut aussi requérir la force armée en activité. (Arrêté du 12 messidor an VIII, art. 36.)

Le conseil de préfecture, présidé par le préfet de police, connaît, dans une séance qui a lieu le ven-

---

(1) *Études administratives*, p. 326.

dredi de chaque semaine, de toutes les affaires con-
tentieuses administratives qui sont dans les attributions du préfet de police, d'après le règlement du
12 messidor et autres postérieurs, et les dispositions
de la loi du 29 floréal an x. (Arrêté du 6 mess. an x.)

Le préfet de police peut élever le conflit d'attributions pour les affaires administratives qui sont
placées dans son ressort. (Ordon. 18 déc. 1822.)

De toutes les attributions du préfet de police,
deux surtout doivent fixer notre attention, parce
qu'elles touchent à des intérêts nombreux, ce sont
la police générale et la police municipale. Mais l'autorité du préfet de police est moins étendue, sous ce
double rapport, dans le département de la Seine et
dans les communes de Saint-Cloud, de Sèvres et de
Meudon, auxquels cependant elle s'applique, que
dans la commune de Paris même. Afin de jeter plus
de jour sur la matière, nous examinerons donc, sous
deux titres spéciaux, les objets de police générale et
de police municipale qui sont de la compétence du
préfet de police, d'abord à Paris, et ensuite dans les
autres localités.

Nous reproduirons la nomenclature de ces objets,
à l'égard de Paris, d'après l'arrêté du 12 messidor
an viii, en ajoutant au texte de cet arrêté les développements qu'il comporte.

1° *Des attributions du préfet de police, à Paris, en
matière de police générale et de police municipale.*

POLICE GÉNÉRALE.

Passe-ports. — *Arrêté du* 12 *messidor an*
viii, art. 3. Il délivrera les passe-ports pour

voyager de Paris dans l'intérieur de la France.

Il visera les passe-ports des voyageurs.

Les militaires ou marins qui auront obtenu des congés limités ou absolus, et qui voudront résider ou séjourner à Paris, seront tenus, indépendamment des formalités prescrites par les règlements militaires, de faire visiter leurs permissions, ou congés par le préfet de police.

L'article 3 de la loi du 3 brumaire an ix a étendu la mission du préfet de police, en cette matière, à la délivrance des passe-ports pour l'étranger.

Cartes de sûreté. — Art. 4. Il délivrera les cartes de sûreté et d'hospitalité.

S'il a besoin, à cet effet, de renseignements, il pourra faire prendre communication par les commissaires de police, ou demander des extraits des registres civiques, des tableaux de population que tiennent les municipalités et des états d'indigents : les bureaux de bienfaisance lui donneront copie de leurs états de distribution.

Les cartes de sûreté ont à peu près perdu leur objet et, dans la pratique, elles ont presque entièrement cessé d'être en usage.

Permissions de séjour. — Art. 5. Il accordera les permissions de séjour aux voyageurs qui veulent résider à Paris plus de trois jours.

Aujourd'hui, il est suppléé en quelque sorte aux permis de séjour par le relevé d'inscriptions que les délégués de la police opèrent chaque jour sur les registres des aubergistes, maîtres d'hôtels garnis et logeurs. Toutefois, une ordonnance du préfet de police, du 18 juin 1832, oblige les voyageurs à se présenter, dans les trois jours de leur arrivée, à la préfecture de police, pour y obtenir le visa de leurs passe-ports ou un permis de séjour. La même obligation existe pour les étrangers, mais seulement à l'expiration des trois jours qui suivent leur arrivée et pendant lesquels ils sont tenus de se faire reconnaître par l'ambassadeur, l'envoyé ou chargé d'affaires de leur gouvernement.

Mendicité, vagabondage.—Art. 5. Il fera exécuter les lois sur la mendicité et le vagabondage.

En conséquence, il pourra envoyer les mendiants, vagabonds et gens sans aveu, aux maisons de détention, même à celles qui sont hors de Paris, dans l'enceinte du département de la Seine.

Dans ce dernier cas, les individus détenus par ordre du préfet de police ne pourront être mis en liberté que d'après son autorisation.

Il fera délivrer, s'il y a lieu, aux indigents sans travail qui veulent retourner dans leur domicile les secours autorisés par la loi du 13 juin 1790. (15 cent. par lieue.)

Les individus non valides, incapables de pourvoir par leur travail à leur subsistance, qui appartiennent à la ville de Paris ou aux communes du ressort de la préfecture de police, et ceux même valides, que des malheurs imprévus, ou le manque absolu d'ouvrage ont réduits à l'indigence, peuvent être admis, sur leur demande, au dépôt de mendicité de Villers-Cotterêts, institué par le décret du 22 décembre 1808.

9.

A cet effet, ils doivent se présenter devant les commissaires de police des quartiers ou devant les maires des communes qu'ils habitent, lesquels reçoivent leurs demandes et les transmettent au préfet de police.

Il y a également un dépôt de ce genre à Saint-Denis. Mais c'est là plus particulièrement que sont envoyés les vagabonds et les gens dangereux.

La mendicité est punie par les articles 274 à 282 du Code pénal.

Police des prisons. — Art. 6. Le préfet de police aura la police des prisons, maisons d'arrêts, de justice, de force et de correction de la ville de Paris.

Il aura la nomination des concierges, gardiens et guichetiers de ces maisons.

Il délivrera les permissions de communiquer avec les détenus pour faits de police ;

Il fera délivrer aux détenus indigents, à l'expiration du temps de détention porté en leur jugement, les secours pour se rendre à leur domicile, suivant l'arrêté du 23 vendémiaire an V.

Le préfet de police est chargé, en outre, sous l'autorisation du ministre de l'intérieur, de tout ce qui est relatif au régime administratif et économique, tant des prisons, maisons de dépôt, d'arrêt, de justice, de force et de correction de Paris, que de la maison de répression établie à Saint-Denis, et du dépôt de mendicité du département de la Seine.

Les différentes prisons de Paris sont le dépôt de la préfecture de police, pour les individus arrêtés en flagrant délit et qui doivent être livrés à la justice ; les maisons d'arrêt des Madelonnettes, de la Force et de Sainte-Pélagie, où sont placés les hommes en état de prévention; Saint-Lazare, pour les femmes condamnées correctionnellement et pour celles qui n'ont pas encore été jugées; la Conciergerie, où les prévenus justiciables de la cour d'assises sont transférés trois jours avant leur comparution; la Roquette, pour les individus condamnés à un emprisonnement de moins d'une année, et pour ceux qui, après leur condamnation en cour d'assises, attendent leur transfèrement dans les bagnes et autres établissements; la maison pour dettes, située rue de Clichy, et, enfin, la maison de correction des jeunes détenus.

Le préfet de police doit visiter ces établissements au moins une fois par mois, et veiller à ce que la nourriture des prisonniers soit saine et suffisante, et à ce que les lieux où ils sont retenus ne présentent aucune cause d'insalubrité. (C. d'instr. crim., art 605 et suiv.)

Il est formé, dans le conseil général des prisons, organisé par le règlement du 7 août 1819, et présidé par le ministre de l'intérieur, un conseil spécial d'administration pour les prisons de Paris. Ce conseil est composé de douze membres choisis par le roi, sur la proposition du ministre de l'intérieur, parmi les membres du conseil général des prisons, dont ils ne cessent pas de faire partie. — Le président et le procureur général près la cour royale de Paris, le président et le procureur du roi près le tribunal de première instance, et le préfet de la Seine, sont, ainsi que le préfet de police, membres du conseil spécial d'administration, lequel est présidé par le ministre de l'intérieur et, en son absence, par le préfet de police. (Ordon. 9 avril 1819, art. 19.)

Le conseil spécial dresse, chaque année, le projet de budget pour le service des prisons de Paris, lequel est soumis, comme le budget des hospices, à la délibération, à l'examen du conseil général du département, à l'examen du ministre de l'intérieur, et à l'approbation du roi; — il désigne les dépenses et l'emploi des fonds dans les limites, et conformément aux allocations de ce budget; il surveille, sous tous les rapports matériels et moraux, le régime intérieur des prisons de Paris, et délibère sur tout ce qui peut intéresser l'état des prisons et le sort des détenus. Les arrêts du conseil sont exécutés par les soins du préfet de police et des agents ordinaires de l'administration. (*Id.*, art. 20.)

La surveillance directe et habituelle de chacune des prisons de Paris, et de chacun des services généraux des prisons, est répartie entre les membres du conseil spécial d'administration. Dans chaque prison, tous les détenus, même les détenus au secret, doivent être représentés au membre du conseil spécial chargé de l'inspection des prisons, lequel reçoit leurs réclamations et en rend compte au ministre. (*Id.*, art. 21.)

Maisons publiques. — Art. 7. Il fera exécuter les lois et règlements de police concernant les hôtels garnis et les logeurs.

Art. 8. Il se conformera, pour ce qui regarde la police des maisons de jeu à ce qui est prescrit par la loi du 22 juillet 1791.

Art. 9. En conformité de la même loi du 22 juillet 1791, il fera surveiller les maisons de débauche, ceux qui y résideront ou s'y trouveront.

D'après l'article 10 de la loi du 22 juillet 1791, les officiers de police judiciaire et de police municipale peuvent entrer en tout temps dans les maisons où l'on donne habituellement à jouer des jeux de hasard, mais seulement sur la désignation qui leur en est donnée par deux citoyens domiciliés. Ils peuvent également entrer en tout temps dans les lieux livrés notoirement à la débauche.

Attroupements. — Art. 10. Il prendra les mesures propres à prévenir ou dissiper les attroupements, les coalitions d'ouvriers pour cesser leur travail ou enchérir le prix des journées, les réunions tumultueuses ou menaçant la tranquillité publique.

La loi du 10 avril 1831 défend les attroupements. Il appartient au préfet de police de les dissiper et, à cet effet, de faire les sommations requises, lorsque, par les mesures qui sont à sa disposition, il n'a pu les prévenir. Il a le droit de requérir la force publique, en cas de résistance; le même droit est attribué, par l'article 1er de la loi du 10 avril, aux maires et aux adjoints de Paris.

Les coalitions d'ouvriers que l'action préventive de la police n'a pu parvenir à neutraliser, sont déférées aux tribunaux, en vertu des articles 415 et suivants du Code pénal.

Librairie et imprimerie. — Art. 11. Il fera exécuter les lois de police sur l'imprimerie et la librairie, en tout ce qui concerne les offenses faites aux mœurs et à l'honnêteté publique.

L'abolition de la censure a restreint les attributions du préfet de police en matière de librairie et d'imprimerie. Aujourd'hui, la liberté de la presse ne permet pas que le contrôle de ce magistrat s'exerce sur les livres et les journaux non publiés. Toutefois, en vertu de l'article 20 de la loi du 9 septembre 1835, le préfet de police, doit encore exercer une certaine surveillance sur les dessins, gravures, lithographies, médailles, estampes et emblèmes, qui ne peuvent être publiés, exposés et mis en vente à Paris que sur l'autorisation préalable du ministre de l'intérieur.

Police des théâtres. — Art. 12. Il aura la police des théâtres en ce qui touche la sûreté des personnes, les précautions à prendre pour prévenir les accidents et assurer le maintien de la tranquillité et du bon ordre tant au dedans qu'au dehors.

Les nombreuses ordonnances que renferme le recueil officiel de la préfecture, sur les théâtres, attestent la profonde et constante sollicitude de l'administration de la police à l'égard de ces lieux où la foule abonde et peut courir les plus grands dangers. Il serait trop long d'en donner ici l'énumération. Celle qui a été rendue à la date du 3o mars 1844 résume les règles de la police intérieure des théâtres.

Poudres et salpêtres. —Art. 13. Il surveillera la distribution et la vente des poudres et salpêtres.

Nul ne peut fabriquer et vendre des poudres s'il n'a été autorisé à cet effet et n'a reçu une commission spéciale de l'administration. (Loi 13 fructidor an v et ordon. royale 25 mars 1818.)

Il est également défendu d'introduire des poudres étrangères en France. Il est interdit aux particuliers de conserver chez eux, sans autorisation, plus de cinq kilogrammes de poudre. (*Id.*)

Enfin, la fabrication et le débit des poudres fulminantes et détonnantes sont assujettis aux prescriptions de l'ordonnance royale du 25 juin 1823.

Le préfet de police a mission de surveiller dans Paris l'exécution de ces lois et règlements. On peut voir, au Recueil officiel, les diverses ordonnances qu'il a publiées à ce sujet.

Cultes. — Art. 17. Il surveillera les lieux où l'on se réunit pour l'exercice des cultes.

Port d'armes. — Art. 18. Il recevra les déclarations et délivrera les permissions pour port d'armes à feu, pour l'entrée et la sortie de Paris avec fusils de chasse.

La loi du 3 mai 1844 a établi de nouvelles règles sur la matière. Nous allons les rappeler ici :

Le temps pendant lequel il est permis de chasser est déterminé, chaque année, dans le département de la Seine, par le préfet de police. Un arrêté, publié au moins dix jours à l'avance, indique l'époque de l'ouverture et celle de la clôture de la chasse. (Loi du 3 mai 1844, art. 3.)

Pour pouvoir chasser licitement, deux conditions sont indispensables ; il faut : 1° que la chasse soit ouverte ; 2° que le chasseur soit muni d'un permis de chasse. (*Id.*, art. 1.)

Permis. — La loi nouvelle se sert de l'expression de *permis de chasse*, au lieu de celle de *permis de port d'armes*, employée par le décret du 12 messidor an VIII et par celui du 4 mai 1812, parce qu'elle entend que l'obligation du permis pèse sur tous les chasseurs, de quelque manière qu'ils chassent, soit au moyen du fusil, soit à courre, soit par les autres modes et procédés que les préfets sont chargés de désigner pour la chasse aux oiseaux de passage, et dont il sera parlé plus loin.

Les permis de chasse sont personnels ; ils sont valables par tout le royaume et pour un an seulement.

(Dite loi, art. 5.) Un permis de chasse, délivré le 4 du mois, est périmé le 4 du mois correspondant de l'année suivante. (Cass. 17 mai 1828.) Dans l'arrêté qui suspend l'exercice de la chasse, à compter d'un jour déterminé, ce jour est compris dans la prohibition. (*Id.*, 7 septembre 1833.)

Les permis de chasse sont délivrés, à Paris et dans le département de la Seine, par le préfet de police.

Toute demande de permis doit être adressée, sur papier timbré, au maire de la commune où l'impétrant est domicilié, ou de celle où il réside temporairement. — A Paris, les demandes sont adressées au commissaire de police du quartier où l'impétrant a sa résidence ou son domicile. L'autorité supérieure exige que l'impétrant fasse connaître s'il est personnellement inscrit, ou si son père ou sa mère est inscrit au rôle des contributions.

Les personnes auxquelles le permis de chasse *peut* ou *doit* être refusé par l'autorité supérieure sont rangées par la loi du 3 mai 1844, dans ses articles 6, 7 et 8, en trois catégories distinctes.

D'après l'article 6, le préfet peut accorder ou refuser le permis de chasse, suivant qu'il le juge à propos, savoir : 1° à tout individu majeur qui n'est pas personnellement inscrit, ou dont le père ou la mère n'est pas inscrit au rôle des contributions ; 2° à tout individu qui, par une condamnation judiciaire, a été privé de l'un ou de plusieurs des droits énumérés dans l'article 42 du Code pénal, autres que le droit de port d'armes ; 3° à tout individu condamné à un emprisonnement de plus de six mois, pour rébellion ou violence envers les agents de la force publique ; 4° à tout condamné pour délit d'association illicite, de fabrication, débit, distribution de poudre, armes ou autres munitions de guerre ; de menaces écrites ou de menaces verbales avec ou sans condition, d'entraves à la circulation des grains ; de dévastation d'arbres ou de récoltes sur pied, de plants venus naturellement ou faits de main d'homme; 5° A ceux qui ont été condamnés pour vagabondage, mendicité, vol, escroquerie ou abus de confiance.

La faculté de refuser le permis de chasse aux condamnés dont il est question dans les paragraphes 3, 4 et 5, cesse cinq ans après l'expiration de la peine.

D'après l'article 7, le permis de chasse ne peut être délivré :

1° Aux mineurs qui n'ont pas seize ans accomplis ; 2° aux mineurs de seize à vingt et un ans, à moins que le permis ne soit demandé pour eux par leurs père, mère, tuteur ou curateur portés au rôle des contributions; 3° aux interdits; 4° aux gardes champêtres ou forestiers des communes et établissements publics, ainsi qu'aux gardes forestiers de l'État et aux garde-pêches.

D'après l'article 8, le permis de chasse ne peut non plus être accordé :

1° A ceux qui, par suite de condamnations, sont privés du droit de port d'armes ; 2° à ceux qui n'ont pas exécuté les condamnations prononcées contre eux pour l'un des délits prévus par la loi précitée; 3° à tout condamné placé sous la surveillance de la haute police.

La délivrance des permis de chasse donne lieu au payement d'un droit de 15 francs au profit de l'État, et de 10 francs au profit de la commune dont le maire ou le commissaire de police a donné l'avis.

Propriétés closes. — Le principe que nul ne peut chasser en temps prohibé et sans permis de chasse reçoit exception en faveur des propriétaires ou possesseurs de terres attenant à une habitation et entourées d'une clôture continue faisant obstacle à toute communication avec les héritages voisins. (Dite loi, art. 2.) Mais la loi attache le bénéfice de cette exception à la réunion de deux circonstances principales; elle veut : 1° que les possessions soient attenantes à une habitation ; 2° qu'elles soient entourées d'une clôture continue. Il y a donc délit de la part de celui qui chasse dans une propriété close, si cette propriété n'est pas *attenante* à une habitation, et, par ce mot, il ne faut pas comprendre les possessions qui, sans être contiguës à une habitation, en constituent une dépendance, telles que les terres dont se compose une ferme, lesquelles, dans certaines localités, sont bien entourées de clôtures ou de haies vives, mais se trouvent souvent situées à une grande distance du siége de l'exploitation agricole. Tels sont encore les parcs qui ne touchent pas immédiatement à la maison d'habitation dont ils dépendent, n'en seraient-ils séparés que par une route ou un chemin quelconque.

Modes de chasse. — De tous les modes de chasse, trois seulement sont autorisés aujourd'hui ; ce sont : 1° la chasse à tir ; 2° la chasse à courre ; 3° la chasse au lapin avec poches et furets. Les autres modes de chasse, comme la chasse au vol, au traîneau, à la chanterelle, à l'appeau, aux bricoles, halliers et filets en général, sont formellement prohibés. (Dite loi, art. 9.)

Chasse de nuit. — Aucun des modes de chasse, même autorisés, ne peut être pratiqué pendant la nuit. Le permis ne donne à celui qui l'a obtenu, dit la loi, que le droit de chasser de jour. Il résulte de là que la chasse *à l'affût* est défendue, en tant qu'elle a lieu pendant la nuit.

Engins prohibés. — La loi, sans examiner s'il y a eu ou non fait de chasse proprement dit, déclare en délit, 1° ceux qui sont trouvés munis ou porteurs, hors de leur domicile, de filets, engins ou autres instruments de chasse prohibés ; 2° ceux qui ont ces objets en leur domicile, qui en sont détenteurs. (Dite loi, art. 12, n° 3.)

Terrain d'autrui. — Le fait de chasse sur le terrain d'autrui, sans le consentement du propriétaire ou de ses ayants droit, constitue un délit (dite loi, art. 2); mais la poursuite de ce délit ne peut avoir lieu que sur la plainte de la partie intéressée, excepté dans deux cas seulement : 1° lorsque ce terrain est clos suivant les termes de l'article 2 de la loi, et attenant à une habitation; 2° lorsqu'il n'est pas encore dépouillé de ses fruits. (*Id.*, art. 26.)

Il y a fait de chasse sur le terrain d'autrui, non-seulement lorsque l'on passe en chassant sur ce terrain, mais encore lorsqu'on y fait passer ses chiens. Cependant l'article 11 de la loi déclare que le seul fait du passage des chiens sur l'héritage d'autrui *peut* ne pas être considéré comme un délit de chasse, lorsqu'il se trouve accompagné de ces deux circonstances : 1° que les chiens sont des chiens courants; 2° que le gibier qu'ils poursuivent a été lancé sur la propriété de leur maître ou sur celle où la chasse lui est permise. Mais le juge est souverain appréciateur de ces circonstances et peut ou non les prendre en considération, suivant les cas.

Terres non dépouillées. — Le propriétaire qui chasse sur ses terres non dépouillées de leurs fruits ne commet plus un délit, comme sous l'empire de la loi du 30 avril 1790. — La circonstance que la terre est chargée de ses produits n'est point un délit par elle-même, mais une simple circonstance aggravante du fait de chasse, et seulement lorsque ce fait a lieu sur le terrain d'autrui. (*Id.*, arg. de l'art. 11.)

Lévriers. — L'emploi à la chasse de chiens lévriers constitue un délit. Il ne peut être fait usage de ces sortes de chiens que pour la destruction des animaux malfaisants ou nuisibles, et alors seulement que cet usage a été autorisé par un arrêté du préfet. (*Id.*, art. 9.)

Temps de neige. — La chasse pendant le temps de neige ne constitue un délit qu'autant qu'elle a été défendue par l'autorité préfectorale. (*Id.*, *id.*) — Une ordonnance du préfet de police, en date du 10 mars 1845, défend la chasse dans le département de la Seine, pendant le temps où la terre est couverte de neige.—Voy. à *l'appendice.*

Drogues et appâts. — Est puni comme délit de chasse l'emploi des drogues et appâts qui sont de nature à enivrer le gibier ou à le détruire. (Dite loi, art. 12, n° 5.)

Gardes. — La chasse est défendue aux gardes champêtres ou forestiers des communes, ainsi qu'aux gardes forestiers de l'Etat et des établissements publics. (*Id.*, art. 12.) Cette prohibition est absolue et ne comporte aucune exception en leur faveur, même à l'égard des lieux qui ne sont point placés sous leur surveillance (Cass. 4 octobre 1844); mais elle ne s'applique pas aux gardes particuliers. (Instr. min. du 20 mai 1844.)

Animaux malfaisants ou nuisibles. — Par exception aux règles ci-dessus, il est permis aux propriétaires, possesseurs ou fermiers, de détruire, sur leurs terres, en tout temps et sans être munis d'un permis de chasse, certaines espèces d'animaux malfaisants ou nuisibles (dite loi, art. 9), mais à cette double condition, 1° qu'il s'agisse d'animaux déclarés tels par le préfet; 2° et que cette destruction ait lieu suivant le mode déterminé par le même fonctionnaire.

A côté de ce droit, dont l'exercice est soumis à une mesure réglementaire préalable, la loi en reconnaît un autre qu'elle n'astreint à aucune restriction, parce qu'il constitue un droit naturel : c'est celui qu'ont les propriétaires ou fermiers de repousser ou de détruire, même avec des armes à feu, les bêtes fauves qui portent dommage à leurs propriétés. (*Id.*, *id.*) — Voy. à *l'appendice.*

Saisie et confiscation.—Les délinquants ne peuvent être saisis ni désarmés; néanmoins, s'ils sont déguisés ou masqués, s'ils refusent de faire connaître leurs noms, ou s'ils n'ont pas de domicile connu, ils doivent être conduits immédiatement devant le maire ou le juge de paix, lequel s'assure de leur individualité. (*Id.*, art. 25.)

La loi de 1790 posait en principe la confiscation des armes; la loi actuelle établit une distinction : lorsque le délit a été commis, dans le temps où la chasse est permise, par un individu muni d'un permis de chasse, la confiscation de l'arme ne doit pas être prononcée; mais si le délit a eu lieu en temps prohibé et par un chasseur non muni d'un permis de chasse, l'arme est confisquée et le délinquant est tenu de la représenter ou d'en payer la valeur, d'après l'estimation qui en est faite par le tribunal. (*Id.*, art. 16.)

Oiseaux de passage. — En règle générale, la chasse aux oiseaux de passage est interdite dans le temps où la chasse est close; mais, sur l'avis du conseil général, le préfet peut, au moyen d'un arrêté, assigner à cette espèce de chasse une époque toute spéciale et même déterminer les modes et procédés suivant lesquels elle doit avoir lieu. La caille ne figure point au nombre des oiseaux de passage. (Dite loi, art. 11.) — Voy. à *l'appendice.*

Chasse au gibier d'eau. — Sous l'empire de la loi du 30 avril 1790, les propriétaires et possesseurs avaient le droit de chasser, même en temps prohibé, dans leurs *lacs* et *étangs* (ce qui comprenait les *marais*), sans autre condition que d'être munis d'un permis de port d'armes. D'après la loi actuelle, la chasse dans les marais, sur les étangs, fleuves et rivières, est soumise aux mêmes règles que la chasse

10.

ordinaire; elle ne peut, par conséquent, avoir lieu dans le temps où celle-ci est prohibée, si ce n'est à l'égard du gibier d'eau, et alors seulement que ce dernier genre de chasse a été autorisé par le préfet. — Voy. à *l'appendice*.

Chasse dans les bois. — L'ancienne loi permettait également au propriétaire ou possesseur, de chasser, en temps prohibé, sans chiens courants, dans ses bois et forêts. Cette exception n'a pas été réproduite dans la nouvelle loi et, par conséquent, la chasse dans les bois et forêts n'est permise aujourd'hui que dans le temps où la chasse est ouverte.

Vente et transport du gibier. — Dans chaque département, il est interdit de mettre en vente, de vendre, d'acheter, de transporter et de colporter du gibier, pendant le temps où la chasse n'y est pas permise. (Dite loi, art. 4.)

La loi ne faisant aucune distinction, il en résulte que la prohibition est absolue et s'applique à toute espèce de gibier, quelle qu'en soit la provenance, qu'il soit d'origine française ou étrangère. — L'acheteur est puni comme le vendeur; mais la recherche du gibier ne peut être faite à domicile que chez les aubergistes, chez les marchands de comestibles et dans les lieux ouverts au public.

Colporter du gibier, c'est le porter pour le vendre; *transporter* du gibier, c'est tout simplement le porter d'un lieu dans un autre. Il n'est donc pas permis au propriétaire qui, en vertu de l'article 2 de la loi, chasse en temps prohibé, sur un terrain clos et attenant à une habitation, de transporter hors de ce lieu le gibier qu'il y tue.

La prohibition dont il s'agit commence, pour chaque département, à partir du jour indiqué par le préfet comme étant celui de la clôture de la chasse, quelque différence que présente cette époque entre les divers départements. Ainsi, si la chasse est close au 1er janvier dans le département de la Seine, on ne peut y vendre du gibier après le 1er janvier; si elle est close le 15 janvier ou le 1er mars dans un autre département, on peut vendre du gibier dans ce département jusqu'au 15 janvier ou au 1er mars.

— Alors même que la chasse est prohibée en temps de neige, le fait de vendre et de colporter du gibier pendant ce temps, ne constitue pas un délit, si la chasse n'est pas close. (Cass. 22 mars 1844.)

Il est inutile de faire observer que le gibier d'eau et les oiseaux de passage peuvent être vendus et transportés pendant le temps où la chasse en est permise par les arrêtés des préfets, lors même que la chasse, et conséquemment la vente et le transport du gibier ordinaire seraient interdits. (Circul. minist. de la just., 9 mai 1844.)

Il en est de même des oiseaux sédentaires qui ne sont pas considérés comme gibier; la loi n'en défend pas la vente dans le temps où la chasse est close, et ne prononce aucune peine contre ceux qui en enlèveraient les nids et les couvées; elle charge seulement le préfet de prévenir la destruction des oiseaux, lorsqu'elle peut être funeste à l'agriculture. (Dite loi, art. 9.)

OEufs et couvées. — Il n'est point défendu de mettre en vente, de vendre, d'acheter, de transporter et de colporter des œufs et des couvées de faisans, de perdrix et de cailles. A la rigueur, le propriétaire est même libre de prendre ou de détruire les œufs et les couvées de cette espèce qu'il trouve sur son terrain. La loi ne défend qu'une chose, c'est de prendre et de détruire ces œufs et ces couvées *sur le terrain d'autrui*, et par là, elle a voulu surtout bannir des campagnes les maraudeurs qui, au temps de la ponte et de l'éclosion, parcourent les champs en foulant aux pieds les récoltes. (*Id., id.*)

Conserves. — D'après la jurisprudence de la cour de cassation, la loi du 3 mai 1844 ne défend, en temps prohibé, que la vente du gibier exposé à une décomposition rapide, et non de celui qui, par suite d'une préparation, est destiné à se conserver longtemps. Ainsi, il a été décidé, par un arrêt du 21 décembre 1844, que la vente et la mise en vente de conserves alimentaires, et notamment de terrines de Nérac, pendant le temps où la chasse est prohibée, ne constituent pas un délit.

Déserteurs. — Art. 19. Il fera faire la recherche des militaires ou marins déserteurs et des prisonniers de guerre évadés.

Fêtes publiques. — Art. 20. Il fera observer les lois et arrêtés sur les fêtes républicaines (publiques).

POLICE MUNICIPALE.

Petite voirie. — Art. 21. Le préfet de police sera chargé de tout ce qui a rapport à la petite voirie, sauf le recours au ministre de l'intérieur contre ses décisions.

Il aura, à cet effet, sous ses ordres, un commissaire chargé de surveiller, permettre ou défendre :

L'ouverture des boutiques, étaux de boucherie et de charcuterie ;

L'établissement des auvents ou constructions du même genre qui prennent sur la voie publique ;

L'établissement des échoppes ou étalages mobiles;

D'ordonner la démolition ou réparation des bâtiments menaçant ruine.

Nous avons déjà vu, page 71, que la petite voirie est dans les attributions spéciales du préfet de police. Toutefois, ce magistrat n'est pas absolument étranger à la grande voirie. On remarquera, dans les articles suivants de l'arrêté du 12 messidor, qu'il connaît de tout ce qui est relatif aux chemins de halage, au garage des bateaux, aux débordements et débâcles, aux établissements sur la rivière, à la navigation sur la Seine et sur les canaux.

Dans cette partie de ses attributions, le préfet de police a sous ses ordres un architecte commissaire de la petite voirie qui est lui-même secondé par un certain nombre de délégués, chargés de la plupart des mesures de surveillance et d'exécution.

La petite voirie embrasse à Paris une foule d'objets dont la nomenclature a été donnée par l'arrêté du 12 messidor an VIII, par le décret du 27 octobre 1808, et par l'ordonnance royale du 24 décembre 1823, complétée elle-même par une ordonnance de police du 9 juin 1824. Toute infraction aux règles de la petite voirie constitue une contravention du ressort du tribunal de simple police (1).

SAILLIES. — Il est défendu à tous propriétaires, locataires, entrepreneurs et autres, d'établir, ni de faire établir aucun objet en saillie sur la voie publique, sans en avoir obtenu la permission du préfet de police, pour ce qui concerne la petite voirie.— Voy. pour la grande voirie, p. 71 et suiv.

_____

(1) Voir, pour la procédure devant les tribunaux de simple police, le *Corps municipal*, p. 185 à 244.

Les permissions sont délivrées sur les demandes des parties intéressées, après que les droits de petite voirie ont été acquittés ; l'espèce, le nombre et les dimensions des objets à établir doivent, autant que possible, être indiqués dans les demandes. On doit y joindre les plans qui sont jugés nécessaires. (Ordon. de police, 9 juin 1824.)

Aucune saillie établie en vertu d'une autorisation ne peut être renouvelée ni réparée, sans la permission du préfet de police; aucune ne peut être repeinte, sans qu'au préalable une déclaration ait été faite à cet égard au commissaire de police. A défaut de déclaration, les saillies repeintes sont considérées comme saillies nouvelles, s'il n'y a preuve contraire, et, comme telles, sujettes au droit. (*Id.*, art. 10 et 13.)

Les permissions de petite voirie ne confèrent aucun droit de propriété ou de servitude aux impétrants qui, au contraire, sont obligés, à la première réquisition de l'autorité, de supprimer ou réduire les saillies et d'enlever les objets établis en vertu des permissions délivrées, sans pouvoir prétendre à aucune indemnité, ni à aucune restitution des sommes payées pour droit de petite voirie. (*Id.*, art. 23.)

Les saillies autorisées doivent être établies dans l'année de la date des permissions. Dans le cas contraire, les permissions sont périmées et annulées, et l'on est tenu d'en prendre de nouvelles. (*Id.*, art. 24.)

Nous avons fait remarquer, page 74, que le préfet de la Seine a spécialement dans ses attributions les saillies fixes, tandis que les saillies mobiles ont été placées dans les attributions du préfet de police. Les règles relatives à l'établissement et aux dimensions de ces deux espèces de saillies sont posées par l'ordonnance royale du 24 décembre 1823. Nous reproduirons ici le texte de cette ordonnance, dans laquelle on distinguera facilement les objets qui appartiennent à l'une ou à l'autre des catégories dont nous venons de parler, et dès lors, ressortissent à la préfecture de la Seine ou à la préfecture de police.

TITRE PREMIER.

DISPOSITIONS GÉNÉRALES.

Art. 1er. Il ne pourra, à l'avenir, être établi, sur les murs de face des maisons de notre bonne ville de Paris, aucune saillie autre que celles déterminées par la présente ordonnance.

2. Toute saillie sera comptée à partir du nu du mur au-dessus de la retraite.

TITRE II.

DIMENSIONS DES SAILLIES.

3. Aucune saillie ne pourra excéder les dimensions suivantes.

SECTION 1re.—*Saillies fixes.*

		M. C.
Pilastres et colonnes en pierre.	Dans les rues au-dessous de 8 mètres de largeur.	0 03
	Dans les rues de 8 à 10 mètres de largeur......	0 04
	Dans les rues de 12 mètres de largeur et au-dessus................................	0 10

Lorsque les pilastres et les colonnes auront une épaisseur plus considérable que les saillies permises, l'excédant sera en arrière de l'alignement de la propriété, et le nu du mur de face formera arrière-corps à l'égard de cet alignement; toutefois, les jambes étrières ou boutisses devront toujours être placées sur l'alignement. Dans ce cas, l'élévation des assises de retraite sera réglée, à partir du sol,

	M. C.
Dans les rues de 10 mètres de largeur et au-dessous, à....	0 80
Dans celles de 10 à 12 mètres de largeur, à..............	1 00
Dans celles de 12 mètres et au-dessus, à,................	1 15

	M.	C.
Grands balcons...	0	80
Herses, chardons, artichauts et fraises....................	0	80
Auvents de boutiques	0	80
Petits auvents au-dessus des croisées....................	0	25
Bornes dans les rues au-dessous de 10 mètres de largeur...	0	50
Bornes dans les rues de 10 mètres et au-dessus...........	0	80
Bancs de pierre aux côtés des portes des maisons.........	0	60
Corniches en menuiserie sur boutique....................	0	50
Abat-jour de croisée, dans la partie la plus élevée.........	0	55
Moulinets de boulanger et poulies.....................	0	50
Petits balcons, y compris l'appui des croisées(1)...........	0	22
Seuils, socles...	0	22
Colonnes isolées en menuiserie.........................	0	16
Colonnes engagées en menuiserie........................	0	16
Pilastres en menuiserie.................................	0	16
Barreaux et grilles de boutique.........................	0	16
Appui de boutique......................................	0	16
Tuyaux de descente ou d'évier.........................	0	16
Cuvettes...	0	16
Devanture de boutique, toute espèce d'ornements compris..	0	16
Tableaux, enseignes, bustes, reliefs, montres, attributs, y compris les bordures, supports et points d'appui........	0	16
Jalousies...	0	16
Persiennes ou contrevents..............................	0	11
Appui de croisée.......................................	0	08
Barres de support......................................	0	08

(Les parements de décorations au-dessus du rez-de-chaussée n'auront que l'épaisseur des bois appliqués au mur.)

Section II. — *Saillies mobiles.*

	M.	C.
Lanternes ou transparents avec potence..................	0	75
Lanternes ou transparents en forme d'applique...........	0	22
Tableaux, écussons, enseignes, montres, étalages, attributs, y compris les supports, bordures, crochets et points d'appui.	0	16
Appui de boutique, y compris les barres et crochets.......	0	16
Volets, contrevents ou fermeture de boutique.............	0	16

4. Les saillies déterminées par l'article précédent pourront être restreintes suivant les localités.

(1) Sont considérés comme petits balcons, dans la pratique, et ressortissent, ainsi que les grands, à la préfecture de la Seine, les balcons ayant de 16 à 22 centimètres au plus de saillie; tandis que les balcons de moins de 16 centimètres sont réputés objets d'ornement, et doivent être autorisés par la préfecture de police. Cependant, le préfet de police doit être consulté sur l'établissement des grands et petits balcons. Voy. p. 122.

TITRE III.

DISPOSITIONS RELATIVES A CHAQUE ESPÈCE DE SAILLIE.

SECTION Iʳᵉ.—*Barrières au-devant des maisons.*

5. Il est défendu d'établir des barrières fixes au-devant des maisons et de leurs dépendances, quelles qu'elles puissent être, tant dans les rues et places que sur les boulevards, à moins qu'elles ne soient reconnues nécessaires à la propreté et qu'elles ne gênent point la circulation. La saillie de ces barrières ne pourra, dans aucun cas, excéder un mètre et demi.

6. Les propriétaires auxquels il aura été accordé la permission d'établir des barrières seront obligés de les maintenir en bon état.

SECTION II.— *Bancs, pas, marches, perrons, bornes.*

7. Il ne sera permis de placer des bancs au-devant des maisons que dans les rues de dix mètres de largeur et au-dessus. Ces bancs seront en pierre, ne dépasseront pas l'alignement de la base des bornes, et seront établis dans toute leur longueur sur maçonnerie pleine et chanfreinée.

8. Il est défendu de construire des perrons en saillie sur la voie publique. Les perrons actuellement existants seront supprimés, autant que faire se pourra, lorsqu'ils auront besoin de réparation. Il ne sera accordé de permission que pour les pas et marches, lorsque les localités l'exigeront. Ces pas et marches ne pourront dépasser l'alignement de la base des bornes. En cas d'insuffisance de cette saillie, le propriétaire rachètera la différence du niveau en se retirant sur lui-même. Néanmoins, les propriétaires des maisons riveraines des boulevards intérieurs de

Paris pourront être autorisés à construire des perrons au-devant desdites maisons, s'il est reconnu qu'ils soient absolument nécessaires, et que les localités ne permettent pas aux propriétaires de se retirer sur eux-mêmes. Ces perrons, quelle qu'en soit la forme, ne pourront, sous aucun prétexte, excéder un mètre de saillie, tout compris, ni approcher à plus d'un mètre de distance de la ligne extérieure des arbres de la contre-allée.

9. Il est permis d'établir des bornes aux angles saillants des maisons formant encoignure de rue ; mais, lorsque ces encoignures seront disposées en pans coupés de soixante centimètres au moins et d'un mètre au plus de largeur, une seule borne sera placée au milieu du pan coupé.

SECTION III. — *Grands balcons.*

10. Les permissions d'établir de grands balcons ne seront accordées que dans les rues de dix mètres de largeur et au-dessus, ainsi que dans les places et carrefours, et ce d'après une enquête *de commodo et incommodo.*

S'il n'y a point d'opposition, les permissions seront délivrées. En cas d'opposition, il sera statué par le conseil de préfecture, sauf le recours au conseil d'Etat. Dans aucun cas, les grands balcons ne pourront être établis à moins de six mètres du sol de la voie publique. Le préfet de police sera toujours consulté sur l'établissement des grands et petits balcons (1).

SECTION IV. — *Constructions provisoires, échoppes.*

11. Il pourra être permis de masquer, par des constructions provisoires ou des appentis, tout renfoncement entre deux maisons, pourvu qu'il n'ait pas au delà de huit mètres de longueur, et que sa profondeur soit au moins d'un mètre. Ces construc-

_____

(1) Voy. la note de la page 120.

tions ne devront, dans aucun cas, excéder la hauteur du rez-de-chaussée, et elles seront supprimées dès qu'une des maisons attenantes subira retranchement. Il est permis de masquer par des constructions légères, en forme de pan coupé, les angles de toute espèce de retranchement au-dessus de huit mètres de longueur, mais sous la même condition que ci-dessus pour leur établissement et leur suppression. Le préfet de police sera toujours consulté sur les demandes formées à cet effet.

12. Il est expressément défendu d'établir des échoppes en bois ailleurs que dans les angles et renfoncements hors de l'alignement des rues et places. Toutes les échoppes existantes qui ne sont point conformes aux dispositions ci-dessus, seront supprimées lorsque les détenteurs actuels cesseront de les occuper, à moins que l'autorité ne juge nécessaire d'en ordonner plus tôt la suppression.

SECTION V. — *Auvents et corniches de boutiques.*

13. Il est défendu de construire des auvents et corniches en plâtres au-dessus des boutiques. Il ne pourra en être établi qu'en bois, avec la faculté de les revêtir extérieurement de métal ; toute autre manière de les couvrir est prohibée. Les auvents et corniches en plâtre actuellement établis au-dessus des boutiques ne pourront être réparés. Ils seront démolis lorsqu'ils auront besoin de réparation, et ne seront rétablis qu'en bois.

SECTION VI. — *Enseignes.*

14. Aucuns tableaux, enseignes, montres, étalages et attributs quelconques, ne seront suspendus, attachés ni appliqués, soit aux balcons, soit aux auvents. Leurs dimensions seront déterminées, au besoin, par le préfet de police, suivant les localités. Il pourra,

néanmoins, être placé sous les auvents, des tableaux ou plafonds en bois, pourvu qu'ils soient posés dans une direction inclinée. Tout étalage formé de pièces d'étoffe disposées en draperie et guirlande, et formant saillie, est interdit au rez-de-chaussée. Il ne pourra descendre qu'à trois mètres du sol de la voie publique. Tout crochet destiné à soutenir des viandes en étalage devra être placé de manière que les viandes ne puissent excéder le nu des murs de face, ni faire aucune saillie sur la voie publique.

SECTION VII. — *Tuyaux de poêle et de cheminée.*

15. A l'avenir, et pour toutes les maisons de construction nouvelle, aucun tuyau de poêle ne pourra déboucher sur la voie publique. Dans l'année de la publication de la présente ordonnance, les tuyaux de poêles crêtés et autres qui débouchent actuellement sur la voie publique seront supprimés, s'il est reconnu qu'ils peuvent avoir une issue intérieure. Dans le cas où la suppression ne pourrait avoir lieu, ces mêmes tuyaux seraient élevés jusqu'à l'entablement, avec les précautions nécessaires pour assurer leur solidité et empêcher l'eau rousse de tomber sur les passants.

16. Les tuyaux de cheminée en maçonnerie et en saillie sur la voie publique seront démolis et supprimés, lorsqu'ils seront en mauvais état, ou que l'on fera de grosses réparations dans les bâtiments auxquels ils sont adossés. Les tuyaux de cheminée en tôle, en poterie et en grès, ne pourront être conservés extérieurement sous aucun prétexte.

SECTION VIII. — *Bannes.*

17. La permission d'établir des bannes ne sera donnée que sous la condition de les placer à trois mètres au moins au-dessus du sol, dans sa partie la plus basse, de manière à ne pas gêner la circulation.

Leurs supports seront horizontaux. Elles n'auront de joues qu'autant que les localités le permettront, et les dimensions en seront déterminées par l'autorité. Les bannes devront être en toile ou en coutil, et ne pourront, dans aucun cas, être établies sur châssis. La saillie des bannes ne pourra excéder un mètre cinquante centimètres. Dans l'année de la publication de la présente ordonnance, toutes les bannes qui ne seront pas conformes aux conditions exigées plus haut seront changées, réduites ou supprimées.

SECTION IX. — *Perches.*

18. Les perches et étendoirs des blanchisseuses, teinturiers, dégraisseurs, couverturiers, etc., ne pourront être établis que dans des rues écartées et peu fréquentées, et après une enquête *de commodo et incommodo*, sur laquelle il sera statué comme il a été dit en l'article 10 ci-dessus.

SECTION X. — *Éviers.*

19. Les éviers pour l'écoulement des eaux ménagères seront permis, sous la condition expresse que leur orifice extérieur ne s'élèvera pas à plus d'un décimètre au-dessus du pavé de la rue.

SECTION XI. — *Cuvettes.*

20. A l'avenir, et dans toutes les maisons de construction nouvelle, il ne pourra être établi, en saillie sur la voie publique, aucune espèce de cuvettes pour l'écoulement des eaux ménagères des étages supérieurs. Dans les maisons actuellement existantes, les cuvettes placées en saillie seront supprimées lorsqu'elles auront besoin de réparation, s'il est reconnu qu'elles peuvent être établies à l'intérieur. Dans le cas contraire, elles seront disposées, autant

11.

que faire se pourra, de manière à recevoir les eaux intérieurement, et garnies de hausses pour prévenir le déversement des eaux et toute éclaboussure au-dessous.

Section XII. — *Constructions en encorbellement.*

21. A l'avenir, il ne sera permis aucune construction en encorbellement : et la suppression de celles qui existent aura lieu toutes les fois qu'elles seront dans le cas d'être réparées.

Section XIII. — *Corniches ou entablements.*

22. Les entablements et corniches en plâtre, au-dessus de seize centimètres de saillie, seront prohibés dans toutes les constructions en bois. Il ne sera permis d'établir des corniches ou entablements de plus de seize centimètres de saillie, qu'aux maisons construites en pierre ou moellon, sous la condition que ces corniches seront en pierre de taille ou en bois, et que la saillie n'excédera, dans aucun cas, l'épaisseur du mur à sa sommité. On pourra permettre des corniches ou entablements en bois sur les pans de bois. Les entablements ou corniches des maisons actuellement existantes, qui auront besoin d'être reconstruites en tout ou en partie, seront réduits à la saillie de seize centimètres, s'ils sont en plâtre, et ne pourront excéder en saillie l'épaisseur du mur à sa sommité, s'ils sont en pierre ou bois.

Section XIV. — *Gouttières saillantes.*

23. Les gouttières saillantes seront supprimées en totalité dans le délai d'une année, à partir de la publication de la présente ordonnance. Il ne sera perçu aucun droit de petite voirie pour les tuyaux de descente qui seront établis en remplacement des gouttières saillantes supprimées dans ce délai.

SECTION XV. — *Devantures de boutiques.*

24. Les devantures de boutiques, montres, bustes, reliefs, tableaux, enseignes et attributs fixes, dont la saillie excède celle qui est permise par l'article 3 de la présente ordonnance, seront réduits à cette saillie, lorsqu'il y sera fait quelques réparations. Dans aucun cas, les objets ci-dessus désignés, qui sont susceptibles d'être réduits, ne pourront subsister, savoir : les devantures de boutiques, au delà de neuf années, et les autres objets, au delà de trois années, à compter de la publication de la présente ordonnance. Les établissements du même genre, qui sont mobiles, seront réduits dans l'année. Seront supprimées dans le même délai toutes saillies fixes placées au-devant d'autres saillies.

25. Il n'est point dérogé aux dispositions des anciens règlements concernant les saillies, ni au décret du 13 août 1810, concernant les auvents des spectacles et de l'esplanade des boulevards, en tout ce qui n'est pas contraire à la présente ordonnance.

DROITS DE PETITE VOIRIE. — Il a été établi des droits, à Paris, pour la délivrance des permis et autorisations dont on est tenu de se pourvoir, en matière de petite voirie. Ces droits sont perçus à la préfecture de police, au moment où les permis et autorisations sont accordés. Le tarif en a été fixé comme il suit, par le décret du 27 octobre 1808 :

	f.	c.
Abat-jour....................................	4	»
Abat-vent des boutiques...........................	4	»
Appui à demeure, compris les soubassements..........	4	»
Appui sur les croisées ou fenêtres...................	2	»
Appui mobile.................................	4	»
Auvent ordinaire en menuiserie..................	4	»
Auvent (petit) au-dessus des croisées...............	2	»
Auvents cintrés en plâtre, avec fer et fentons........	12	50
Baldaquin....................................	50	»
Balcons (petits) ou balustres aux fenêtres sans construction nouvelle.................................	2	»

Nota. Pour les grands et petits balcons avec construction nouvelle, l'avis du préfet de police sera demandé (1).

Banc...	4 f.	» c.
Bannes..	4	»
Barreaux de boutiques et de croisées..................	4	»
Barres de support...	4	»
Barrière au-devant des maisons........................	50	»
Barrière au-devant des démolitions pour cause de péril.	5	»
Bornes appuyées contre le mur, en quelque nombre qu'elles soient..	4	»
Bornes isolées..	4	»
Bouchons de cabarets, ou couronnes..................	4	»
Bustes formant étalage...................................	4	»
Cadran. (*Voy.* Tableau.)................................	4	»
Cage. (*Voy.* Étalage.)		
Changement de menuiserie des croisées..............	4	»
Chardons de fer ou herses..............................	4	»
Châssis à verre, sédentaires ou mobiles..............	4	»
Clôture ou fermeture de rue pour bâtir. (*Voy.* Pieux.)		
Colonnes engagées en menuiserie, et parement de décorations..	20	»
Colonnes isolées..	20	»
Comptoirs ou établis mobiles...........................	4	»
Conduites ou tuyaux de plomb pour conduire les eaux des maisons...	4	»
Contrefiches à placer en cas de péril..................	5	»
Contrevent ou fermeture de boutiques et croisées.....	4	»
Corniches en bois..	4	»
Corniches en plâtre..	10	»
Cuvettes. (*Voy.* Conduites.)............................	4	»
Degrés. (*Voy.* Marches.)................................	4	»
Devanture de boutique en menuiserie..................	25	»
Dos d'âne ou étalage. (*Voy.* Étaux.)..................	4	»
Échoppes sédentaires ou demi-sédentaires.............	10	»
Échoppes mobiles..	4	»
Enseigne. (*Voy.* Tableau.).............................	4	»
Établis. (*Voy.* Comptoirs.).............................	4	»
Étais ou étrésillons. (*Voy.* Contrefiches.)		
Étalage...	4	»
Étaux de boucher..	4	»
Éviers et gargouilles......................................	4	»
Fermetures de boutiques. (*Voy.* Portes.).............	4	»
Fermetures de croisées fixées. (*Voy.* Châssis.)........	4	»
Gargouilles d'éviers. (*Voy.* Éviers.)...................	4	»
Grilles de boutiques ou de croisées. (*Voy.* Barreaux.)..	4	»
Grilles de cave..	4	»
Herses ou chardons de fer. (*Voy.* Chardons.)..........	4	»
Jalousies. (*Voy.* Châssis de verre.)....................	4	»
Marches, pour chaque.....................................	5	»

(1) Voy. la note de la page 120.

S'il n'y en a qu'une..............................	4 f.	» c.
Montre ou étalage..................................	4	»
Moulinet de boulanger..............................	4	»
Perches, pour chacune..............................	10	»
Perron...	50	»
Pieux pour barrer les rues.........................	25	»
Pilastres en bois..................................	4	»
Plafonds..	4	»
Poêles ou tuyaux de poêle..........................	4	»
Portes ouvrant en dehors...........................	4	»
Potence de fer ou en bois..........................	4	»
Poulies...	4	»
Seuil...	4	»
Siéges de pierre ou de bois........................	4	»
Soubassements.....................................	5	»
Stores..	4	»
Tableau servant d'enseigne.........................	4	»
Tapis d'étalage. (*Voy.* Étalage.)	4	»
Tuyaux de poêle. (*Voy.* Poêle.)...................	4	»
Volets servant d'enseigne..........................	4	»

Liberté et sûreté de la voie publique. —
Art. 22. Le préfet de police procurera la liberté
et sûreté de la voie publique, et sera chargé à
cet effet;

D'empêcher que personne n'y commette de
dégradation;

De la faire éclairer;

De faire surveiller le balayage auquel les habitants sont tenus devant leurs maisons, et de
le faire faire aux frais de la ville dans les places
et la circonférence des jardins et édifices publics;

De faire sabler, s'il survient du verglas, et de
déblayer, au dégel, les ponts et lieux glissants des
rues;

D'empêcher qu'on expose rien sur les toits
ou fenêtres qui puisse blesser les passants en
tombant.

Il fera observer les règlements sur l'établissement des conduits pour les eaux de pluie et les
gouttières;

Il empêchera qu'on y laisse vaguer des furieux, des insensés, des animaux malfaisants ou dangereux ;

Qu'on ne blesse les citoyens par la marche trop rapide des chevaux ou des voitures;

Qu'on obstrue la libre circulation, en arrêtant ou déchargeant des voitures et marchandises devant les maisons, dans les rues étroites, ou de toute autre manière.

Le préfet de police fera effectuer l'enlèvement des boues, matières malsaines, neiges, glaces, décombres, vases sur les bords de la rivière après les crues des eaux.

Il fera faire les arrosements dans la ville, dans les lieux et dans la saison convenable.

Les divers objets de police dont l'énumération précède ont été presque tous réglementés par plusieurs ordonnances du préfet, que l'on peut consulter au Recueil officiel.

A l'égard des insensés ou aliénés, la loi du 30 juin 1838 a complété l'arrêté du 12 messidor par les dispositions suivantes, en ce qui concerne les soins et les précautions dont ils peuvent être l'objet.

Placements volontaires. — Les chefs ou préposés responsables des établissements publics et les directeurs des établissements privés et consacrés aux aliénés ne peuvent recevoir une personne atteinte d'aliénation mentale, s'il ne leur est remis : 1° une demande d'admission contenant les noms, profession, âge et domicile, tant de la personne qui la forme que de celle dont le placement est réclamé, et l'indication du degré de parenté ou, à défaut, de la nature des relations qui existent entre elles.

La demande est écrite et signée par celui qui la

forme, et, s'il ne sait pas écrire, elle est reçue par le maire ou le commissaire de police, qui en donne acte. Si la demande d'admission est formée par le tuteur d'un interdit, il doit fournir, à l'appui, un extrait du jugement d'interdiction.

2° Un certificat de médecin constatant l'état mental de la personne à placer, et indiquant les particularités de sa maladie et la nécessité de faire traiter la personne désignée dans un établissement d'aliénés, et de l'y tenir renfermée.

Ce certificat ne peut être admis, s'il a été délivré plus de quinze jours avant sa remise au chef ou directeur; s'il est signé d'un médecin attaché à l'établissement, ou si le médecin signataire est parent ou allié, au second degré inclusivement, des chefs ou propriétaires de l'établissement, ou de la personne qui fait effectuer le placement. En cas d'urgence, les chefs des établissements publics peuvent se dispenser d'exiger le certificat du médecin.

3° Le passe-port ou toute autre pièce propre à constater l'individualité de la personne à placer. (Dite loi, art. 8.)

Le préfet de police, à Paris, est informé de tous les placements volontaires d'aliénés; il peut ordonner la sortie immédiate des personnes placées volontairement dans les établissements publics ou privés. (*Id.*, art. 16.)

Placements ordonnés par l'autorité publique. — A Paris, le préfet de police, et, dans les départements, les préfets, peuvent ordonner d'office le placement, dans un établissement d'aliénés, de toute personne interdite ou non interdite, dont l'état d'aliénation compromet l'ordre public ou la sûreté des personnes. (*Id.*, art. 18.)

En cas de danger imminent, attesté par le certificat d'un médecin ou par la notoriété publique, les commissaires de police à Paris, et les maires dans les autres communes, peuvent ordonner, à l'égard des personnes atteintes d'aliénation mentale, toutes les mesures provisoires nécessaires, à la charge d'en référer dans les vingt-quatre heures au préfet. (*Id.*, art. 19.)

Salubrité de la cité. — Art. 23. Il assurera la salubrité de la ville,

En prenant des mesures pour prévenir et arrêter les épidémies, les épizooties, les maladies contagieuses;

En faisant observer les règlements de police sur les inhumations;

En faisant enfouir les cadavres d'animaux morts, surveiller les fosses vétérinaires, les construction, entretien et vidange des fosses d'aisance;

En faisant arrêter, visiter les animaux suspects de mal contagieux, et mettre à mort ceux qui en seront atteints;

En surveillant les échaudoirs, fondoirs, salles de dissection, et la basse-geôle;

En empêchant d'établir dans l'intérieur de Paris, des ateliers manufactures, laboratoires ou maisons de santé, qui doivent être hors de l'enceinte des villes, selon les lois et règlements;

En empêchant qu'on ne jette ou dépose dans les rues aucune substance malsaine;

En faisant saisir ou détruire dans les halles, marchés ou boutiques, chez les bouchers, boulangers, marchands de vins, brasseurs, limonadiers, épiciers, droguistes, apothicaires, ou tous autres, les comestibles ou médicaments gâtés, corrompus ou nuisibles.

La disposition de l'arrêté qui prescrit au préfet de police d'empêcher l'établissement, dans l'intérieur de Paris, des manufactures et ateliers qui doivent être placés hors de l'enceinte de la ville, a reçu, des lois et règlements postérieurs, certaines modifications qu'il importe de signaler.

Un décret du 15 octobre 1810 a divisé en trois classes les manufactures et ateliers qui répandent une odeur insalubre ou incommode : la première classe comprend les établissements qui doivent être éloignés des habitations particulières ; — la seconde, les manufactures et ateliers dont l'éloignement des habitations n'est pas rigoureusement nécessaire, mais dont il importe néanmoins de ne permettre la formation qu'après avoir acquis la certitude que les opérations qu'on y pratique sont exécutées de manière à ne pas incommoder les propriétaires du voisinage ; — dans la troisième classe sont placés les établissements qui peuvent exister sans inconvénient auprès des habitations, mais qui doivent rester soumis à la surveillance de la police.

La formation des établissements de chacune de ces classes est soumise à une autorisation différente.

Pour les établissements de la première classe, l'autorisation est accordée par une ordonnance du roi, le conseil d'Etat entendu ; pour ceux de la seconde classe, elle l'est par les préfets, avec l'avis des sous-préfets ; et enfin, pour ceux de la troisième classe, par les sous-préfets, avec l'avis des maires.

Les demandes en autorisation, pour les établissements de la *première classe*, sont adressées au préfet ; elles sont ensuite affichées pendant un mois, par or-

12

dre du préfet, dans toutes les communes, à cinq kilomètres de rayon.

Les particuliers et le maire, au nom de la commune, sont autorisés à présenter leurs moyens d'opposition. (Décret du 15 octobre 1810, art. 3.)

Il est procédé, en outre, à une enquête *de commodo et incommodo*, c'est-à-dire ayant pour objet d'établir d'après l'opinion des citoyens, les avantages et les inconvénients que peut présenter la formation des établissements. Les oppositions, s'il en existe, sont vidées par le conseil de préfecture, sauf recours au conseil d'Etat. S'il n'en existe pas, il est statué sur la demande par ordonnance royale.

Pour les établissements de la *seconde classe*, la demande en autorisation est adressée au sous-préfet de l'arrondissement, qui la transmet au maire de la commune où est projetée la formation de l'établissement ; celui-ci procède à une enquête *de commodo et incommodo*, et envoie au sous-préfet le procès-verbal qui en constate le résultat, pour être transmis au préfet.

Pour les établissements de la *troisième classe*, la demande est adressée au sous-préfet, qui statue après avoir pris l'avis du maire.

Telles sont les règles générales de la matière.

L'article 8 du décret du 15 octobre avait ajouté que les manufactures et établissements de la troisième classe ne pourraient se former, à Paris, que sur la permission du préfet de police. Une ordonnance du 14 janvier 1815 avait déclaré ensuite que les attributions conférées aux préfets et aux sous-préfets par le décret du 15 octobre, relativement à la formation des établissements insalubres, seraient exercées par le directeur général de la police, dans toute l'étendue du département de la Seine et dans les communes de Saint-Cloud, de Meudon et de Sèvres.

Depuis la suppression de cette charge, le préfet de police se trouve investi des attributions qui en dépendaient, et, dès lors, à lui seul revient la mission, non-seulement d'accorder les permissions, à Paris, pour la formation des établissements de troisième classe, mais encore d'exercer dans tout le département de la Seine et dans les communes de Saint-Cloud, de Sèvres et de Meudon, les fonctions attribuées, en cette matière, aux préfets et aux sous-préfets, comme nous l'avons exposé plus haut.

Ainsi, toute personne qui veut établir, dans le ressort qui vient d'être signalé, des manufactures ou ateliers compris dans l'une des trois classes indiquées ci-dessus, doit adresser une demande en autorisation au préfet de police.

Aucune demande en autorisation d'établissements classés n'est instruite, s'il n'y est joint un plan en double expédition, dessiné sur une échelle de cinq millimètres par mètre, et indiquant les détails de l'exploitation. Ce plan doit indiquer les tenants et les aboutissants aux ateliers. (Ordonn. de police, 3o novembre 1837.)

Lorsque la demande concerne un établissement de la troisième classe, il doit être produit, en outre, par le pétitionnaire, un second plan, également en double expédition, dressé sur une échelle de vingt-cinq millimètres par centimètre, donnant l'indication de toutes les habitations situées dans un rayon de huit cents mètres au moins. (*Id.*)

Il ne peut être fait aucun changement dans un établissement classé et autorisé, sans une autorisation nouvelle. (*Id.*)

On peut voir, au Recueil officiel, à la suite de l'ordonnance de police du 3o novembre 1837, l'état général des divers établissements insalubres ou in-

commodes qui ne peuvent être formés sans autorisation préalable.

**Incendies, débordements, accidents sur la
rivière.**—Art. 24. Il sera chargé de prendre les
mesures propres à prévenir ou arrêter les incendies.

Il donnera des ordres aux pompiers, requerra
les ouvriers charpentiers, couvreurs, requerra
la force publique et en déterminera l'emploi.

Il aura la surveillance du corps des pompiers,
le placement et la distribution des corps de
garde et magasins des pompes, réservoirs,
tonneaux, seaux à incendies, machines et ustensiles de tout genre destinés à les arrêter.

En cas de débordements et débâcles, il or-
donnera les mesures de précaution telles que
déménagement des maisons menacées, rupture
de glaces, garage de bateaux.

Il sera chargé de faire administrer les secours
aux noyés.

Il déterminera, à cet effet, le placement
des boîtes fumigatoires et autres moyens de
secours.

Il accordera et fera payer les gratifications
et récompenses promise par les lois et règlements à ceux qui retirent les noyés de l'eau.

Une ordonnance de police du 24 novembre 1846
et un avis du même jour, insérés au Recueil officiel,
prescrivent toutes les mesures qu'il convient de
prendre en cas d'incendie, et rappellent aux habitants de Paris les obligations qui leur sont imposées
par les règlements, soit pour prévenir les incendies,
soit pour concourir à les éteindre.

Police de la Bourse et du Change. —
Art. 25. Il aura la police de la Bourse et des lieux
publics où se réunissent les agents de change,
courtiers, échangeurs et ceux qui négocient et
trafiquent sur les effets publics.

La police de la Bourse appartient, à Paris, au
préfet de police. Un commissaire de police est désigné par ce magistrat pour être présent à la Bourse,
et en exercer la police pendant sa tenue. (Arrêté du
29 germinal an IX.)
Les agents de change eux-mêmes se réunissent et
nomment, à la majorité absolue, un syndic et six
adjoints, pour exercer une police intérieure, rechercher les contraventions aux lois et règlements, et les
faire connaître à l'autorité publique. (*Id.*)
Le préfet de police peut faire les règlements qu'il
juge nécessaires pour la police intérieure de la
Bourse. (*Id.*)
Il est défendu de s'assembler ailleurs qu'à la
Bourse et à d'autres heures que celles fixées par le
règlement de police pour proposer et faire des négociations, à peine de destitution des agents de
change ou courtiers qui auraient contrevenu, et,
pour les autres individus, sous les peines portées
par la loi contre ceux qui s'immiscent dans les négociations sans titre légal. (Arrêté du 27 prairial
an X, art. 3.)
Les agents de change sont tenus, ainsi que les
courtiers de commerce, de consigner leurs opérations sur des carnets, et de les transcrire, dans le
jour, sur un journal timbré, coté et parafé par les
juges du tribunal de commerce. Ils ne peuvent refuser de donner des reconnaissances des effets qui
leur sont confiés. (*Id.*, art. 11.)
Lorsque deux agents de change ou courtiers de

12.

commerce ont consommé une opération, chacun d'eux l'inscrit sur son carnet et le montre à l'autre. — Chaque agent de change devant avoir reçu de ses clients les effets qu'il vend, ou les sommes nécessaires pour payer ceux qu'il achète, est responsable de la livraison et du payement de ce qu'il a vendu et acheté : son cautionnement est affecté à cette garantie. (*Id.*, art. 12 et 13.)

Les agents de change doivent garder le secret le plus inviolable aux personnes qui les ont chargés de négociations, à moins que les parties ne consentent à être nommées, ou que la nature des opérations ne l'exige. (*Id.*, art. 19.)

Les agents de change et les courtiers de commerce ne peuvent exiger ni recevoir aucune somme au delà des droits qui leur sont attribués par le tarif arrêté par les tribunaux de commerce, sous peine de concussion. (*Id.*, art. 20.)

A Paris, les agents de change, étant sur le parquet, peuvent proposer à haute voix la vente ou l'achat d'effets publics et particuliers. Lorsque deux d'entre eux ont consommé une négociation, ils en donnent le cours à un crieur, qui l'annonce sur-le-champ au public. (*Id.*, art. 24.)

Les commerçants faillis ne peuvent se présenter à la Bourse, tant qu'ils n'ont pas été réhabilités. (Code de comm., art. 613.)

Voy., en outre, sur les Bourses de commerce, les agents de change et les courtiers, les art. 71 et suivants du Code de commerce, et sur la police de la Bourse de Paris, les ordonnances de police des 20 juillet 1801 et 12 janvier 1831 (au *Recueil officiel*).

Sûreté du Commerce. — Art. 26. Il procurera la sûreté du commerce en faisant faire des visites chez les fabricants et les marchands, pour vérifier les balances, poids et mesures, et faire saisir ceux qui ne seront pas exacts ou étalonnés;

En faisant inspecter les magasins, boutiques et ateliers des orfévres et bijoutiers, pour assurer la marque des matières d'or et d'argent, et l'exéution des lois sur la garantie.

Indépendamment de ses fonctions ordinaires sur les poids et mesures, le préfet de police fera exécuter les lois qui prescrivent l'emploi des nouveaux poids et mesures.

Taxes et mercuriales. — Art. 27. Il fera observer les taxes légalement faites et publiées.

Art. 28. Il fera tenir les registres des mercuriales et constater le cours des denrées de première nécessité:

Il est procédé à la taxe du pain, à Paris, tous les quinze jours, par le préfet de police, d'après le cours des farines fixé par les mercuriales. La taxe indique le prix du kilogramme de pain de première et de seconde qualité.

Ne sont point soumis à la taxe : 1° tout pain du poids d'un kilogramme ou d'un poids inférieur; — 2° tout pain de première qualité du poids de deux kilogrammes, dont la longueur excède 70 centimètres. Le prix du kilogramme de ces espèces de pains est réglé de gré à gré entre les boulangers et le public. (Ordonn. de police du 2 novembre 1840, art. 3.)

Les boulangers sont tenus de peser, en le livrant, le pain qu'ils vendent dans leur boutique, sans qu'il soit besoin d'aucune réquisition de la part des acheteurs. Quant au pain porté à domicile, l'exactitude du poids pour lequel il est vendu doit être vérifiée à la demande de l'acheteur. A cet effet, les boulangers doivent pourvoir de balances les porteurs de pain. (*Id.*, art. 4.)

A défaut de pain taxé, les boulangers doivent livrer au prix de la taxe les espèces de pain non taxées. (*Id.*, art. 6.)

Les contraventions aux règles qui précèdent peuvent être constatées par les commissaires de police et dénoncées par les particuliers à ces magistrats.

Libre circulation des subsistances. — Art. 29. Il assurera la libre circulation des subsistances, suivant les lois.

Patentes. — Art. 30. Il exigera la représentation des patentes des marchands forains.

Il pourra se faire représenter les patentes des marchands domiciliés.

Voyez la loi du 25 avril 1844 sur les patentes, à *l'appendice.*

Marchandises prohibées. — Art 31. Il fera saisir les marchandises prohibées par les lois.

Surveillance des places et lieux publics. —Art. 32. Il fera veiller spécialement les foires, marchés, halles, places publiques et les marchands forains, colporteurs, revendeurs, portefaix, commissionnaires;

La rivière les chemins de halage, les ports, chantiers, quais, berges, gares, estacades, les coches, galiotes, les établissements qui sont sur la rivière pour les blanchisseries, le laminage ou autres travaux, les magasins de charbon, les passages d'eau, bacs, batelets, les bains publics, les écoles de natation et les mariniers, ouvriers arrimeurs, chargeurs, déchargeurs, tireurs de bois, pêcheurs et blanchisseurs;

Les abreuvoirs, puisoirs, fontaines, pompes, et les porteurs d'eau ;

Les places où se tiennent les voitures publiques pour la ville et la campagne, et les cochers, postillons, charretiers, brouetteurs, porteurs de chaise, porte-falots ;

Les encans et maisons de prêt ou monts-de-piété, et les fripiers, brocanteurs, prêteurs sur gage ;

Le bureau des nourrices, les nourrices et les meneurs.

Une ordonnance de police fort étendue, à la date du 25 octobre 1840, règle la police de la navigation, des rivières, des canaux et des ports, dans le ressort de la préfecture de police. A la suite se trouve le cahier des charges du chef des ports de Paris.

Approvisionnements. — Art. 33. Il fera inspecter les marchés, ports et lieux d'arrivage des comestibles, boissons et denrées dans l'intérieur de la ville ;

Il continuera de faire inspecter, comme par le passé, les marchés où se vendent les bestiaux pour l'approvisionnement de Paris, à Sceaux, Poissy, Lachapelle et Saint-Denis ;

Il rendra compte au ministre de l'intérieur des connaissances qu'il aura recueillies, par ses inspections, sur l'état des approvisionnements de la ville de Paris.

Monuments et édifices publics. —Art. 34. Il fera veiller à ce que personne n'altère ou dégrade les monuments et édifices publics appartenant à la nation ou à la cité ;

Il indiquera au préfet du département et requerra les réparations, changements ou constructions qu'il croira nécessaires à la sûreté ou
salubrité des prisons et maisons de détention
qui seront sous sa surveillance;

Il requerra aussi, quand il y aura lieu, les réparations et l'entretien des corps de garde de la
force armée sédentaire; des corps de garde des
pompiers, des pompes, machines et ustensiles;
des halles et marchés; des voiries et égouts; des
fontaines, regards, aqueducs, conduits, pompes
à feu et autres; des murs de clôture; des carrières sous la ville et hors les murs; des ports,
quais, abreuvoirs, bords, francs-bords, puisoirs,
gares, estacades, et des établissements et machines placés près de la rivière pour porter secours
aux noyés; de la Bourse; des temples ou églises
destinés aux cultes.

2° *Des attributions du préfet de police, en matière
de police générale et de police municipale, dans le
département de la Seine, dans les communes de
Saint-Cloud, de Sèvres et de Meudon.*

L'autorité du préfet de police a été étendue de la
commune de Paris, à laquelle d'abord elle avait été
limitée par la loi organique du 28 pluviôse et l'arrêté du 12 messidor an VIII, au département de la
Seine tout entier, et aux communes de Saint-Cloud,
de Sèvres et de Meudon, appartenant au département
de Seine-et-Oise. Nous avons déjà fait connaître les
raisons qui ont dicté, selon toute apparence, l'arrêté
du 3 brumaire an IX, par lequel a été consacrée l'ex-
tension dont il s'agit : on a cherché à entourer d'une

surveillance active et de précautions spéciales le passage et la résidence des princes dans les localités situées aux abords de Paris, qu'ils fréquentent habituellement. Aussi, l'arrêté du 3 brumaire n'a-t-il soumis, en général, à la vigilance du préfet de police que les objets désignés par l'arrêté du 12 messidor qui avaient trait à la sûreté et à la salubrité publiques.

D'après l'arrêté du 3 brumaire, le préfet de police exerce son autorité dans toute l'étendue du département de la Seine et dans les communes de Saint-Cloud, de Sèvres et de Meudon, en ce qui touche les fonctions qui lui sont attribuées par l'arrêté du 12 messidor an VIII :

Art. V. Sur la mendicité et le vagabondage;

    VI, §§ 1, 2, 3. Sur la police des prisons;

    VII, VIII et IX. Sur les maisons publiques;

    X. Sur les attroupements;

    XI. Sur la librairie et l'imprimerie;

    XIII. Sur les poudres et salpêtres;

    XIX. Sur la recherche des militaires et marins déserteurs, prisonniers de guerre, mais par droit de suite, lorsqu'ils se seront réfugiés de Paris dans les autres communes du département;

    XXIII. Sur la salubrité;

    XXIV, § 4. Sur les débordements et débâcles;

    XXVI. Sur la sûreté du commerce;

    XXXII, §§ 1, 2, 3. Sur la surveillance des places, lieux publics;

    XXXIII. Sur les approvisionnements.

Ces objets, que nous avons examinés plus haut, sont les seuls que le préfet de police ait le droit de réglementer dans le département de la Seine, dans les communes de Saint-Cloud, de Sèvres et de Meudon. A cet effet, il a sous ses ordres, pour cette partie de ses fonctions seulement, les maires et adjoints des communes et les commissaires de police dans les lieux où il y en a d'établis; il correspond avec eux directement ou par l'intermédiaire des officiers publics placés sous ses ordres, et peut requérir immédiatement, ou par ses agents, l'assistance de la garde nationale de ces communes. (Arrêté du 3 brumaire, art. 2.)

A l'égard des objets qui ne sont pas spécifiés par l'arrêté du 3 brumaire, et dont, notamment, le décret du 16 août 1790 contient l'énumération en ce qui concerne la police municipale, les pouvoirs des autres magistrats, dans les différentes communes du département de la Seine et dans les communes de Saint-Cloud, de Sèvres et de Meudon, restent entiers. C'est aux maires, par conséquent, qu'il appartient de rendre des arrêtés sur tous les objets de police municipale déterminés par ce décret et non compris dans l'arrêté du 3 brumaire. En un mot, là où n'existe pas l'exception doit survivre le droit commun (1).

La seule chose qu'il y ait alors à examiner, c'est la portée qu'il convient d'attribuer aux différentes classifications de l'arrêté du 3 brumaire. Ainsi, on s'est demandé si, en donnant au préfet de police le droit d'exercer son action sur les *maisons publiques*, l'arrêté du 3 brumaire l'autorisait à surveiller les billards publics, les cafés, les estaminets, les guinguettes, et à les astreindre à des règlements de police dans le département de la Seine et dans les commu-

_____

(1) Pour les attributions des maires en matière de police municipale, voir le *Corps municipal*, p 441 à 476.

nes du département de Seine-et-Oise sur lesquelles s'étend son autorité; ou bien, si, aux termes mêmes de l'arrêté, il ne fallait pas restreindre la surveillance de ce magistrat aux hôtels garnis, aux maisons de jeu et de débauche. Appelée à trancher cette question d'interprétation, la cour suprême a décidé, par un arrêt du 23 avril 1835, que, dans les expressions *maisons publiques*, on pouvait comprendre les billards publics, cafés, estaminets et guinguettes; dès lors, que les ordonnances du préfet de police prises sur ces divers objets dans l'étendue du département de la Seine et dans les communes de Saint-Cloud, de Sèvres et de Meudon, notamment l'ordonnance du 16 novembre 1812, qui défendait d'ouvrir les établissements dont il s'agit sans autorisation, étaient rendues dans les limites de la compétence de ce magistrat.

Les prescriptions de l'ordonnance du 16 novembre 1812 ont été renouvelées par une ordonnance du 31 mai 1833, qui oblige toutes les personnes donnant des bals, concerts, danses, banquets et fêtes publiques, où l'on est admis indistinctement, soit à prix d'argent, soit par souscription, ainsi que les marchands de vin, cabaretiers, traiteurs, maîtres de danse, propriétaires de cafés, estaminets et guinguettes, dont les établissements sont situés dans la ville de Paris et dans les communes du ressort de la préfecture de police, à obtenir une autorisation avant d'ouvrir leurs établissements au public. D'après une ordonnance du 13 décembre 1843, il est également défendu de donner des bals publics de nuit, sans en avoir obtenu l'autorisation du préfet de police. Il doit être justifié de ces autorisations, à Paris, aux commissaires de police, et, dans toutes les autres communes, aux maires, aux adjoints et aux commissaires de police, chargés de surveiller

13

l'exécution de toutes les mesures prises par le préfet.

Nous devons dire, en terminant, que, par une disposition expresse, le préfet de police est seul appelé à recevoir les demandes d'autorisation, pour l'établissement des manufactures et ateliers incommodes ou insalubres, tant à Paris et dans le département de la Seine, que dans les communes de Saint-Cloud, de Sèvres et de Meudon.—Voyez p. 134.

CHAPITRE III.

DES MAIRES ET ADJOINTS.

Il y a un maire et deux adjoints pour chacun des douze arrondissements de Paris. Ils sont choisis par le roi, pour chaque arrondissement, sur une liste de douze candidats nommés par les électeurs de l'arrondissement. Ils sont nommés pour trois ans, et sont toujours révocables. (Loi du 20 avril 1834, art. 12.)

Les électeurs qui ont concouru, à Paris, à la nomination des membres du conseil général, sont donc convoqués, tous les trois ans, pour procéder, par un scrutin de liste, à la désignation de douze citoyens réunissant les conditions d'éligibilité que la loi a déterminées pour les membres du conseil général. Ces candidats sont indéfiniment rééligibles. — Pour que le scrutin soit valable, la majorité des votes exprimés est nécessaire au premier tour ; la majorité relative suffit au second tour de scrutin. (*Id.*, art. 13.)

Ne peuvent être ni maires ni adjoints :

1° Les membres des cours et tribunaux de première instance et des justices de paix; — 2° les ministres des cultes; — 3° Les militaires et employés des armées de terre et de mer en activité de service ou en disponibilité; — 4° les ingénieurs des ponts et chaussées et des mines en activité de service; — 5° les agents et employés des administrations financières et des forêts; — 6° les fonctionnaires et employés des colléges communaux et les instituteurs primaires; — 7° les commissaires et agents de police. (*Id.*, art. 21 et loi du 21 mars 1831, art. 6.)

En cas d'absence ou d'empêchement, le maire est remplacé par l'adjoint disponible le premier dans l'ordre des nominations. — En cas d'absence ou d'empêchement du maire et des adjoints, le maire est remplacé par le conseiller municipal le premier dans l'ordre du tableau, lequel est dressé suivant le nombre des suffrages obtenus. (*Id.*, *id.*, art. 5.)

Attributions des maires et adjoints.

Dans l'état actuel de la législation, les maires de Paris ont moins d'autorité que le représentant de la plus humble commune du royaume; ils n'ont qu'un vain titre, et, depuis bientôt un demi-siècle, ils demeurent étrangers aux intérêts de la grande cité qui, dans les temps les plus reculés, avait ses magistrats municipaux et n'avait qu'eux pour administrateurs. La loi du 20 avril 1834 a voulu, du moins, qu'ils reçussent en partie leur titre de l'élection. Une autre loi se prépare qui doit leur rendre quelques-uns des pouvoirs qui leur sont propres. En attendant cette loi, promise depuis longtemps, disons en quoi consistent, pour le moment, les attributions des maires de Paris.

Ces attributions, ainsi qu'on l'a vu page 42, s'appliquent principalement à la réception des actes de l'état civil. La matière est trop vaste pour qu'il nous soit permis d'en faire connaître ici les divers éléments. Nous l'avons traitée ailleurs dans tous ses détails (1).

Rappelons seulement que toute personne est autorisée à se faire délivrer des extraits des actes de l'état civil, en acquittant les droits attachés à cette délivrance. (Code civil, art. 45.)

Ces droits sont à Paris, de 2 fr. pour chaque extrait d'acte de naissance, de décès et de publication de mariage ; et de 2 fr. 75 centimes, pour les extraits d'actes de mariage, d'adoption et de divorce. (Décret du 12 juillet 1807 et loi du 28 avril 1816, art. 63.)

Certaines lois ont aussi conféré aux maires et adjoints de Paris quelques attributions spéciales. Déjà, nous avons signalé la mission qu'ils ont à remplir en matière de garde nationale, d'instruction primaire, d'élections, de secours publics.—Voyez p. 49 et suivantes.

Il ne nous reste à signaler ici pour compléter l'exposé de leurs pouvoirs, que quelques matières dans lesquelles un rôle, assez secondaire du reste, leur est encore attribué.

Contributions directes. — Les maires des dives arrondissements reçoivent les réclamations présentées par les contribuables. (Loi du 2 messidor an VII.)

Ces réclamations, écrites sur papier timbré, signées des réclamants et accompagnées tant de l'avertissement que des quittances des douzièmes échus, sont déposées à la mairie de l'arrondissement, où elles sont inscrites sur un registre ouvert à cet effet. Les réclamations ayant pour objet une cote moindre

---

(1) V. le *Corps municipal*, p. 37 et suiv.

de trente francs ne sont point assujetties au droit de timbre.

Les contributions directes peuvent donner lieu à quatre espèces différentes de réclamations, que l'on nomme 1° demandes en décharge ; 2° demandes en réduction ; 3 demandes en remise ; 4° demandes en modération.

Il y a lieu à la demande en décharge de la part de quiconque a été indûment porté sur le rôle, et à la demande en réduction lorsqu'une cote a été surtaxée.

Ces réclamations doivent être présentées, sur papier timbré, dans les trois mois de l'émission des rôles. (Lois des 26 mars 1831, art. 27, et 21 avril 1832, art. 28.)

Est considérée comme date de l'émission des rôles celle de l'arrêté par lequel le préfet rend exécutoires les rôles des contribuables. (Conseil d'Etat, arrêt du 15 juin 1844.) Cette date est la même pour chaque espèce de contribution dans tout le département, et ne doit pas être confondue avec celle de la publication des rôles, qui diffère dans chaque commune.

Il y a lieu à la demande en remise si le contribuable, justement taxé dans l'origine, vient à perdre la totalité des revenus, objets de la taxe, et à la demande en modération, lorsqu'il ne perd qu'une partie de ses revenus.

Ces deux espèces de réclamations se font par voie de pétition au préfet, quinze jours au plus tard après les pertes et accidents qui y donnent lieu. (Circulaire ministérielle, 22 décembre 1826.)

A la fin de l'année, le préfet prononce sur toutes les demandes de cette nature. Les demandes en remise ou modération non accueillies par le préfet peuvent être renouvelées devant le ministre des

13.

finances, mais elles ne peuvent être soumises au conseil d'État par la voie contentieuse. (Décision du conseil d'État, 23 février 1841.)

Les réclamations en décharge ou réduction et les demandes en remise ou modération concernant les patentes doivent être communiquées aux maires : elles sont d'ailleurs présentées, instruites et jugées dans les formes et délais prescrits pour les autres contributions directes. — Voy. *à l'appendice*, la loi du 25 avril 1844, sur les patentes.

Recrutement. — La loi du 21 mars 1832 ne dit pas d'une manière expresse que les maires de Paris doivent concourir aux opérations du recrutement ; mais la nature même des choses exige qu'ils remplissent à cet égard la mission qui est confiée aux magistrats municipaux dans les autres communes.

En conséquence, dans les premiers jours de janvier, les maires de Paris dressent un tableau de recensement des jeunes gens qui, à cette époque ou plutôt au 1er janvier, ont atteint leur vingtième année ; ils assistent à l'examen des tableaux et au conseil de révision ; reçoivent les engagements volontaires ; délivrent aux jeunes gens et aux soldats les certificats que ceux-ci sont tenus de produire devant les autorités supérieures, et donnent les ordres de départ, le tout, conformément à la loi du 21 mars 1832 et aux règlements sur la matière (1).

Domicile, naturalisation. — Les maires sont chargés de recevoir les déclarations de domicile. — Le domicile de tout Français, quant à l'exercice de ses droits civils, est au lieu de son principal établissement. — Le changement de domicile s'opère par le fait d'une habitation réelle dans un autre lieu, joint à l'intention d'y fixer son principal établissement.

---

(1) Voyez le *Corps municipal*, p. 340.

Or, la preuve de l'intention, aux termes de l'article 104 du Code civil, résulte d'une déclaration exprésse faite tant à la municipalité du lieu qu'on quitte qu'à celle du lieu où l'on a transféré son domicile. A cet effet, il est tenu, dans chaque mairie, un registre spécial sur lequel les maires doivent inscrire ces déclarations.

La naturalisation est l'acte par lequel un étranger devient membre de l'Etat auquel il veut appartenir.

Tout étranger, âgé de vingt et un ans accomplis, qui veut obtenir des lettres de naturalisation, doit déclarer, devant le maire de la commune où il réside, qu'il est dans l'intention de se fixer en France.

Le maire porte la déclaration sur son registre et en envoie au préfet un extrait auquel il joint tous les documents qui lui ont été fournis, ainsi que les pièces produites par l'étranger.

L'étranger qui a rendu des services importants à l'Etat, qui apporte dans son sein des inventions ou une industrie utile ou qui forme de grands établissements, peut être admis, après un an de domicile, à jouir du droit de Français. Ce droit lui est conféré par une ordonnance royale. Muni d'une expédition de cette ordonnance, l'impétrant doit se présenter devant la municipalité de son domicile pour y prêter le serment d'obéissance aux constitutions et de fidélité au roi. Il est tenu registre et dressé procès-verbal de cette prestation de serment. (Sénatus-consulte du 10 février 1808.)

Médecine et pharmacie. — Les maires doivent préparer et transmettre chaque année au préfet, la liste des personnes habitant l'arrondissement qui exercent l'art de guérir. (Loi du 21 germinal an XI.)

Ils doivent aussi parafer les registres des pharmaciens sur lesquels sont inscrits les noms, qualités et demeures des personnes qui achètent des substances vénéneuses. (*Id.*)

Fabriques. — Les maires de Paris font partie des conseils de fabrique et y figurent au même titre que les maires des autres communes.

Voyez, pour la composition et la convocation des conseils de fabrique, le décret du 30 décembre 1809 et l'ordonnance du 12 janvier 1825.

Concessions dans les cimetières. — Ils peuvent encore délivrer des concessions temporaires de terrains dans les cimetières. Ils exercent aussi une certaine surveillance sur le service de l'entreprise des inhumations.

Voyez, pour les concessions de terrains, l'ordonnance royale du 6 décembre 1843, et pour la police des cimetières de Paris, les instructions du préfet de la Seine des 4 et 6 septembre 1844.

Importations d'armes. — Ils visent les acquits-à-caution pour l'importation des armes fabriquées à l'étranger. (Loi du 22 août 1792.)

Certificats et légalisations. — Enfin, les maires de Paris délivrent des certificats dans les mêmes circonstances que les maires des autres communes. Ils doivent aussi légaliser la signature des habitants de l'arrondissement communal, lorsque ceux-ci sont obligés d'en faire usage dans un lieu où elle n'aurait pas par elle-même l'authenticité voulue.

CHAPITRE IV.

DU CONSEIL MUNICIPAL.

Le conseil municipal de la ville de Paris se compose de trente-six membres qui sont élus par les douze arrondissements de Paris pour faire partie du conseil général du département de la Seine. (Loi du 20 avril 1834, art. 14.)—Voyez p. 58 et 62.

Ainsi, ce sont les mêmes délégues qui s'occupent des affaires du département et des affaires de la cité. Toutefois, les intérêts départementaux et les intérêts propres à la commune sont débattus dans des assemblées spéciales. Lorsqu'il s'agit des intérêts de la première espèce, huit membres nouveaux sont appelés à représenter à l'assemblée les arrondissements de Sceaux et de Saint-Denis.—Voyez p. 58 et 162.

Bien que les maires et adjoints soient membres du corps municipal de la commune, ils ne font cependant pas partie du conseil municipal. Mais rien n'empêche que les uns et les autres soient choisis parmi les conseillers municipaux, et, si le cas venait à se présenter, les membres désignés comme tels pourraient continuer à siéger au conseil. — Le préfet de la Seine et le préfet de police peuvent assister aux séances du conseil municipal, mais seulement avec voix consultative. (*Id.*, art. 16.)

Le roi nomme, chaque année, parmi les membres du conseil municipal le président et le vice-président de ce conseil. — Le secrétaire est élu, chaque année, par les membres du conseil et parmi eux. (*Id.*, art. 15.)

Incompatibilités. — Les préfets, sous-préfets, secrétaires généraux et conseillers de préfecture, les ministres des divers cultes en exercice dans la commune, les comptables des revenus communaux et tout agent salarié par la commune, ne peuvent être membres des conseils municipaux. Nul ne peut être membre de deux conseils municipaux. (*Id.*, art. 21, et loi du 21 mars 1831, art. 18.)

Tout membre d'un conseil municipal dont les droits civiques ont été suspendus, ou qui en a perdu la jouissance, cesse d'en faire partie, et ne peut être réélu que lorsqu'il a recouvré les droits dont il a été privé. (*Id.*, *id.*, art. 19.)

Dans les communes de cinq cents âmes et au-dessus, et nécessairement à Paris, les parents au degré de père, de fils, de frère, et les alliés au même degré, ne peuvent être en même temps membres du conseil municipal. (*Id.*, art. 20.)

Convocation. — Le conseil municipal ne s'assemble que sur la convocation du préfet de la Seine. Il ne peut délibérer que sur les questions que lui soumet le préfet, et lorsque la majorité de ses membres assiste à la séance. (Loi du 20 avril 1834, art. 17.)

Il y a, chaque année, une session ordinaire, qui est spécialement consacrée à la présentation et à la discussion du budget. Cette session ne peut durer plus de six semaines. L'époque de la convocation doit être notifiée à chaque membre du conseil au moins un mois à l'avance. (*Id.*, art. 18.)

Les autres réunions ont lieu sur la simple convocation du préfet. Ces réunions sont pour ainsi dire permanentes. Le cours des affaires exige que le conseil municipal soit appelé toutes les semaines à délibérer sur les nombreux objets qui rentrent dans ses attributions.

Lorsqu'un membre du conseil municipal a manqué à une session ordinaire et à trois convocations extraordinaires consécutives, sans excuses légitimes ou empêchements admis par le conseil, il est déclaré démissionnaire par un arrêté du préfet, et il est procédé à une élection nouvelle. (*Id.*, art. 19.)

Les membres du conseil municipal prêtent serment la première fois qu'ils prennent séance, s'ils ne l'ont déjà prêté en qualité de membres du conseil général. (*Id.*, art. 20.)

Attributions du conseil. — Le conseil municipal est appelé à délibérer sur tous les actes, sur toutes les mesures qui touchent à l'administration communale proprement dite, soit directement, soit indirectement. Ses attributions, ainsi que nous l'avons déjà dit, ne sont pas définies par la législation actuelle ; espérons qu'une loi viendra bientôt les faire connaître et en déterminer l'étendue d'une manière positive.

Sans contredit, la tâche la plus laborieuse du conseil est en ce moment et sera toujours de régler le budget communal. A cet effet, une session de six semaines lui est accordée chaque année, ainsi que nous venons de le voir. Pour donner une idée de l'importance des sommes dont il doit arrêter l'allocation, nous allons transcrire le budget de la ville tel qu'il a été voté pour l'année 1847 :

CHAPITRE DES RECETTES.

1º **Centimes communaux**......................	1,061,100	»
5 c. sur principal contribution foncière 379,600		
5 c. sur principal — mobilière 173,500		
8 c. sur principal des patentes....... 506,000		
Remboursement des frais d'expertise. 2,000		
2º Octroi...................................	30,800,000	»
Droits d'octroi et décime additionnel. 30,722,000		
Produit des amendes, saisies, etc... 78,000		
3º Location de places dans les halles et marchés..	2,351,850	»
4º Poids publics et mesurage..................	260,300	»
5º Grande, et petite voirie....................	218,700	»
6º Produit des établissements hydrauliques......	1,070,000	»
7º Caisse de Poissy..........................	40,000	»
8º Abattoirs.................................	1,100,000	»
9º Entrepôts.................................	460,000	»
10º Locations d'emplacements sur la voie publique	685,151	»
11º Loyers des propriétés communales..........	169,265	27
12º Expéditions d'actes.......................	103,000	»
13º Taxe des inhumations.....................	401,400	»
14º Concessions de terrains dans les cimetières...	685,480	»
15º Exploitation des voiries...................	446,050	»
16º Garde municipale, subvention de l'Etat......	1,996,903	43
17º Recettes diverses annuelles................	1,416,493	30
18º Recettes extraordinaires, accidentelles.......	3,301,000	»
Total............	46,566,693	»

CHAPITRE DES DÉPENSES.

Dépenses fixes annuelles.

1° Dette municipale composée d'arrérages de rentes, d'intérêt d'emprunts et d'intérêt de dettes............ 4,589,304 fr. 68 c.

2° Etat civil............................ 44,000 »

3° Contribution foncière, y compris les polices d'assurançes, 600 fr.................... 85,600 »

4° Prélèvements, au profit du trésor, d'un dixième sur les produits nets de l'octroi, déduction faite de la partie de ces prélèvements, dont la ville doit être affranchie, en vertu de l'art. 12 de la loi du 3 juillet 1846, en ce qu'ils s'appliquent à des objets d'utilité générale et locale.......... 1,122.558 f. 31 c. } 3,950,558 31
Autres prélèvements... 2,828,000 » }

                        Total............. 8,668,462 99

Dépenses variables.

5° Préfecture, mairie centrale.............. 751,150 »
6° Mairies d'arrondissement................ 464,440 «
7° Frais d'exploitation ou de perception...... 3,024.898 »
8° Instruction primaire................... 1,070.850 »
9° Cultes......................... 84,325 44
10° Inhumations et cimetières............ 422,730 »
11° Garde nationale et service militaire...... 951,332 »
12° Grande voirie.................... 862.000 »
13° Travaux d'entretien.................. 2,708,782 »
14° Grosses réparations.................. 190,000 »
15° Frais de direction de travaux.......... 582,870 »
16° Dépenses diverses................... 207,100 »
17° Hospices et établissements de bienfaisance 5,439,297 93
18° Arriéré............................... » »

Préfecture de police.

19° Dépenses portées au budget de M. le préfet de police........................ 10,720,072 36

                        Total......... 27,279,087 73

Dépenses facultatives et annuelles ordinaires.

20° Bibliothèques, promenades et travaux d'art..............................	132,330	»
21° Colléges et établissements d'instruction publique.............................	116,870	»
22° Pensions et secours.....................	11,810	»
23° Fêtes publiques........................	277,500	»
Total.........	538,510	»

Dépenses extraordinaires.

24° Dépenses imprévues...................	1,957,836	82
25° Grands travaux neufs.................	8,121,795	46
Total..............	10,079,632	28

Récapitulation générale.

Dépenses fixes annuelles..................	8,669,462	99
Dépenses variables.......................	27,279,087	73
Dépenses facultatives et annuelles ordinaires.	538,510	»
Dépenses extraordinaires.................	10,079,632	28
Total général........	46,566,693	»

La clôture des exercices pour la ville et pour les établissements de bienfaisance de Paris est fixée au 31 mars de la seconde année. (Ordonn. du 17 janvier 1844.)

Irrégularité des délibérations. — Toute délibération d'un conseil municipal portant sur des objets étrangers à ses attributions est nulle de plein droit. Le préfet, en conseil de préfecture, déclare la nullité; le conseil peut appeler au roi de cette décision. (Loi du 20 avril 1834, art. 21, et loi du 21 mars 1831, art. 28.)

Sont pareillement nulles de plein droit toutes les délibérations d'un conseil municipal prises hors de sa réunion légale. Le préfet, en conseil de préfecture, déclare l'illégalité de l'assemblée et la nullité de ses actes. Si la dissolution du conseil est prononcée, et si dans le nombre de ses actes il s'en trouve qui soient punissables d'après les lois pénales en vigueur, ceux des membres du conseil qui y ont participé sciemment peuvent être poursuivis. (*Id., id.*, art. 29.)

Dissolution et suspension. — La dissolution des conseils municipaux peut être prononcée par le roi. L'ordonnance de dissolution fixe l'époque de la réélection. Il ne peut y avoir un délai de plus de trois mois entre la dissolution et la réélection. (*Id., id.*, art. 27.)

Si un conseil se mettait en correspondance avec un ou plusieurs autres conseils, ou publiait des proclamations ou adresses aux citoyens, il serait suspendu par le préfet, en attendant qu'il eût été statué par le roi, sans préjudice des poursuites qui pourraient être dirigées contre les membres du conseil qui auraient pris part à ces actes (1). (*Id., id.*, art. 30.)

Vacances. — En cas de vacance par option, décès, démission, perte de droits civils ou politiques, l'assemblée électorale qui doit pourvoir à la vacance est réunie dans le délai de deux mois. (Loi du 22 juin 1833, art. 11.)

---

(1) A l'égard des règles relatives à la poursuite des conseillers municipaux et aux demandes d'autorisation, voyez le *Corps municipal*, p. 493 et suiv.

DEUXIÈME PARTIE.

DU DÉPARTEMENT DE LA SEINE.

Observations générales.

Il y a, dans chaque département, un préfet, un conseil de préfecture et un conseil général de département.

Le préfet, placé à la tête du département, est seul chargé de l'administration.

Il a auprès de lui un conseil de préfecture dont il doit prendre l'avis, dans certains cas déterminés par la loi et aux lumières duquel il est toujours libre de recourir pour les besoins de l'administration. Le même conseil représente, au sein du département, un tribunal administratif du premier degré, auquel sont déférées toutes les contestations du ressort de l'administration.

Le conseil général est au préfet ce que le conseil municipal est au maire de chaque commune, c'est-à-dire qu'il constitue l'assemblée délibérante, que l'on retrouve à tous les degrés de l'administration, à laquelle ressortissent d'une manière spéciale l'appréciation et le règlement des intérêts du département et de toutes les mesures qui peuvent influer sur son état dans le présent ou dans l'avenir.

La police générale, qui est dans les attributions

des préfets des autres départements, est confiée, à Paris et dans le département de la Seine, au préfet de police. —Voyez p. 94 et suiv.

Enfin, il y a dans chaque arrondissement un sous-préfet et un conseil d'arrondissement dont le nombre des membres varie suivant l'importance des localités.

Avant d'exposer l'organisation et les attributions du conseil général du département de la Seine et des conseils d'arrondissement qui en dépendent, arrêtons-nous un moment au conseil de préfecture de ce département.

DU CONSEIL DE PRÉFECTURE DE LA SEINE.

Le conseil de préfecture de la Seine est composé de cinq membres. (Loi 28 pluviôse an VIII, art. 2.)

Les membres du conseil de préfecture sont à la nomination du roi et amovibles comme tous les administrateurs.

Lorsque le préfet assiste au conseil de préfecture, il le préside de droit ; en cas de partage, il a voix prépondérante. (*Id.*, art. 5).

Le conseil de préfecture prononce, comme tribunal administratif :

Sur les demandes des particuliers tendant à obtenir la décharge ou la réduction de leur cote de contributions directes ;

Sur les difficultés qui peuvent s'élever entre les entrepreneurs des travaux publics et l'administration, concernant le sens ou l'exécution des clauses de leurs marchés ;

Sur les contestations relatives aux torts et dommages que des particuliers prétendent avoir éprouvés dans leurs propriétés, par le fait des entrepreneurs de travaux publics ou de leurs ouvriers, et non par le fait de l'administration ;

Sur les demandes et contestations concernant les

indemnités dues aux particuliers, à raison des terrains pris ou fouillés pour la confection des chemins, canaux et autres ouvrages publics;

Sur les difficultés qui peuvent s'élever en matière de grande voirie ;

Sur les demandes qui sont présentées par les communes pour être autorisées à plaider,

Enfin, sur le contentieux des domaines nationaux.

Telles sont les attributions que la loi du 28 pluviôse an VIII confère au conseil de préfecture. Mais des lois spéciales sont venues étendre sa juridiction, qui embrasse, en outre,

Les oppositions à la formation des établissements insalubres ou incommodes; — Voyez p. 133 et suiv.

Les contestations en matière électorale, en tant qu'elles ne portent pas sur l'attribution des contributions, la jouissance des droits civiques ou civils, et sur le domicile réel ou politique; (Loi 21 mars 1831, art. 42.)

Les réclamations relatives aux listes du jury,

Et d'autres matières encore appartenant au domaine de l'administration,

La procédure a lieu devant le conseil de préfecture par simple mémoire ou pétition et sans frais. Les arrêtés rendus saisissent les particuliers sur une simple notification administrative et sans qu'il soit besoin du ministère d'huissiers.

L'appel des décisions du conseil de préfecture statuant comme tribunal administratif, est porté devant le conseil d'Etat. Mais, ce qui est bien différent, l'appel d'une décision du préfet en conseil de préfecture doit être formulé en recours au roi, qui rend une ordonnance contre-signée d'un ministre.

L'appel au conseil d'Etat se fait par ministère d'huissier à la personne du préfet, sur papier libre, et enregistré gratis. Il n'est pas nécessaire que le préfet vise l'original. Il convient de désigner dans le recours un avocat à la cour de cassation à qui on adresse ses pièces. On a trois mois pour se pourvoir, à compter de la notification des arrêtés du conseil de préfecture. (Avis du conseil d'État, 16 avril 1834.)

Il existe, à la préfecture, un secrétaire général qui a la garde des papiers et signe les expéditions. En l'absence du préfet, le secrétaire général peut en exercer les fonctions, en vertu d'une délégation approuvée par le ministre de l'intérieur. (Loi 28 pluv. an VIII, art. 7 et ordon. 29 mars 1821.)

Du conseil général de la Seine.

Tenue des assemblées électorales.

Les électeurs qui doivent procéder à l'élection des membres du conseil général de la Seine se réunissent, sur la convocation du préfet, en une seule assemblée dans les arrondissements électoraux où leur nombre n'excède pas six cents. — Dans les arrondissements où il y a plus de six cents électeurs, le collége est divisé en sections ; chaque section comprend trois cents électeurs au moins, et concourt directement à la nomination des conseillers que le collége doit élire. (Loi 20 avril 1834, art. 7, et loi 19 avril 1831, art. 41.)

Pour la présidence des assemblées, le vote et l'élection, voyez ce que nous avons déjà dit à ce sujet, p. 58 et suiv.

La liste des électeurs de l'arrondissement doit rester affichée dans la salle des séances pendant le cours des opérations. (*Id., id.,* art. 43.)

Nul ne peut être admis à voter, soit pour la formation du bureau définitif, soit pour l'élection des conseillers, s'il n'est inscrit sur la liste affichée dans la salle et remise au président. — Toutefois, le bureau est tenu d'admettre à voter ceux qui se présentent munis d'un arrêt de la cour royale déclarant qu'ils font partie du collége, et ceux qui justifient être en réclamation devant le conseil de préfecture ou en instance devant la cour royale, à la suite de leur radiation de la liste. (*Id.*, *id.*, art. 46.)

Avant de voter pour la première fois, chaque électeur prête le serment prescrit par la loi du 31 août 1830. (*Id.*, *id.*, art. 47.)

Chaque électeur, après avoir été appelé, reçoit du président un bulletin ouvert, sur lequel il écrit ou fait écrire secrètement son vote par un électeur de son choix, sur une table disposée à cet effet et séparée du bureau. — Puis il remet son bulletin écrit et fermé au président, qui le dépose dans la boîte destinée à cet usage. (*Id.*, *id.*, art. 48.)

La table placée devant le président et les scrutateurs est disposée de telle sorte, que les électeurs puissent circuler alentour pendant le dépouillement du scrutin. (*Id.*, *id.*, art. 49.)

A mesure que chaque électeur dépose son bulletin, un des scrutateurs ou le secrétaire constate ce vote en écrivant son propre nom en regard de celui du votant, sur une liste à ce destinée, et qui contient les noms et qualifications de tous les membres du collége ou de la section. — Chaque scrutin reste ouvert pendant six heures au moins, et est clos à trois heures du soir, et dépouillé séance tenante. (*Id. id.*, art. 50.)

Lorsque la boîte du scrutin a été ouverte et le nombre des bulletins vérifié, un des scrutateurs prend successivement chaque bulletin, le déplie, le remet au président, qui en fait lecture à haute voix et le passe à un autre scrutateur : le résultat de chaque scrutin est immédiatement rendu public. (*Id.*,*id.*, art. 51.)

Après le dépouillement, les bulletins sont brûlés en présence du collége. (*Id.*, *id.*, art. 52.)

Dans les colléges divisés en plusieurs sections, le dépouillement du scrutin se fait dans chaque section ; le résultat en est arrêté et signé par le bureau; il est immédiatement porté par le président de chaque section au bureau de la première section, qui fait, en présence de tous les présidents des sections, le recensement général de votes. (*Id.*, *id.*, art. 53.)

Dans tous les cas où il y a concours par égalité de suffrages, le plus âgé obtient la préférence. (*Id.*,*id.*, art. 56.)

Nul électeur ne peut se présenter armé dans un collége électoral. (*Id.*,*id.*, art. 58.)

Le bureau juge provisoirement les difficultés qui peuvent s'élever sur les opérations de l'assemblée. (*Id.* et loi 21 mars 1831, art. 50.)

Les procès-verbaux des assemblées des élections sont adressés directement au préfet, dans les arrondissements électoraux de Paris et par l'intermédiaire du sous-préfet, dans les arrondissements de Sceaux et de Saint-Denis. — Si le préfet estime que les formes et conditions légalement prescrites n'ont pas été remplies, il doit déférer le jugement de la nullité au conseil de préfecture, dans le délai de quinze jours, à dater de la réception du procès-verbal. Le conseil de préfecture prononce dans le délai d'un mois. (*Id.*, *id.*, art. 51.)

Le conseiller de département élu dans plusieurs cantons ou circonscriptions électorales est tenu de déclarer son option au préfet dans le mois qui suit les élections entre lesquelles il doit opter. A défaut d'option dans ce délai, le préfet, en conseil de pré-

fecture et en séance publique, décide par la voie
du sort à quel canton ou circonscription électorale
le conseiller appartient.

Il est procédé de la même manière lorsqu'un citoyen a été élu à la fois membre du conseil général
et membre d'un ou plusieurs conseils d'arrondissement. (Loi 20 avril 1834, art. 10, et 22 juin 1833,
art. 10.)

En cas de vacance par option, décès, démission,
perte des droits civils ou politiques, l'assemblée
électorale qui doit pourvoir à la vacance est réunie
dans le délai de deux mois. (*Id., id.*, art. 11.)

Session du Conseil général.

Le conseil général ne peut se réunir s'il n'a été
convoqué par le préfet en vertu d'une ordonnance
du roi, qui détermine l'époque et la durée de la session.—Au jour indiqué pour la réunion du conseil
général, le préfet donne lecture de l'ordonnance de
convocation, reçoit le serment des conseillers nouvellement élus, et déclare au nom du roi que la session est ouverte. — Les membres nouvellement élus
qui n'ont pas assisté à l'ouverture de la session ne
prennent séance qu'après avoir prêté serment entre
les mains du président du conseil général.—Le conseil, formé sous la présidence du doyen d'âge, le
plus jeune faisant les fonctions de secrétaire, nomme
au scrutin et à la majorité absolue des voix son président et son secrétaire.—Le préfet a entrée au conseil général ; il est entendu quand il le demande, et
assiste aux délibérations, excepté lorsqu'il s'agit de
l'apurement de ses comptes. (*Id., id.*, art. 12.)

Les séances du conseil général ne sont pas publiques; il ne peut délibérer que si la moitié plus
un des conseillers sont présents; les votes sont re-

cueillis au scrutin secret toutes les fois que *quatre* des conseillers présents le réclament.(*Id.*, *id.*, art. 13.)

Tout acte ou toute délibération d'un conseil général, relatifs à des objets qui ne sont pas légalement compris dans ses attributions, sont nuls et de nul effet. La nullité est prononcée par une ordonnance du roi. (*Id.*, *id.*, art. 14.)

Toute délibération prise hors de la réunion légale du conseil général est nulle de droit.

Le préfet, par un arrêté pris en conseil de préfecture, déclare la réunion illégale, prononce la nullité des actes, prend toutes les mesures nécessaires pour que l'assemblée se sépare immédiatement, et transmet son arrêté au procureur général du ressort, pour l'exécution des lois et l'application, s'il y a lieu, des peines déterminées par l'article 258 du Code pénal. En cas de condamnation, les membres condamnés sont exclus du conseil, et inéligibles aux conseils de département et d'arrondissement pendant les trois années qui suivent la condamnation. (*Id.*, *id.*, art. 15.)

Il est interdit à tout conseil général de se mettre en correspondance avec un ou plusieurs conseils d'arrondissement ou de département.—En cas d'infraction à cette disposition, le conseil général est suspendu par le préfet, en attendant que le roi ait statué. (*Id.*, *id.*, art. 16.)

Il est interdit à tout conseil général de faire ou de publier aucune proclamation ou adresse. — En cas d'infraction à cette disposition, le préfet déclare par arrêté que la session du conseil général est suspendue; il est statué définitivement par ordonnance royale. (*Id.*, *id.*, art. 17.)

Dans les cas prévus par les deux articles précédents, le préfet transmet son arrêté au procureur général du ressort pour l'exécution des lois, et l'application, s'il y a lieu, des peines déterminées par l'article 123 du Code pénal. (*Id.*, *id.*, art. 18.)

Tout éditeur, imprimeur, journaliste ou autre, qui rend publics les actes interdits au conseil général par les articles 15, 16 et 17, est passible des peines portées par l'article 123 du Code pénal. (*Id.*, *id.*, art. 19.)

Attributions du Conseil général.

Si l'organisation du conseil général de la Seine a été l'objet de règles particulières, ses attributions ne diffèrent en rien de celles des autres conseils généraux.

Ces attributions, disait le rapporteur de la loi du 10 mai 1838, se renferment toutes dans les limites du département; elles se rattachent aux intérêts de cette circonscription territoriale et tendent toutes au même but, mais elles sont de nature diverse.— Le conseil général prononce sur les questions qui lui sont soumises, tantôt comme délégué du pouvoir législatif, tantôt comme représentant légal du département, tantôt enfin comme simple conseil du gouvernement. L'étendue de ses pouvoirs se modifie selon le caractère de ces attributions variées.

Les attributions relatives à la répartition de l'impôt ont été conférées aux conseils généraux par une délégation du pouvoir législatif. Les chambres font elles-mêmes cette répartition entre les départements; le soin de l'effectuer entre les arrondissements a été remis aux conseils généraux.

La seconde classe des attributions des conseils généraux comprend celles qu'ils exercent, comme représentant le département, dans les intérêts de toute nature qui lui sont spéciaux; les pouvoirs qu'ils exercent à ce titre sont tantôt souverains, tantôt subordonnés ; dans le premier cas, ils votent ou règlent ; dans le second, ils délibèrent seulement.

Comme conseil, il donne son avis : 1° sur les changements qui peuvent affecter les circonscriptions départementales; 2° sur l'établissement des foires et marchés, qui peuvent exercer une si grande influence sur le mouvement agricole et commercial; enfin, sur tous les objets sur lesquels il est consulté, en exécution des lois et spontanément par l'administration.

Comme surveillant, il peut transmettre directement au ministère les réclamations que lui suggère l'intérêt spécial du département, et son opinion sur l'état et les besoins des différents services publics; enfin, il vérifie l'état des archives et des mobiliers appartenant au département.

Maintenant, voici de quelle manière sont réglées ces attributions par la loi du 10 mai 1838 :

Le conseil général du département répartit, chaque année, les contributions directes entre les arrondissements, conformément aux règles établies par les lois. — Avant d'effectuer cette répartition, il statue sur les demandes délibérées par les conseils d'arrondissement en réduction du contingent assigné à l'arrondissement. (Art. 1.)

Le conseil général prononce définitivement sur les demandes en réduction de contingent formées par les communes, et préalablement soumises au conseil d'arrondissement. (*Id.*, art. 2.)

Le conseil général vote les centimes additionnels dont la perception est autorisée par les lois. (*Id.*, art. 3.)

Le conseil général délibère,

1° Sur les contributions extraordinaires à établir et les emprunts à contracter dans l'intérêt du département ;

2° Sur les acquisitions, aliénations et échanges des propriétés départementales ;

3° Sur le changement de destination ou d'affectation des édifices départementaux ;

4° Sur le mode de gestion des propriétés départementales ;

5° Sur les actions à intenter ou à soutenir au nom du département, sauf les cas d'urgence prévus par l'article 36 ci-après ;

6° Sur les transactions qui concernent les droits du département ;

7° Sur l'acceptation des dons et legs faits au département;

8° Sur le classement et la direction des routes départementales.

9° Sur les projets, plans et devis de tous les autres travaux exécutés sur les fonds du département;

10° Sur les offres faites par des communes, par des associations ou des particuliers, pour concourir à la dépense des routes départementales ou d'autres travaux à la charge du département.

11° Sur la concession des associations, à des compagnies ou à des particuliers, de travaux d'intérêt départemental ;

12° Sur la part contributive à imposer au département dans la dépense des travaux exécutés par l'Etat, et qui intéressent le département;

13° Sur la part contributive du département aux dépenses des travaux qui intéressent à la fois le département et les communes;

14° Sur l'établissement et l'organisation des caisses de retraite ou autre mode de rémunération en faveur des employés des préfectures et des sous-préfectures;

15° Sur la part de la dépense des aliénés et des enfants trouvés et abandonnés qui sera mise à la

15

charge des communes, et sur les bases de la répartition à faire entre elles;

16º Sur tous les autres objets sur lesquels il est
appelé à délibérer par les lois et règlements. (*Id.*,
art. 4.)

Les délibérations du conseil général sont soumises à l'approbation du roi, du ministre compétent
ou du préfet, selon les cas déterminés par les lois ou
par les règlements d'administration publique. (*Id.*,
art. 5.)

Le conseil général donne son avis,

1º Sur les changements proposés à la circonscription du territoire du département, des arrondissements, des cantons et des communes, et à la désignation des chefs-lieux,

2º Sur les difficultés élevées relativement à la répartition de la dépense des travaux qui intéressent
plusieurs communes.

3º Sur l'établissement, la suppression ou le changement des foires et marchés.

4º Et généralement sur tous les objets sur lesquels
il est appelé à donner son avis en vertu des lois et
règlements, ou sur lesquels il est consulté par l'administration. (*Id.*, art. 6.)

Le conseil général peut adresser directement au
ministre chargé de l'administration départementale,
par l'intermédiaire de son président, les réclamations
qu'il aurait à présenter dans l'intérêt spécial du département, ainsi que son opinion sur l'état et les
besoins des différents services publics, en ce qui
touche le département. (*Id.*, art. 7.)

Le conseil général vérifie l'état des archives et
celui du mobilier appartenant au département. (*Id.*,
art. 8.)

Budget departemental. — Les dépenses à inscrire
au budget du département sont :

1° Les dépenses ordinaires pour lesquelles il est créé des ressources annuelles au budget de l'Etat;

2° Les dépenses facultatives d'utilité départementale;

3₀ Les dépenses extraordinaires autorisées par des lois spéciales;

4ᵉ Les dépenses mises à la charge des départements ou autorisées par des lois spéciales. (*Id.,* art. 9.)

Les recettes du département se composent :

1° Du produit des centimes additionnels aux contributions directes affectés par la loi de finances aux dépenses ordinaires des départements, et de la part allouée au département dans le fonds commun établi par la même loi;

2° Du produit des centimes additionnels facultatifs votés annuellement par le conseil général, dans les limites déterminées par la loi de finances;

3° Du produit des centimes additionnels extraordinaires imposés en vertu de lois spéciales;

4° Du produit des centimes additionnels affectés par les lois générales à diverses branches du service public;

5° Du revenu et du produit des propriétés du département non affectées à un service départemental;

6° Du revenu et du produit des autres propriétés du départtement, tant mobilières qu'immobilières;

7° Du produit des expéditions d'anciennes pièces ou d'actes de la préfecture déposés aux archives;

8° Du produit des droits de péage autorisés par le gouvernement au profit du département, ainsi que des autres droits et perceptions concédés au département par les lois. (*Id.,* art. 10.)

Le budget du département est présenté par le

préfet, délibéré par le conseil général, et réglé définitivement par ordonnance royale.

Il est divisé en sections.

La *première section* comprend les dépenses ordi-
daires suivantes :

1° Les grosses réparations et l'entretien des édifices et bâtiments départementaux ;

2° Les contributions dues par les propriétés du
département ;

3° Le loyer, s'il y a lieu, des hôtels de préfecture
et de sous-préfecture ;

4° L'ameublement et l'entretien du mobilier de
l'hôtel de préfecture, et des bureaux de sous-préfectures ;

5° Le casernement ordinaire de la gendarmerie ;

6° Les dépenses ordinaires des prisons départementales ;

7° Les frais de translation des détenus, des vagabonds et des forçats libérés ;

8° Les loyer, mobilier et menues dépenses des
cours et tribunaux, et les menues dépenses des justices
de paix ;

9° Le chauffage et l'éclairage des corps de garde
des établissements départementaux ;

10° Les travaux d'entretien des routes départementales et des ouvrages d'art qui en font partie ;

11° Les dépenses des enfants trouvés et abandonnés, ainsi que celles des aliénés, pour la part affé-
rente au département, conformément aux lois ;

12° Les frais de route accordés aux voyageurs
indigents ;

13° Les frais d'impression et de publication des
listes électorales et du jury ;

14° Les frais de tenue des colléges et des assemblées convoqués pour nommer les membres de la

chambre des députés, des conseils généraux et des conseils d'arrondissement ;

15° Les frais d'impression des budgets et des comptes des recettes et dépenses du département ;

16° La portion à la charge des départements dans les frais des tables décennales de l'état civil ;

17° Les frais relatifs aux mesures qui ont pour objet d'arrêter le cours des épidémies et des épizooties ;

18° Les primes fixées par les règlements d'administration publique pour la destruction des animaux nuisibles ;

19° Les dépenses de garde et conservation des archives du département. (*Id.*, art. 12.)

Il est pourvu à ces dépenses au moyen,

1° Des centimes affectés à cet emploi par la loi de finances ;

2° De la part allouée au département dans le fonds commun ;

3° Des produits éventuels énoncés aux n°s 6, 7 et 8 de l'article 10. (*Id.*, art. 13.)

Les dépenses ordinaires qui doivent être portées dans la première section, aux termes de l'article 12, peuvent y être inscrites, ou être augmentées d'office, jusqu'à concurrence du montant des recettes destinées à y pourvoir, par l'ordonnance royale qui règle le budget. (*Id.*, art. 14.)

Aucune dépense facultative ne peut être inscrite dans la première section du budget. (*id.*, art. 15.)

La *seconde section* comprend les dépenses facultatives d'utilité départementale.

Le conseil général peut aussi y porter les autres dépenses énoncées en l'article 12. (*id.*, art. 16.)

Il est pourvu aux dépenses portées dans la seconde section du budget, au moyen des centimes additionnels facultatifs et des produits énoncés au n° 5 de l'article 10.

Toutefois, après épuisement du maximum des centimes facultatifs, employés à des dépenses autres que les dépenses spéciales, et des ressources énoncées au paragraphe précédent, une portion du fonds commun dont la quotité est déterminée chaque année par la loi de finances peut être distribuée aux départements, à titre de secours, pour complément de la dépense des travaux de construction des édifices départementaux d'intérêt général et des ouvrages d'art dépendant des routes départementales.

La répartition du fonds commun est réglée annuellement par ordonnance royale insérée au *Bulletin des lois* (*id.*, art. 17.)

Aucune dépense ne peut être inscrite d'office dans cette seconde section, et les allocations qui y sont portées par le conseil général ne peuvent être ni changées ni modifiées par l'ordonnance royale qui règle le budget. (*id.*, art. 18.)

Des *sections particulières* comprennent les dépenses imputées sur des centimes spéciaux ou extraordinaires. Aucune dépense ne peut y être imputée que sur les centimes destinés par la loi à y pourvoir. (*id.*, art. 19.)

Les dettes départementales contractées pour des dépenses ordinaires sont portées à la première section du budget, et soumises à toutes les règles applicables à ces dépenses.

Les dettes contractées pour pourvoir à d'autres dépenses sont inscrites par le conseil général dans la seconde section, et dans le cas où il aurait omis ou refusé de faire cette inscription, il y est pourvu au moyen d'une contribution extraordinaire établie par une loi spéciale. (*Id.*, art. 20.)

Les fonds qui n'ont pu recevoir leur emploi dans

le cours de l'exercice sont reportés, après clôture, sur l'exercice en cours d'exécution, avec l'affectation qu'ils avaient au budget voté par le conseil général, et les fonds restés libres sont cumulés avec les ressources du budget nouveau, suivant la nature de leur origine. (*Id.*, art. 21.)

Comptabilité. — Le comptable chargé du recouvrement des ressources éventuelles est tenu de faire, sous sa responsabilité, toutes les diligences nécessaires pour la rentrée de ces produits. — Les rôles et états de produits sont rendus exécutoires par le préfet, et par lui remis au comptable. — Les oppositions, lorsque la matière est de la compétence des tribunaux ordinaires, sont jugées comme affaires sommaires. (*Id.*, art. 22.)

Le comptable chargé du service des dépenses départementales ne peut payer que sur des mandats délivrés par le préfet dans la limite des crédits ouverts par les budgets du département. (*Id.*, art. 23.)

Comptes d'administration. — Le conseil général entend et débat les comptes d'aministration qui lui sont présentés par le préfet, — 1° des recettes et dépenses, conformément aux budgets du département; — 2° du fonds de non-valeurs; — 3° du produit des centimes additionnels spécialement affectés par les lois générales, à diverses branches du service public. — Les observations du conseil général sur les comptes présentés à son examen sont adressées directement, par son président, au ministre chargé de l'administration départementale. — Ces comptes, provisoirement arrêtés par le conseil général, sont définitivement réglés par ordonnances royales. (*Id.*, art. 24.)

Les budgets et les comptes du département définitivement réglés sont rendus publics par la voie de l'impression. (*Id.*, art. 25.)

Publication des délibérations. — Le conseil général peut ordonner la publication de tout ou partie de ses délibérations ou procès-verbaux.

Les procès-verbaux, rédigés par le secrétaire et arrêtés au commencement de chaque séance, contiennent l'analyse de la discussion : les noms des membres qui ont pris part à cette discussion n'y sont pas insérés. (*Id.*, art. 26.)

Omissions. — Si le conseil général ne se réunissait pas, ou s'il se séparait sans avoir arrêté la répartition des contributions directes, les mandements des contingents assignés à chaque arrondissement seraient délivrés par le préfet, d'après les bases de la répartition précédente, sauf les modifications à porter dans le contingent en exécution des lois. (*Id.*, art. 27.)

Si le conseil ne se réunissait pas, ou s'il se séparait sans avoir arrêté le budget des dépenses ordinaires du département, le préfet, en conseil de préfecture, établirait d'office ce budget, qui serait réglé par une ordonnance royale. (*Id.*, art. 28.)

Acquisitions, aliénations, échanges. — Les délibérations du conseil général relatives à des acquisitions, aliénations et échanges de propriétés départementales, ainsi qu'aux changements de destination des édifices et bâtiments départementaux, doivent être approuvées par une ordonnance royale, le conseil d'Etat entendu.—Toutefois, l'autorisation du préfet, en conseil de préfecture, est suffisante pour les acquisitions, aliénations et échanges, lorsqu'il ne s'agit que d'une valeur n'excédant pas vingt mille francs. (*Id.*, art. 29.)

Propriétés départementales.—Les délibérations du conseil général relatives au mode de gestion des propriétés départementales sont soumises à l'approbation du ministre compétent. — En cas d'urgence, le préfet pourvoit provisoirement à la gestion. (*Id.*, art. 30.)

Legs, donations. — L'acceptation ou le refus des legs et donations faits au département ne peuvent être autorisés que par une ordonnance royale, le conseil d'Etat entendu. — Le préfet peut toujours, à titre conservatoire, accepter les legs et dons faits au département : l'ordonnance d'autorisation qui intervient ensuite a effet du jour de cette acceptation. (*Id.*, art. 31.)

Constructions. — Lorsque les dépenses de constructions, de reconstructions ou réparations des édifices départementaux sont évaluées à plus de cinquante mille francs, les projet et les devis doivent être préalablement soumis au ministre chargé de l'administration des communes. (*Id.*, art. 32.)

Contributions extraordinaires.—Les contributions extraordinaires que le conseil général vote pour subvenir aux dépenses du département ne peuvent être autorisées que par une loi. (*Id.*, art. 33.)

Emprunt. — Dans le cas où le conseil général vote un emprunt pour subvenir à des dépenses du département, cet emprunt ne peut être contracté qu'en vertu d'une loi. (*Id.*, art. 34.)

Travaux communs. — En cas de désaccord sur la répartition de la dépense de travaux intéressant à la fois le département et les communes, il est statué par ordonnance du roi, les conseils municipaux, les conseils d'arrondissement et le conseil général entendus. (*Id.*, art. 35.)

Actions judiciaires.—Les actions du département sont exercées par le préfet, en vertu des délibérations du conseil général et avec l'autorisation du roi en son conseil d'Etat.

Le département ne peut se pourvoir devant un autre degré de juridiction qu'en vertu d'une nouvelle autorisation.

Le préfet peut, en vertu des délibérations du conseil général, et sans autre autorisation, défendre à toute action.

En cas d'urgence, le préfet peut intenter toute action ou y défendre, sans délibération du conseil général, ni autorisation préalable.

Il fait tous actes conservatoires ou interruptifs de la déchéance.

En cas de litige entre l'État et le département, l'action est intentée ou soutenue au nom du département par le membre du conseil de préfecture le plus ancien en fonctions. (*Id.*, art. 36.)

Aucune action judiciaire, autre que les actions possessoires, ne peut, à peine de nullité, être intentée contre un département qu'autant que le demandeur a préalablement adressé au préfet un mémoire exposant l'objet et les motifs de sa réclamation. — Il lui en est donné récépissé. — L'action ne peut être portée devant les tribunaux que deux mois après la date du récépissé, sans préjudice des actes conservatoires. — Durant cet intervalle, le cours de la prescription demeure interrompu. (*Id.*, art. 37.)

Transactions.—Les transactions délibérées par le conseil général ne peuvent être autorisées que par ordonnance du roi, le conseil d'État entendu. (*Id.*, art. 38.)

CONSEILS D'ARRONDISSEMENT DE SCEAUX ET DE SAINT-DENIS.

Tenue des assemblées électorales.

On a vu, pages 61 et suivantes, quelles sont les conditions requises pour être électeur ou éligible dans les élections relatives aux conseils d'arrondissement de Sceaux et de Saint-Denis.

Il nous reste à signaler ici certaines incompatibilités et les règles applicables à la tenue des assemblées électorales.

Ne peuvent être membres des conseils d'arrondissement :

1° Les préfets, sous-préfets, secrétaires généraux et conseillers de préfecture ; — 2° les agents et comptables employés à la recette, à la perception ou au recouvrement des contributions, et au payement des dépenses publiques de toute nature ; — 3° les ingénieurs des ponts et chaussées et les architectes actuellement employés par l'administration dans le département ; — 4° Les agents forestiers en fonctions dans le département et les employés des bureaux des préfectures et sous-préfectures. (Loi 20 avril 1834, art. 10 et loi 22 juin 1833, art. 5 et 23.)

Les assemblées électorales sont convoquées par le préfet au chef-lieu de canton, et, lorsque l'assemblée comprend plus d'un canton, au chef-lieu d'un des cantons réunis.—Toutefois, le préfet peut désigner, pour la tenue de l'assemblée, le chef-lieu d'une commune plus centrale ou de communications plus faciles. (*Id., id.*, art. 34.)

Il n'y a qu'une seule assemblée lorsque le nombre des citoyens appelés à voter n'est pas supérieur à trois cents. Au delà de ce nombre, le préfet prend un arrêté pour diviser l'assemblée en sections; aucune section ne peut comprendre moins de cent ni plus de trois cents. (*Id., id.*, art 35.)

Si l'assemblée n'est pas fractionnée en sections, la présidence appartient au maire du chef-lieu de canton. — Dans le cas contraire, le maire préside la première section. Les adjoints, et, à défaut des adjoints, les membres du conseil municipal de cette commune, selon l'ordre du tableau, président les autres sections. — Le droit de suffrage est exercé par le président de l'assemblée et par les présidents de sections, même lorsqu'ils ne sont pas inscrits sur les listes. (*Id.*, art. 36.)

Le président a seul la police de l'assemblée ou de la section où il siége; les assemblées ne peuvent s'occuper d'aucun autre objet que des élections qui leur sont attribuées. Toutes discussions, toutes délibérations leur sont interdites. (*Id.*, *id.*, art. 37.)

Nul électeur ne peut se présenter armé dans l'assemblée. (*Id.*, art. 38.)

Le président appelle au bureau, pour remplir les fonctions de scrutateurs, les deux plus âgés et les deux plus jeunes des électeurs présents à la séance, sachant lire et écrire. Le bureau ainsi constitué désigne le secrétaire. (*Id.*, art. 39.)

Nul ne peut être admis à voter s'il n'est inscrit, soit sur la liste des électeurs et du jury, soit sur la liste supplémentaire, soit enfin sur la liste des plus imposés. — Ces listes sont affichées dans la salle, et déposées sur le bureau du président: toutefois, le bureau est tenu d'admettre à voter ceux qui se présentent munis d'un arrêt de cour royale déclarant qu'ils font partie d'une des listes susdites, et ceux qui sont en instance, soit devant le tribunal, soit devant le conseil de préfecture, au sujet d'une décision qui aurait ordonné que leurs noms seraient rayés de la liste. — Cette admission n'entraîne aucun retranchement sur la liste complémentaire des plus imposés. (*Id.*, *id.*, art 40.)

Avant de voter pour la première fois, chaque membre de l'assemblée prête le serment prescrit par la loi du 31 août 1830. (*Id.*, *id.*, art. 41.)

Chaque électeur, après avoir été appelé, reçoit du président un bulletin ouvert où il écrit ou fait écrire secrètement son vote, par un électeur de son choix, sur une table disposée à cet effet, et séparée du bureau; puis il remet son bulletin écrit et fermé au président, qui le dépose dans la boîte destinée à cet usage. (*Id.*, *id.*, art. 42.)

La table placée devant le président et les scrutateurs est disposée de telle sorte que les électeurs puissent circuler à l'entour pendant le dépouillement du scrutin. (*Id.*, *id.*, art. 43.)

Les votants sont successivement inscrits sur une liste qui est ensuite annexée au procès-verbal des opérations, après avoir été certifiée et signée par les membres du bureau. (*Id. Id.*, art. 44.)

La présence du *tiers* plus un des électeurs inscrits sur les listes, et la majorité absolue des votes exprimés sont nécessaires, au premier tour de scrutin, pour qu'il y ait élection. — Au deuxième tour de scrutin, la majorité relative suffit, quel que soit le nombre des électeurs présents. — En cas d'égalité du nombre de suffrages, l'élection est acquise au plus âgé. (*Id.*, *id.*, art. 45.)

Lorsque la boîte du scrutin a été ouverte et le nombre des bulletins vérifié, un des scrutateurs prend successivement chaque bulletin, le déplie, le remet au président, qui en fait lecture à haute voix et le passe à un autre scrutateur.

Immédiatement après le dépouillement, les bulletins sont brûlés en présence de l'assemblée.

Dans les assemblées divisées en plusieurs sections, le dépouillement du scrutin se fait dans chaque section; le résultat en est arrêté et signé par les membres du bureau; il est immédiatement porté par le président de chaque section au bureau de la première section, qui fait en présence des présidents de toutes les sections, le recensement général des votes (*Id.*,*id.*, art. 46.)

Les deux tours de scrutin prévus par l'article 45 ci-dessus peuvent avoir lieu le même jour; mais chaque scrutin doit rester ouvert pendant trois heures

16

au moins. — Trois membres au moins du bureau, y compris le secrétaire, doivent toujours être présents. (*Id., id.,* art. 47.)

Le bureau statue provisoirement sur les difficultés qui s'élèvent au sujet des opérations de l'assemblée. (*Id., id.,* art. 48.)

En aucun cas, les opérations de l'assemblée électorale ne peuvent durer plus de deux jours. (*Id., id.,* art. 49.)

Les procès-verbaux des opérations des assemblées remis par les présidents sont, par l'intermédiaire du sous-préfet, transmis au préfet, qui, s'il croit que les conditions et formalités légalement prescrites n'ont pas été observées, doit, dans le délai de quinze jours à dater de la réception du procès-verbal, déférer le jugement de la nullité au conseil de préfecture, lequel prononce dans le mois (*Id., id.,* art. 50.)

Tout membre de l'assemblée électorale a le droit d'arguer les opérations de nullité. Si sa réclamation n'a pas été consignée au procès-verbal, elle est déposée dans le délai de cinq jours, à partir du jour de l'élection, au secrétariat de la sous-préfecture, et jugée, sauf recours, par le conseil de préfecture, dans le délai d'un mois, à compter de sa réception à la préfecture. (*Id., id.,* art. 51.)

Si la réclamation est fondée sur l'incapacité légale d'un ou de plusieurs membres élus, la question est portée devant le tribunal de l'arrondissement, qui statue, sauf l'appel. L'acte d'appel doit, sous peine de nullité, être notifié dans les dix jours à la partie, quelle que soit la distance des lieux. La cause est jugée sommairement, et conformément au paragraphe 4 de l'article 33 de la loi du 19 avril 1831. (*Id., id.,* art. 52.)

Le recours au conseil d'Etat est exercé par la

voie contentieuse, jugé publiquement et sans frais. (*Id., id.*, art. 53.)

Le recours devant le conseil d'Etat est suspensif lorsqu'il est exercé par le conseiller élu.

L'appel des jugements des tribunaux n'est pas suspensif lorsqu'il est interjeté par le préfet. (*Id., id.*, art. 54.)

Session des conseils d'arrondissement.

Les conseils d'arrondissement ne peuvent se réunir s'ils n'ont été convoqués par le préfet, en vertu d'une ordonnance du roi, qui détermine l'époque et la durée de la session.

Au jour indiqué pour la réunion d'un conseil d'arrondissement, le sous-préfet donne lecture de l'ordonnance du roi, reçoit le serment des conseillers nouvellement élus, et déclare, au nom du roi, que la session est ouverte.

Les membres nouvellement élus, qui n'ont point assisté à l'ouverture de la session, ne prennent séance qu'après avoir prêté serment entre les mains du président du conseil d'arrondissement.

Le conseil, formé sous la présidence du doyen d'âge, le plus ancien faisant fonctions de secrétaire, nomme au scrutin, et à la majorité absolue des voix, son président et son secrétaire.

Le sous-préfet a entrée dans le conseil d'arrondissement; il est entendu quand il le demande, et assiste aux délibérations. (*Id., id.*, art. 27.)

Ce qui est dit p. 165 et suiv. des séances du conseil général, des délibérations et actes qui lui sont interdits, et de la publication de ces actes par les imprimeurs ou journalistes, s'applique, dans les mêmes cas, aux conseils d'arrondissement. (*Id., id.*, art. 28.)

Attributions des conseils d'arrondissement.

La session ordinaire du conseil d'arrondissement se divise en deux parties : la première précède et la seconde suit la session du conseil général. (Loi du 10 mai 1838, art. 39.)

Dans la *première partie de sa session*, le conseil d'arrondissement délibère sur les réclamations auxquelles donnerait lieu la fixation du contingent de l'arrondissement dans les contributions directes. Il délibère également sur les demandes en réduction de contributions formées par les communes. (*Id.*, art. 40.)

Le conseil d'arrondissement donne son avis :

1° Sur les changements proposés à la circonscription du territoire de l'arrondissement, des cantons et des communes ; et à la désignation de leurs chefs-lieux ;

2° Sur le classement et la direction des chemins vicinaux de grande communication ;

3° Sur l'établissement et la suppression, ou le changement des foires et des marchés ;

4° Sur les réclamations élevées au sujet de la part contributive des communes respectives dans les travaux intéressant à la fois plusieurs communes, ou les communes et le département ;

5° Et généralement sur tous les objets sur lesquels il est appelé à donner son avis en vertu des lois et règlements, ou sur lesquels il serait consulté par l'administration. (*Id.*, art. 41.)

Le conseil d'arrondissement peut donner son avis :

1° Sur les travaux de routes, de navigation et autres objets d'utilité publique qui intéressent l'arrondissement ;

2° Sur le classement et la direction des routes départementales qui intéressent l'arrondissement;

3° Sur les acquisitions, aliénations, échanges, constructions et reconstructions des édifices et bâtiments destinés à la sous-préfecture, au tribunal de première instance, à la maison d'arrêt ou à d'autres services publics spéciaux à l'arrondissement, ainsi que sur les changements de destination de ces édifices;

4° Et généralement sur tous les objets sur lesquels le conseil général est appelé à délibérer, en tant qu'ils intéressent l'arrondissement. (*Id.*, art. 42.)

Le préfet communique au conseil d'arrondissement le compte de l'emploi des fonds de non-valeurs, en ce qui concerne l'arrondissement. (*Id.*, art. 43.)

Le conseil d'arrondissement peut adresser directement au préfet, par l'intermédiaire de son président, son opinion sur l'état et les besoins des différents services publics, en ce qui touche l'arrondissement. (*Id.*, art. 4.)

Dans *la seconde partie de la session*, le conseil d'arrondissement répartit entre les communes les contributions directes. (*Id.*, art. 45.)

Le conseil d'arrondissement est tenu de se conformer, dans la répartition de l'impôt, aux décisions rendues par le conseil général sur les réclamations des communes.—Faute par le conseil d'arrondissement de s'y être conformé, le préfet, en conseil de préfecture, établit la répartition d'après lesdites décisions.—En ce cas, la somme dont la contribution de la commune déchargée se trouve réduite est répartie, au centime le franc, sur toutes les autres communes de l'arrondissement. (*Id.*, art. 46.)

Si le conseil d'arrondissement ne se réunissait pas, ou s'il se séparait sans avoir arrêté la répartition des contributions directes, les mandements des con-

16.

tingents assignés à chaque commune seraient délivrés par le préfet, d'après les bases de la répartition
précédente, sauf les modifications à apporter dans
le contingent en exécution des lois. (*Id.*, art. 47.)

APPENDICE.

LOI DU 25 AVRIL 1844, SUR LES PATENTES.

Art. 1er. Tout individu, français ou étranger, qui exerce en France un commerce, une industrie, une profession non compris dans les exceptions déterminées par la présente loi, est assujetti à la contribution des patentes.

Art. 2. La contribution des patentes se compose d'un droit fixe et d'un droit proportionnel.

Art. 3. Le droit fixe est réglé conformément aux tableaux A, B, C, annexés à la présente loi.

Il est établi :

Eu égard à la population et d'après un tarif général, pour les industries et professions énumérées dans le tableau A;

Eu égard à la population et d'après un tarif exceptionnel, pour les industries et professions portées dans le tableau B;

Sans égard à la population pour celles qui font l'objet du tableau C.

Art. 4. Les commerces, industries et professions non dénommés dans ces tableaux n'en sont pas moins assujettis à la patente. Le droit fixe auquel ils doivent être soumis est réglé, d'après l'analogie des opérations ou des objets de commerce, par un arrêté spécial du préfet rendu sur la proposition du directeur des contributions directes, et après avoir pris l'avis du maire.

Tous les cinq ans, des tableaux additionnels contenant la nomenclature des commerces, industries et professions classés par voie d'assimilation, depuis trois années au moins, seront soumis à la sanction législative.

Art. 5. Pour les professions dont le droit fixe varie en raison de la population du lieu où elles sont exercées, les tarifs seront appliqués d'après la population qui aura été déterminée par la dernière ordonnance de dénombrement.

Néanmoins, lorsque ce dénombrement fera passer une commune dans une catégorie supérieure à celle dont elle faisait précédemment partie, l'augmentation du droit fixe ne sera appliquée que pour moitié pendant les cinq premières années.

Art. 6. Dans les communes dont la population totale est de 5000 âmes et au-dessus, les patentables exerçant dans la banlieue des professions imposées eu égard à la population payeront le droit fixe d'après le tarif applicable à la population non agglomérée.

Les patentables exerçant lesdites professions dans la partie agglomérée payeront le droit fixe d'après le tarif applicable à la population totale.

Art. 7. Le patentable qui exerce plusieurs commerces, industries ou professions, même dans plusieurs communes différentes, ne peut être soumis qu'à un seul droit fixe.

Ce droit est toujours le plus élevé de ceux qu'il aurait à payer s'il était assujetti à autant de droits fixes qu'il exerce de professions.

Art. 8. Le droit proportionnel est fixé au vingtième de la valeur locative pour toutes les professions imposables, sauf les exceptions énumérées au tableau D annexé à la présente loi.

Art. 9. Le droit proportionnel est établi sur la valeur locative, tant de la maison d'habitation que des magasins, boutiques, usines, ateliers, hangars, remises, chantiers et autres locaux servant à l'exercice des professions imposables.

Il est dû, lors même que le logement et les locaux occupés sont concédés à titre gratuit.

La valeur locative est déterminée, soit au moyen de baux authentiques, soit par comparaison avec d'autres locaux dont le loyer aura été régulièrement constaté, ou sera notoirement connu, et, à défaut de ces bases, par voie d'appréciation.

Le droit proportionnel pour les usines et les établissements industriels est calculé sur la valeur locative de ces établissements, pris dans leur ensemble et munis de tous leurs moyens matériels de production.

Art. 10. Le droit proportionnel est payé dans toutes les communes où sont situés les magasins, boutiques, usines, ateliers, hangars, remises, chantiers et autres locaux servant à l'exercice des professions imposables.

Si, indépendamment de la maison où il fait sa résidence habituelle et principale, et qui, dans tous les cas, sauf l'exception ci-après, doit être soumise au droit proportionnel, le patentable possède, soit dans la même commune, soit dans des communes différentes, une ou plusieurs maisons d'habitation, il ne paye le droit proportionnel que pour celles de ces maisons qui servent à l'exercice de sa profession.

Si l'industrie pour laquelle il est assujetti à la patente ne constitue pas sa profession principale, et s'il ne l'exerce pas par lui-même, il ne paye le droit proportionnel que sur la maison d'habitation de l'agent préposé à l'exploitation.

Art. 11. Le patentable qui exerce dans un même local, ou dans des locaux non distincts, plusieurs industries ou professions passibles d'un droit proportionnel différent, paye ce droit d'après le taux applicable à la profession pour laquelle il est assujetti au droit fixe.

Dans le cas où les locaux sont distincts, il ne paye pour chaque local que le droit proportionnel attribué à l'industrie ou à la profession qui y est spécialement exercée.

Dans ce dernier cas, le droit proportionnel n'en demeure pas moins établi sur la maison d'habitation, d'après le taux applicable à la profession pour laquelle le patentable est imposé au droit fixe.

Art. 12. Dans les communes dont la population est inférieure à vingt mille âmes, mais qui, en vertu d'un nouveau dénombrement, passent dans la catégorie des communes de vingt mille âmes et au-dessus, les patentables des septième et huitième classes ne seront soumis au droit proportionnel que dans le cas où une seconde ordonnance de dénombrement aura maintenu lesdites communes dans la même catégorie.

Art. 13. Ne sont pas assujettis à la patente :

1° Les fonctionnaires et employés salariés, soit par l'État, soit par les administrations départementales ou communales, en ce qui concerne seulement l'exercice de leurs fonctions ;

2° Les notaires, les avoués, les avocats au conseil, les greffiers, les commissaires-priseurs, les huissiers ;

3° Les avocats ;

Les docteurs en médecine ou en chirurgie, les officiers de santé, les sages-femmes et les vétérinaires ;

Les peintres, sculpteurs, graveurs et dessinateurs considérés comme artistes, et ne vendant que le produit de leur art ;

Les architectes considérés comme artistes, ne se livrant pas, même accidentellement, à des entreprises de constructions ;

Les professeurs de belles-lettres, sciences et arts d'agrément ; les chefs d'institution, les maîtres de pension, les instituteurs primaires ;

Les éditeurs de feuilles périodiques ;

Les artistes dramatiques ;

4° Les laboureurs et cultivateurs, seulement pour la vente et la manipulation des récoltes et fruits provenant des terrains qui leur appartiennent ou par eux exploités, et pour le bétail qu'ils élèvent, qu'ils y entretiennent ou qu'ils y engraissent ;

Les concessionnaires de mines pour le seul fait de l'extraction et de la vente des matières par eux extraites ;

Les propriétaires ou fermiers des marais salants ;

Les propriétaires ou locataires louant accidentellement une partie de leur habitation personnelle ;

Les pêcheurs, même lorsque la barque qu'ils montent leur appartient ;

5° Les associés en commandite, les caisses d'épargne et de prévoyance administrées gratuitement, les assurances mutuelles régulièrement autorisées ;

6° Les capitaines de navire de commerce ne naviguant pas pour leur compte ;

Les cantiniers attachés à l'armée ;

Les écrivains publics ;

Les commis et toutes les personnes travaillant à gages, à façon et à la journée, dans les maisons, ateliers et boutiques des personnes de leur profession, ainsi que les ouvriers travaillant chez eux ou chez les particuliers, sans compagnons, apprentis, enseigne ni boutique. Ne sont point considérés comme compagnons ou apprentis, la femme travaillant avec son mari, ni les enfants non mariés travaillant avec leurs père et mère, ni le simple manœuvre dont le concours est indispensable à l'exercice de la profession ;

Les personnes qui vendent en ambulance dans les rues, dans les lieux de passage et dans les marchés, soit des fleurs, de l'amadou, des balais, des statues et figures en plâtre, soit des fruits, des légumes, des poissons, du beurre, des œufs, du fromage et autres menus comestibles ;

Les savetiers, les chiffonniers au crochet, les porteurs d'eau à la bretelle ou avec voiture à bras, les rémouleurs ambulants, les gardes-malades.

Art. 14. Tous ceux qui vendent en ambulance des objets non compris dans les exemptions déterminées par l'article précédent, et tous marchands sous échoppe ou en étalage sont passibles de la moitié des droits que payent les marchands qui vendent les mêmes objets en boutique. Toutefois, cette disposition n'est pas applicable aux bouchers, épiciers et autres marchands ayant un état permanent ou occupant des places fixes dans les halles et marchés.

Art. 15. Les mari et femme séparés de biens ne doivent qu'une patente, à moins qu'ils n'aient des établissements distincts, auquel cas chacun d'eux doit avoir sa patente et payer séparément les droits fixes et proportionnels.

Art. 16. Les patentes sont personnelles et ne peuvent servir qu'à ceux à qui elles sont délivrées. En conséquence, les associés en nom collectif sont tous assujettis à la patente.

Toutefois, l'associé principal paye seul le droit fixe en entier : les autres associés ne sont imposés qu'à la moitié de ce droit, même quand ils ne résident pas tous dans la même commune que l'associé principal.

Le droit proportionnel est établi sur la maison d'habitation de l'associé principal, et sur tous les locaux qui servent à la société pour l'exercice de son industrie.

La maison d'habitation de chacun des autres associés est affranchie du droit proportionnel, à moins qu'elle ne serve à l'exercice de l'industrie sociale.

Art. 17. Les sociétés ou compagnies anonymes ayant pour but une entreprise industrielle ou commerciale sont imposées à un seul droit fixe sous la désignation de l'objet de l'entreprise, sans préjudice du droit proportionnel.

La patente assignée à ces sociétés ou compagnies ne dispense aucun des sociétaires ou actionnaires du payement des droits de patente auxquels ils pourraient être personnellement assujettis pour l'exercice d'une industrie particulière.

Art. 18. Tout individu transportant des marchandises de

commune en commune, lors même qu'il vend pour le compte de marchands ou fabricants, est tenu d'avoir une patente personnelle, qui est, selon les cas, celle de colporteur avec balle, avec bêtes de somme ou avec voitures.

Art. 19. Les commis voyageurs des nations étrangères seront traités, relativement à la patente, sur le même pied que les commis voyageurs français chez ces mêmes nations.

Art. 20. Les contrôleurs des contributions directes procéderont annuellement au recensement des imposables et à la formation des matrices de patentes.

Le maire sera prévenu de l'époque de l'opération du recensement, et pourra assister le contrôleur dans cette opération, ou se faire représenter, à cet effet, par un délégué.

En cas de dissentiment entre les contrôleurs et les maires ou leurs délégués, les observations contradictoires de ces derniers seront consignées dans une colonne spéciale.

La matrice, dressée par le contrôleur, sera déposée, pendant dix jours, au secrétariat de la mairie, afin que les intéressés puissent en prendre connaissance, et remettre au maire leurs observations. A l'expiration d'un second délai de dix jours, le maire, après avoir consigné ses observations sur la matrice, l'adressera au sous-préfet.

Le sous-préfet portera également ses observations sur la matrice, et la transmettra au directeur des contributions directes, qui établira les taxes conformément à la loi, pour tous les articles non contestés. A l'égard des articles sur lesquels le maire ou le sous-préfet ne sera pas d'accord avec le contrôleur, le directeur soumettra les contestations au préfet avec son avis motivé Si le préfet ne croit pas devoir adopter les propositions du directeur, il en sera référé au ministre des finances.

Le préfet arrête les rôles et les rend exécutoires.

A Paris, l'examen de la matrice des patentes aura lieu, pour chaque arrondissement municipal, par le maire, assisté soit de l'un des membres de la commission des contributions, soit de l'un des agents attachés à cette commission, délégué à cet effet par le préfet.

Art. 21. Les patentés qui réclameront contre la fixation de leurs taxes seront admis à prouver la justice de leurs réclamations, par la représentation d'actes de société légalement publiés, de journaux et livres de commerce régulièrement tenus, et par tous autres documents.

Art. 22. Les réclamations en décharge ou réduction et les demandes en remise ou modération seront communiquées aux maires : elles seront d'ailleurs présentées, instruites et jugées dans les formes et délais prescrits pour les autres contributions directes.

Art. 23. La contribution des patentes est due pour l'année entière, par tous les individus exerçant au mois de janvier une profession imposable.

En cas de cession d'établissement, la patente sera, sur la demande du cédant, transférée à son successeur : la mutation de cote sera réglée par arrêté du préfet.

En cas de fermeture des magasins, boutiques et ateliers, par suite de décès ou de faillite déclarée, les droits ne seront dus que pour le passé et le mois courant. Sur la réclamation des parties intéressées, il sera accordé décharge du surplus de la taxe.

Ceux qui entreprennent, après le mois de janvier, une profession sujette à patente, ne doivent la contribution qu'à partir du 1er du mois dans lequel ils ont commencé d'exercer, à moins que, par sa nature, la profession ne puisse pas être exercée pendant toute l'année. Dans ce cas, la contribution sera due pour l'année entière, quelle que soit l'époque à laquelle la profession aura été entreprise.

Les patentés qui, dans le cours de l'année, entreprennent une profession d'une classe supérieure à celle qu'ils exerçaient d'abord, ou qui transportent leur établissement dans une commune d'une plus forte population sont tenus de payer au prorata un supplément de droit fixe.

Il est également dû un supplément de droit proportionnel par les patentables qui prennent des maisons ou locaux d'une valeur locative supérieure à celle des maisons ou locaux pour lesquels ils ont été primitivement imposés, et par ceux qui entreprennent une profession passible d'un droit proportionnel plus élevé.

Les suppléments seront dus à compter du 1er du mois dans lequel les changements prévus par les deux derniers paragraphes auront été opérés.

Art. 24. La contribution des patentes est payable par douzième, et le recouvrement en est poursuivi comme celui des contributions directes : néanmoins les marchands forains, les colporteurs, les directeurs de troupes ambulantes, les entrepreneurs d'amusements et jeux publics non sédentaires, et tous autres patentables dont la profession n'est pas exercée à demeure fixe, sont tenus d'acquitter le montant total de leur cote, au moment où la patente leur est délivrée.

Dans le cas où le rôle n'est émis que postérieurement au 1er mars, les douzièmes échus ne sont pas immédiatement exigibles : le recouvrement en est fait par portions égales, en même temps que celui des douzièmes non échus.

Art. 25. En cas de déménagement hors du ressort de la perception, comme en cas de vente volontaire ou forcée, la contribution des patentes sera immédiatement exigible en totalité.

Les propriétaires, et, à leur place, les principaux locataires, qui n'auront pas, un mois avant le terme fixé par le bail ou par les conventions verbales, donné avis au percepteur du déménagement de leurs locataires, seront responsables des sommes dues par ceux-ci pour la contribution des patentes.

Dans le cas de déménagement furtif, les propriétaires, et, à leur place, les principaux locataires, deviendront responsables de la contribution de leurs locataires, s'ils n'ont pas, dans les trois jours, donné avis du déménagement au percepteur.

La part de la contribution laissée à la charge des propriétaires ou principaux locataires par les paragraphes précédents, comprendra seulement le dernier douzième échu et le douzième courant, dus par le patentable.

Art. 26. Les formules de patentes sont expédiées par le directeur des contributions directes sur des feuilles timbrées de un franc vingt-cinq centimes. Le prix du timbre est acquitté en même temps que le premier douzième des droits de patente.

Les formules de patentes sont visées par le maire et revêtues du sceau de la commune.

Art. 27. Tout patentable est tenu d'exhiber sa patente lorsqu'il en est requis par les maires, adjoints, juges de paix, et tous autres officiers ou agents de police judiciaire.

Art. 28. Les marchandises mises en vente par les individus non munis de patentes, et vendant hors de leur domicile, seront saisies ou séquestrées aux frais du vendeur, à moins qu'il ne donne caution suffisante jusqu'à la représentation de la patente ou la production de la preuve que la patente a été délivrée. Si l'individu non muni de patente exerce au lieu de son domicile, il sera dressé un procès-verbal qui sera transmis immédiatement aux agents des contributions directes.

Art. 29. Nul ne pourra former de demande, fournir aucune exception ou défense en justice, ni faire aucun acte ou signification extrajudiciaire pour tout ce qui sera relatif à son commerce, sa profession ou son industrie, sans qu'il soit fait mention, en tête des actes, de sa patente, avec désignation de la date, du numéro et de la commune où elle aura été délivrée, à peine d'une amende de vingt-cinq francs, tant contre les particuliers sujets à la patente que contre les officiers ministériels qui auraient fait et reçu lesdits actes sans mention de la patente. La condamnation à cette amende sera poursuivie, à la requête du procureur du roi, devant le tribunal civil de l'arrondissement.

Le rapport de la patente ne pourra suppléer au défaut de l'énonciation, ni dispenser de l'amende prononcée.

Art. 30. Les agents des contributions directes peuvent, sur la demande qui leur en est faite, délivrer des patentes avant l'émission du rôle, après toutefois que les requérants ont acquitté entre les mains du percepteur les douzièmes échus, s'il s'agit d'individus domiciliés dans le ressort de la perception, ou la totalité des droits, s'il s'agit de patentables désignés en l'article 24 ci-dessus, ou d'individus étrangers au ressort de la perception.

Art. 31. Le patenté qui aura égaré sa patente ou qui sera dans le cas d'en justifier hors de son domicile pourra se faire délivrer un certificat par le directeur ou par le contrôleur des contributions directes. Ce certificat fera mention des motifs qui obligent le patenté à le réclamer, et devra être sur papier timbré.

Art. 32. Il est ajouté au principal de la contribution des patentes cinq centimes par franc, dont le produit est destiné à couvrir les décharges, réductions, remises et modérations, ainsi que les frais d'impression et d'expédition des formules de patentes.

En cas d'insuffisance des cinq centimes, le montant du déficit est prélevé sur le principal des rôles.

Il est, en outre, prélevé sur le principal huit centimes, dont le produit est versé dans la caisse municipale.

Art. 33. Les contributions spéciales destinées à subvenir aux dépenses des bourses et chambres de commerce, et dont la perception est autorisée par l'article 11 de la loi du 23 juillet 1820, seront réparties sur les patentables des trois premières classes du tableau A annexé à la présente loi, et sur ceux désignés dans les tableaux B et C, comme passibles d'un droit fixe égal ou supérieur à celui desdites classes.

Les associés des établissements compris dans les classes et tableaux susdésignés contribueront aux frais des bourses et chambres de commerce.

Art. 34. La contribution des patentes sera établie conformément à la présente loi, à partir du 1er janvier 1845.

Art. 35. Toutes les dispositions contraires à la présente loi seront et demeureront abrogées, à partir de la même époque, sans préjudice des lois et des règlements de police qui sont ou pourront être faits.

TABLEAU A.

TARIF GÉNÉRAL des professions imposées, eu égard à la population.

CLASSES.	DE 100,000 AMES et au-dessus.	DE 50,000 A 100,000.	DE 30,000 A 50,000.	DE 20,000 A 30,000.	DE 10,000 A 20,000.	DE 5,000 A 10,000.	DE 2,000 A 5,000.	DE 2,000 AMES et au-dessous.
1re.............	300^f	240^f	180^f	120^f	80^f	60^f	45^f	35^f
2e.............	150	120	90	60	45	40	30	25
3^e.............	100	80	60	40	30	25	22	18
4e.............	75	60	45	30	25	20	18	12
5e.............	50	40	30	20	15	12	9	7
6e.............	40	32	24	16	10	8	6	4
7e.............	20	16	12	8	*8	*5	*4	*3
8e.............	12	10	8	6	*5	*4	*3	*2

Le signe * veut dire : Exemption du droit proportionnel.

Sont réputés :

Marchands en gros, ceux qui vendent habituellement aux marchands en demi-gros et aux marchands en détail;

Marchands en demi-gros, ceux qui vendent habituellement aux détaillants et aux consommateurs ;

Marchands en détail, ceux qui ne vendent habituellement qu'aux consommateurs.

PREMIÈRE CLASSE.

Aiguilles à coudre et à tricoter (marchand d') en gros.

Bas et bonneterie (marchand de) en gros.

Beurre frais ou salé (marchand de) en gros.

Blondes (marchand de) en gros.

Bois à brûler (marchand de). — Celui qui, ayant chantier ou magasin, vend au stère, ou par quantité équivalente ou supérieure.

Bois de marine ou de construction (marchand de).

Bois merrain (marchand de) en gros. — S'il vend par bateau ou charrette.

Bois de sciage (marchand de) en gros.

Bronzes, dorures et argentures sur métaux (marchand de) en gros.

Cachemires de l'Inde (marchand de).

Caisse d'escompte (tenant).

Caisse ou comptoir d'avances ou de prêts (tenant).

Caisse ou comptoir de recettes et de payements (tenant).

Châles (marchand de) en gros.

Changeur de monnaies.

Chapeaux de paille (marchand de) en gros.

Chapellerie (marchand de matières premières pour la).

Charbon de bois (marchand de) en gros.

Chiffonnier en gros.

Cloutier (marchand) en gros.

Coton et laine (marchand de) en gros.

Coton filé (marchand de) en gros.

Crin frisé (marchand de) en gros.

Cristaux (marchand de) en gros.

Cuirs en vert, étrangers (marchand de) en gros.

Cuirs tannés, corroyés, lissés, vernissés (marchand de) **en gros.**

Denrées coloniales (marchand de) en gros.

Dentelles (marchand de) en gros.

Diamants et pierres fines (marchand de).

17.

Droguiste (marchand) en gros.

Eau-de-vie (marchand d') en gros.

Epicerie (marchand d') en gros.

Escompteur.

Fanons ou barbes de baleine (marchand de) en gros.

Fer en barres (marchand de) en gros. — Celui qui vend habituellement par parties d'au moins 500 kilogrammes.

Fleurets et filoselle (marchand de) en gros.

Fromages secs (marchand de) en gros.

Fruits secs (marchand de) en gros.

Graines fourragères, oléagineuses et autres (marchand de) en gros.

Horlogerie (marchand en gros de pièces d').

Huiles (marchand d') en gros.

Inhumations et pompes funèbres (entreprise des) dans les villes autres que Paris.

Laine brute ou lavée (marchand de) en gros.

Laine filée ou peignée (marchand de) en gros.

Liége brut (marchand de) en gros.

Lin ou chanvre brut ou filé (marchand de) en gros.

Liqueurs (marchand de) en gros.

Merceries (marchand de) en gros.

Métaux (marchand de) en gros, autres que l'or, l'argent, le fer en barres et la fonte.

Miel et cire brute (marchand expéditeur de).

Mine de plomb (marchand de) en gros.

Octroi (adjudicataire des droits d').

Œufs (marchand expéditeur d')

Os pour la fabrication du noir animal (marchand d') en gros.

Papetier (marchand) en gros.

Parfumeur (marchand) en gros.

Pastel (marchand de) en gros.

Peaussier (marchand) en gros.

Pelleteries et fourrures (marchand de) en gros. — S'il tire habituellement des pelleteries de l'étranger, ou s'il en envoie.

Pendules et bronzes (marchand de) en gros.

Pierres fines (marchand de).

Planches (marchand de) en gros.

Plume et duvet (marchand de) en gros.

Poisson salé, mariné, sec et fumé (marchand de) en gros.

Porcelaine (marchand de) en gros.
Quincailleries (marchand de) en gros.
Résines et autres matières analogues (marchand de) en gros.
Rogues ou œufs de morue (marchand de) en gros.
Rubans pour modes (marchand de) en gros.
Safran (marchand de) en gros.
Sangsues (marchand de) en gros.
Sel (marchand de) en gros.
Soie (marchand de) en gros.
Soies de porc ou de sanglier (marchand de) en gros.
Sucre brut et raffiné (marchand de) en gros.
Suif fondu (marchand de) en gros.
Tabac (marchand de) dans le département de la Corse, en gros.
Tabac en feuilles (marchand de).
Teinture (marchand en gros de matières premières pour la).
Thé (marchand de) en gros.
Tissus de laine, de fil, de coton ou de soie (marchand de) en
    gros.
Ventes à l'encan (directeur d'un établissement de).
Verres blancs et cristaux (marchand de) en gros.
Vinaigre (marchand de) en gros.
Vins (marchand de) en gros.—Vendant habituellement des vins
    par pièce ou paniers de vins fins, soit aux marchands en détail
    et aux cabaretiers, soit aux consommateurs.

DEUXIÈME CLASSE.

Abattoir public (concessionnaire ou fermier d').
Aiguilles à coudre et à tricoter (marchand d') en demi-gros.
Bas et bonneterie (marchand de) en demi-gros.
Bijoutier (marchand fabricant) ayant atelier et magasin.
Blondes (marchand de) en demi-gros.
Bois à brûler (marchand de). — Celui qui, n'ayant ni chantier
    ni magasin, vend sur bateau ou sur les ports, au stère ou par
    quantité équivalente ou supérieure.
Bois de teinture (marchand de) en demi-gros.
Carrossier (fabricant).
Chapeaux de paille (marchand de) en demi-gros.
Charbon de terre épuré ou non (marchand de) en gros.
Cloutier (marchand de) en demi-gros.

Condition pour les soies (entrepreneur ou fermier d'une).

Crin frisé (marchand de) en demi-gros.

Cristaux (marchand de) en demi-gros.

Dentelles (marchand de) en demi-gros.

Diorama, Panorama, Néorama, Géorama (directeur de).

Droguiste (marchand) en demi-gros.

Eau-de-vie (marchand d') en demi-gros.

Entrepôt (concessionnaire, exploitant ou fermier des droits d'emmagasinage dans un).

Entreprise générale du balayage, de l'arrosage ou de l'enlèvement des boues.

Épiceries (marchand d') en demi-gros.

Fanons ou barbes de baleine (marchand de) en demi-gros.

Fleurets et filoselle (marchand de) en demi-gros.

Huiles (marchand d') en demi-gros.

Joaillier (fabricant et marchand) ayant atelier et magasin.

Laine filée ou peignée (marchand de) en demi-gros.

Lin ou chanvre brut ou filé (marchand de) en demi-gros.

Merceries (marchand de) en demi-gros.

Métaux (marchand en demi-gros de) autres que l'or, l'argent, le fer en barres, la fonte.

Nouveautés (marchand de).

Omnibus et autres voitures semblables (entreprise d').

Or et argent (marchand d').

Orfévre (marchand fabricant) avec atelier et magasin.

Quincaillier en demi-gros.

Rubans pour modes (marchand de) en demi-gros.

Sel (marchand de) en demi-gros.

Serrurerie (marchand expéditeur d'objets de).

Soie (marchand de) en demi-gros.

Soies de porc ou de sanglier (marchand de) en demi-gros.

Sucre brut et raffiné (marchand de) en demi-gros.

Suif fondu (marchand de) en demi-gros.

Thé (marchand de) en demi-gros.

Tissus de laine, de fil, de coton ou de soie (marchand de) en demi-gros.

Verres blancs et cristaux (marchand de) en demi-gros.

Verroterie et gobeletterie (marchand de) en demi-gros.

TROISIÈME CLASSE.

Affineur d'or, d'argent ou de platine.

Agréeur.

Ardoises (marchand d') en gros. — Celui qui expédie par bateaux ou voitures.

Bâtiments (entrepreneur de).

Bazar de voitures (tenant).

Bijoutier (marchand) n'ayant point d'atelier.

Bimbelotier (marchand) en gros.

Bœufs (marchand de).

Bois de sciage (marchand de). — Si, ayant chantier ou magasin, il ne vend qu'aux menuisiers, ébénistes, charpentiers et aux particuliers.

Bois d'ébénisterie (marchand de).

Bois en grume ou de charronnage (marchand de).

Bouchons (marchand de) en gros.

Broderies (fabricant et marchand de) en gros.

Caractères d'imprimerie (fondeur de).

Carton ou carton-pierre (marchand fabricant d'ornements en pâte de).

Châles (marchand de) en détail.

Chocolat (marchand de) en gros.

Cidre (marchand de) en gros.

Comestibles (marchand de).

Confiseur.

Conserves alimentaires (marchand de).

Coraux (préparateur de).

Coraux bruts (marchand de).

Cuirs en vert du pays (marchand de) en gros.

Déménagements (entrepreneur de), s'il a plusieurs voitures.

Distillateur-liquoriste.

Droguiste (marchand) en détail.

Eau filtrée ou clarifiée et dépurée (entrepreneur d'un établissement d'),

Encre à écrire (fabricant marchand en gros d').

Eponges (marchand d') en gros.

Equipements militaires (marchand d'objets d').

Essayeur pour le commerce.

Fer en meubles (marchand de).
Fondeur d'or et d'argent.
Fruits secs (marchand de) en demi-gros,
Gantier (marchand fabricant).
Glacier, limonadier.
Halles, marchés et emplacements sur les places publiques (fermier ou adjudicataire des droits de).
Harpes (facteur et marchand de) ayant boutique ou magasin.
Horloger.
Hôtel garni (maître d'), tenant un restaurant à la carte.
Houblon (marchand de) en gros.
Hydromel (fabricant et marchand d').
Imprimeur-libraire.
Imprimeur-typographe.
Jambons (marchand expéditeur de).
Joaillier (marchand), n'ayant point d'atelier.
Lattes (marchand de) en gros.
Libraire-éditeur.
Linger (fournisseur).
Liqueurs (fabricant de).
Marbre (marchand de) en gros.
Modes (marchand de).
Nacre brute (marchand de).
Navire (constructeur de).
Orfévre (marchand), sans atelier.
Pâtissier expéditeur.
Pavage des villes (entrepreneur de).
Pendules et bronzes (marchand de) en détail.
Pharmacien.
Pianos et clavecins (facteurs et marchands en boutique ou magasin de).
Plaqué ou doublé d'or et d'argent (fabricant et marchand d'objets en).
Plume et duvet (marchand de) en détail.
Plumes à écrire (marchand expéditeur de).
Poisson salé, mariné, sec et fumé (marchand de) en demi-gros.
Restaurateur à la carte.
Saleur de viandes.
Sarraux ou blouses (marchand de) en gros.
Sellier-carrossier.

Soie (marchand de) en détail.

Soudes végétales indigènes (marchand de) en gros.

Tabletterie (marchand de matières premières pour la).

Tailleur (marchand) avec magasin d'étoffes.

Tapis de laine et tapisseries (marchand de).

Tissus de laine, de fil, de coton ou de soie (marchand en détail de).

Tournerie de Saint-Claude (marchand expéditeur d'articles de).

Tourteaux (marchand de).

Voilier (pour son compte).

QUATRIÈME CLASSE.

Agence ou bureau d'affaires (directeur d').

Aiguilles à coudre et à tricoter (marchand d') en détail.

Alambics et autres grands vaisseaux en cuivre (fabricant ou marchand d').

Anchois (saleur d').

Apparaux (maître d').

Appréciateur au Mont-de-Piété.

Aubergiste.

Bacs (fermiers de) pour un fermage de 1,000 francs et au-dessus.

Baleines (marchand de brins de).

Bas et bonneterie (marchand de) en détail.

Billards (fabricant de) ayant magasin.

Blondes (marchand de) en détail.

Bois de teinture (marchand de) en détail.

Boisselier (marchand) en gros.

Bottier (marchand).

Boucher (marchand).

Boules à teinture (fabricant de).

Brodeurs sur étoffes, en or et en argent.

Bronzes, dorures et argentures sur métaux (marchand de) en détail.

Cafetier.

Caoutchouc (fabricant ou marchand d'objets confectionnés ou d'étoffes garnies en).

Cartier (fabricant de cartes à jouer).

Chapeaux de feutre et de soie (fabricant de).

Charcutier.

Charpentier (entrepreneur fournisseur).
Chasublier (marchand).
Chaudière en cuivre (fabricant de).
Chevaux (marchand de).
Cire à cacheter (fabricant de).
Cire (blanchisseur de) employant moins de six ouvriers.
Cirier (marchand).
Cochons (marchand de).
Commissionnaire au Mont-de-Piété.
Cordier (fabricant de câbles et cordages pour la marine ou la na-
    vigation intérieure).
Cordonnier (marchand).
Corroyeur (marchand).
Coton filé (marchand de) en détail.
Cotrets sur bateaux (marchand de).
Couleurs et vernis (fabricant et marchand de).
Couverts et autres objets en fer battu et étamé (fabricant et
    marchand de) en gros, par procédés ordinaires.
Couvertures de soie, bourre, laine et coton, etc. (marchand de).
Couvreur (entrepreneur).
Crin frisé (marchand de).
Cuirs tannés, corroyés, lissés, vernissés (marchand de) en détail.
Décors et ornements d'architecture (marchand de).
Dentelles (marchand de).
Dorures et argentures sur métaux (fabricant ou marchand de) en
    détail.
Dorures pour passementerie (marchand de).
Eaux minérales factices (marchand d').
Ecorces de bois pour tan (marchand d').
Estaminet (maître d').
Estampeur en or et en argent.
Facteur de denrées et marchandises (partout ailleurs qu'à Paris).
Farines (marchand de) en gros.
Fer en barres (marchand de) en détail. — Celui qui vend habi-
    tuellement par quantité inférieure à 500 kilogrammes.
Fils de chanvre ou de lin (marchand de) en détail.
Fleurets et filoselle (marchand de) en détail.
Fonte ouvragée (marchand de).
Fosses mobiles inodores (entrepreneur de).
Fourreur.

Fromages de pâte grasse (marchand de) en gros.
Fromages secs (marchand de) en demi-gros.
Garde du commerce.
Graines fourragères, oléagineuses et autres (marchand de) en demi-gros.
Grainetier fleuriste (expéditeur).
Grains (marchand de) en gros.
Graveur sur cylindres.
Herboriste expéditeur.
Hongroyeur ou hongrieur.
Horlogerie (marchand de fournitures d')
Hôtel garni (maître d').
Houblon (marchand de) en demi-gros.
Huiles (marchand d') en détail.
Instruments pour les sciences (facteurs et marchands d') ayant boutique ou magasin.
Jardin public (tenant un).
Jaugeage des liquides (adjudicataire des droits de).
Laine brute ou lavée (marchand de) en détail.
Laine filée (marchand de) en détail.
Laineur.
Légumes secs (marchand de) en gros.
Limonadier non glacier.
Liqueurs (marchand de) en détail.
Lustres (fabricant et marchand de).
Maçonnerie (entrepreneur de).
Manége d'équitation (tenant un).
Mâts (constructeur de).
Mécanicien.
Menuisier (entrepreneur).
Merceries (marchand de) en détail.
Métaux (marchand de) (autres que l'or, l'argent, le fer en barres et la fonte) en détail.
Meules de moulins (fabricant de).
Miel et cire brute (marchand non expéditeur de).
Moutardier (marchand) en gros.
Moutons et agneaux (marchand de).
Mulets et mules (marchand de).
Nécessaires (marchand de).
Nougat (fabricant expéditeur de).

Oranges, citrons (marchand expéditeur d').
Orgues d'église (facteur d').
Ornemaniste.
Papetier (marchand) en détail.
Pastel (marchand de) en détail.
Pâtissier non expéditeur.
Peaussier (marchand) en détail.
Peaux en vert ou crues (marchand de).
Peinture (entrepreneur de) en bâtiments.
Pelleteries et fourrures (marchand de) en détail.
Pesage et mesurage (fermier des droits de).
Pierre artificielle ou factice (fabricant d'objets en).
Plieur d'étoffes.
Polytypages (fabricant de).
Pompes à incendie (fabricant de).
Presseur de poisson de mer.
Presseur de sardines.
Pruneaux et prunes sèches (marchand de) en gros.
Quincaillier (en détail).
Receveur de rentes.
Registres (fabricant de).
Restaurateur et traiteur à la carte et à prix fixe.
Rubans pour modes (marchand de) en détail.
Sabots (marchand de) en gros.
Safran (marchand de) en demi-gros.
Serrurier (entrepreneur).
Serrurier (mécanicien).
Serrurier en voitures suspendues.
Sondes (fabricants de grandes).
Suif en branches (marchand de).
Suif fondu (marchand de) en détail.
Tapissier (marchand).
Thé (marchand de) en détail.
Tôle vernie (fabricant d'ouvrages en).
Tourbe (marchand de) en gros.
Truffes (marchand de).
Tulles (marchand de) en détail.
Tuyaux en fil de chanvre pour les pompes à incendie et les arrosements (fabricant de).
Vaches ou veaux (marchand de).

Vanneries (marchand expéditeur de).
Verres à vitres (marchand de).
Vinaigrier en détail.
Vins (marchand de) en détail. — Vendant habituellement pour
    être consommés hors de chez lui, des vins au panier ou à la
    bouteille.
Vins (voiturier marchand de).
Volailles truffées (marchand de).

CINQUIÈME CLASSE.

Accouchement (chef de maison d').
Acier poli (fabricant d'objets en) pour son compte.
Affineur de métaux autres que l'or, l'argent et le platine.
Agrafes (fabricant d') par les procédés ordinaires (pour son
    compte).
Albâtre (fabricant ou marchand d'objets en).
Almanachs ou annuaires (éditeur propriétaire d').
Appareils et ustensiles pour l'éclairage au gaz (fabricant d').
Apprêteur de chapeaux de paille.
Apprêteur d'étoffes pour les particuliers.
Armurier.
Aubergiste, ne logeant qu'à cheval.
Bains publics (entrepreneur de).
Balancier (marchand).
Bals publics (entrepreneurs de).
Bijoutier (fabricant), pour son compte, sans magasin.
Bijoux en faux (marchand de).
Blanchisseur de toiles et fils pour les particuliers.
Blatier avec voiture.
Bois à brûler (marchand de). — Celui qui, n'ayant ni chantier,
    ni magasin, ni bateau, vend par voiture au domicile des con-
    sommateurs.
Bois de bateaux (marchand de).
Bois de boissellerie (marchand de).
Bois de volige (marchand de).
Bois feuillard (marchand de).
Boîtes et bijoux à musique (fabricant de mécaniques pour), pour
    son compte.
Boucher en détail.

Bouclerie (fabricant de), pour son compte.

Bougies (marchand de).

Boulanger.

Bouteilles de verre (marchand de).

Boutons de métal, corne, cuir bouilli, etc. (fabricant de), pour son compte.

Brocanteur en boutique ou magasin.

Broches et cannelets pour la filature (fabricant de), pour son compte.

Broderies (fabricant et marchand de) en détail.

Bureau de distribution d'imprimés, de cartes de visites, annonces, etc. (entrepreneur d'un).

Bureau d'indication et de placement (tenant un).

Cabaretier ayant billard.

Cabriolet sur place ou sous remise (loueur de), s'il a plusieurs cabriolets.

Calandreur d'étoffes neuves.

Caractères mobiles en métal (fabricant de).

Carrossier raccommodeur.

Cartonnage fin (fabricant et marchand de).

Cercles ou sociétés (fournisseur des objets de consommation dans les).

Chapeaux de paille (marchand de) en détail.

Chapellerie en fin.

Chapellerie (marchand de fournitures pour la).

Charbon de bois (marchand de) en demi-gros.

Charbon de terre épuré ou non (marchand de) en demi-gros.

Chasse (marchand d'ustensiles de).

Chaudronnier (marchand).

Cheminées dites économiques (fabricant et marchand de).

Chevaux (loueur de).

Chevaux (tenant pension de).

Cheveux (marchand de).

Chocolat (marchand de) en détail.

Cloches de toutes dimensions (marchand de).

Cloutier (marchand) en détail.

Coffretier-malletier, en cuir.

Colle pour la clarification des liqueurs (fabricant de).

Colleur d'étoffes.

Cornes brutes (marchand de).

Coutelier (marchand et fabricant).

Crémier-glacier.

Crics (fabricant et marchand de).

Crin frisé (apprêteur de).

Cristaux (marchand de) en détail.

Culottier en peau (marchand).

Curiosité (marchand en boutique d'objets de).

Décatisseur.

Déchireur ou dépeceur de bateaux.

Dés à coudre en métal autre que l'or et l'argent (fabricant de), pour son compte.

Distillateur d'essences et eaux parfumées et médicinales.

Eau-de-vie (marchand d') en détail.

Ebéniste (marchand), ayant boutique ou magasin.

Eclairage à l'huile pour le compte des particuliers (entrepreneur d').

Éperonnier, pour son compte.

Epicier en détail.

Eponges (marchand d') en détail.

Equipage (maître d').

Etain (fabricant de feuilles d').

Etriers (fabricant d'), pour son compte.

Etrilles (fabricant d'), pour son compte.

Ferblantier-lampiste.

Ferronnier.

Fiacres (loueur de), s'il a plusieurs voitures.

Fleurs artificielles (fabricant et marchand de).

Fondeur en fer, en bronze ou en cuivre (avec des creusets ordinaires).

Forces (fabricant de), pour son compte.

Forgeron de petites pièces (canons, platines).

Foulonnier.

Fourrages (marchand de), par bateaux, charrettes ou voitures.

Frangier (marchand).

Galonnier (marchand).

Gantier (marchand).

Glaces (marchand de) (miroitier).

Glacier.

Instruments de chirurgie en métal (fabricant et marchand d').

Ivoire (marchand d'objets en).

Jaugeur juré pour les liquides.

Jeu de paume (maître de).

Joaillier (fabricant), pour son compte.

Lampiste.

Lapidaire en pierres fausses (fabricant ou marchand), ayant boutique ou magasin.

Laveur de laines.

Layetier-emballeur.

Libraire.

Liége brut (marchand de) en détail.

Loueur de voitures suspendues.

Lunetier (marchand).

Lutherie (marchand de fournitures de).

Luthier (fabricant), pour son compte.

Magasinier.

Maître ou patron de barque ou bateau, naviguant pour son propre compte sur les fleuves, rivières ou canaux, soit que la barque ou le bateau lui appartienne, soit qu'il l'ait loué. Si le conducteur n'est qu'un homme à gages, la patente est due par le propriétaire de la barque ou du bateau.

Maréchal expert.

Maroquinier, pour son compte.

Marrons et châtaignes (marchand expéditeur de).

Mégissier, pour son compte.

Menuisier-mécanicien.

Métiers à bas (forgeur de), pour son compte.

Meubles (marchand de).

Meubles à aiguiser (fabricant et marchand de).

Mine de plomb (marchand de) en détail.

Minerai de fer (marchand de), ayant magasin.

Miroitier.

Modiste.

Monuments funèbres (entrepreneur de).

Moulures (fabricant de), pour son compte.

Moulures (marchand de) en boutique.

Musique (marchand de).

Nacre de perles (fabricant d'objets en), pour son compte.

Nacre de perles (marchand d'objets en).

Natation (tenant une école de).

Orfévre (fabricant), pour son compte.

Orgues portatives (facteur d'), pour son compte.

Papier peint pour tentures (marchand de).

Parc aux charrettes (tenant un).

Parfumeur (marchand) en détail.

Passementier (marchand).

Pavés (marchand de).

Peignes de soie (marchand de).

Peintre-vernisseur en voitures ou équipages.

Perles fausses (marchand de).

Pierres brutes (marchand de).

Pierres lithographiques (marchand de).

Planches (marchand de) en détail.

Plombier.

Plumassier (fabricant et marchand).

Plumes à écrire (marchand de) non expéditeur.

Poisson frais (marchand de) vendant par forte partie aux détaillants.

Pompes de métal (fabricant de),

Porcelaine (marchand de) en détail.

Poudrette (marchand de).

Relais (entrepreneur de), même lorsqu'il est maître de poste.

Résines et autres matières analogues.(marchand de) en détail.

Rogues ou œufs de morue (marchand de) en détail.

Restaurateur et traiteur à prix fixe seulement.

Rôtisseur.

Saleur d'olives.

Seaux à incendie (fabricant de).

Sellier-harnacheur.

Serrurier non-entrepreneur.

Soies de porc ou de sanglier (marchand de) en détail.

Soufflets (fabricant et marchand de gros), pour les forgerons, bouchers, etc.

Sparterie pour modes (fabricant de).

Sucre brut et raffiné (marchand de) en détail.

Tableaux (marchand de).

Taffetas gommés ou cirés (marchand de).

Taillandier.

Tailleur (marchand d'habits neufs).

Tailleur (marchand), sans magasin d'étoffes, fournissant sur
échantillons.

Tapis peints ou vernis (marchand de).

Toiles cirées et vernies (marchand de).

Toiles métalliques (fabricant de), pour son compte.

Tôle vernie (marchand d'ouvrages en).

Traçons (maître de).

Ustensiles de chasse et de pêche (marchand d').

Vannier-emballeur pour les vins.

Verres-blancs et cristaux (marchand de) en détail.

Vidange (entrepreneur de).

Vins (marchand de) en détail, donnant à boire chez lui et tenant
billard.

SIXIÈME CLASSE.

Affiches (entrepreneur de la pose et de la conservation des).

Agaric (marchand d').

Agent dramatique.

Aiguilles, clefs et autres petits objets pour montres ou pendules
(fabricant d'), pour son compte.

Allumettes chimiques (fabricant et marchand d').

Anatomie (fabricant de pièces d').

Anatomie (tenant un cabinet d').

Anes (marchand d').

Annonces et avis divers) entrepreneur d'insertions d').

Appréciateur d'objets d'art.

Apprêteur de peaux.

Apprêteur de plumes, laines, duvet et autres objets de literie.

Ardoises (marchand d'). Celui qui vend par milliers aux maçons
et aux entrepreneurs de bâtiments.

Arrosage (entreprise particulière d').

Arrimeur.

Artificier.

Bacs (fermier de), pour un prix de fermage au-dessous de 1,000
francs.

Baies de genièvre (marchand de).

Bains de rivière en pleine eau (entrepreneur de).

Balancier (fabricant) pour son compte.

Balançons (marchand de).

Balayage (entreprise partielle de).
Bandagiste.
Bardeaux (marchand de).
Baromètres (fabricant ou marchand de).
Barques, bateaux ou canots (constructeur de).
Bateaux à laver (exploitant de).
Battendier.
Batteur de bois de teinture.
Batteur d'écorce.
Batteur de graine de trèfle.
Batteur d'or et d'argent.
Baudruche (apprêteur de).
Beurre frais ou salé (marchand de) en détail.
Bière (marchand ou débitant de).
Bijoutier en faux (fabricant), pour son compte.
Billards (fabricant de) sans magasins.
Bisette (fabricant et marchand de).
Blanc de craie (fabricant et marchand de).
Blatier avec bêtes de somme.
Bluteaux ou blutoirs (fabricant et marchand de).
Bois merrains (marchand de), s'il ne vend qu'aux tonneliers et
    aux particuliers.
Boiseries (marchand de vieilles).
Boisselier (marchand en détail).
Bombagiste.
Bombeur de verres.
Bossetier.
Bouchonnier.
Bouchons (marchand de) en détail.
Boues (entreprise partielle de l'enlèvement des).
Bouilleur ou brûleur d'eau-de-vie.
Bouillon et bœuf cuit (marchand de).
Bourre de soie (marchand de).
Bourrelier.
Boyaudier.
Brasseur à façon.
Bretelles et jarretières (fabricant de), pour son compte.
Bretelles et jarretières (marchand de).
Briou (fabricant de).
Briques (marchand de).

Briquets phosphoriques et autres (fabricant de).

Brocanteur d'habits en boutique.

Brossier (fabricant), pour son compte.

Brossier (marchand).

Buffletier (marchand).

Buis ou racines de buis (marchand de).

Bustes en plâtre (mouleur de).

Cabaretiers.

Cabinet de lecture (tenant un), où l'on donne à lire les journaux et les nouveautés littéraires.

Cabinets d'aisances publics (tenant).

Cadrans de montres et de pendules (fabricant de), pour son compte.

Cadres pour glaces et tableaux (marchand de).

Café de chicorée en poudre (marchand de).

Cafetières du Levant ou marabouts (fabricant de), pour son compte.

Caisses de tambour (facteur de).

Calfat (radoubeur de navires).

Cannelles et robinets en cuivre (fabricant de), pour son compte.

Cannes (marchand de) en boutique.

Cantinier, dans les prisons, hospices et autres établissements publics.

Caparaçonnier pour son compte.

Capsules métalliques (fabricant de) pour boucher les bouteilles.

Cardes (fabricant de) par les procédés ordinaires, pour son compte.

Carreaux à carreler (marchand de).

Carrés de montres (fabricant de), pour son compte.

Cartes de géographie (marchand de).

Cartons pour bureaux et autres (fabricant de), pour son compte.

Casquettes (fabricant de) pour son compte.

Cendres (laveur de).

Cercles ou cerceaux (marchand de).

Chaînes de fil, laine ou coton, préparées pour la fabrication des tissus (marchand de).

Chaises fines (marchand et fabricant de).

Chaises (loueur de) pour un prix de ferme de 2,000 fr. et au-dessus.

Chamoiseur, pour son compte.

Chandeliers en fer et en cuivre (fabricant de), pour son compte.

Chanvre (marchand de) en détail.

Chapelier en grosse chapellerie.

Charcutier revendeur.

Charpentier.

Charrée (marchand de).

Charron.

Châsses de lunettes (fabricant de), pour son compte.

Chaux (marchand de).

Chef de ponts et pertuis.

Cidre (marchand et débitant de) en détail.

Cimentier, employant moins de cinq ouvriers.

Ciseleur.

Clinquant (fabricant de), pour son compte.

Clochettes (fondeur de).

Cloches (fondeur de), sans boutique ni magasin.

Coffretier-malletier en bois.

Coiffeur.

Cols (fabricant de), pour son compte.

Cols (marchand de).

Combustibles (marchand de), en boutique.

Commissionnaires porteurs pour les fabricants de tissus.

Coquetier avec voiture.

Cordes harmoniques (fabricant de), pour son compte.

Cordes métalliques (fabricant de), pour son compte.

Cordier (marchand).

Corne (apprêteur de), pour son compte.

Corne (fabricant de feuilles transparentes de), pour son compte.

Corsets (fabricant et marchand de).

Cosmorama (directeur de).

Costumier.

Coupeur de poils (marchand), pour son compte.

Courtier-gourmet-piqueur de vins.

Couturière (marchande).

Couverts et autres objets en fer battu ou étamé (fabricant et marchand de), en détail.

Couvreur (maître).

Crayons (marchand de).

Crépins (marchand de).

Crinières (fabricant de), pour son compte.

Crins plats (marchand de).

Cuir bouilli et vernis (fabricant ou marchand d'objets en).

Cuirs et pierres à rasoirs (fabricant et marchand de).

Cuivre de navires (marchand de vieux).

Dalles (marchand de).

Damasquineur.

Découpoirs (fabricant de), pour son compte.

Déménagements (entrepreneur de), s'il a une seule voiture.

Dentelles (facteur de).

Dépeceur de voitures.

Dessinateur pour fabrique.

Doreur et argenteur.

Doreur sur bois.

Ebéniste (fabricant), pour son compte, sans magasin.

Ecrans (fabricant d'), pour son compte.

Emailleur, pour son compte.

Emballeur non layetier.

Encre à écrire (fabricant et marchand d') en détail.

Enduit contre l'oxydation (applicateur d').

Enjoliveur (marchand).

Epingles (fabricant d') par les procédés ordinaires.

Essayeur de soie.

Estampes et gravures (marchand d').

Etameur de glaces.

Eventailliste (marchand fabricant), ayant boutique ou magasin.

Facteur de fabrique.

Fagots et bourrées (marchand de), vendant par voiture.

Faïence (marchand de).

Farines (marchand de) en détail.

Ferblantier.

Feutre (fabricant et marchand de) pour la papeterie, le doublage des navires, plateaux, vernis, etc.

Filagraniste.

Filasse de nerfs (fabricant de nerfs), pour son compte.

Filets pour la pêche, la chasse, etc. (fabricant de).

Fileur (entrepreneur).

Filotier.

Fleurs artificielles (marchand d'apprêts et papier pour).

Fleurs d'oranger (marchand de).

Fondeur d'étain, de plomb ou fonte de chasse.

Fontaines publiques (fermier de).

Fontaines à filtrer (fabricant et marchand de).

Formaire (pour la fabrication du papier), pour son compte.

Fouleurs de bas et autres articles de bonneterie.

Fouleurs de feutre pour les chapeliers.

Fourbisseur (marchand).

Fournaliste.

Fourneaux potagers (fabricant et marchand de).

Fourrage (débitant de), à la botte ou en petite partie au poids.

Fripier.

Fromages de pâtes grasses (marchand de) en détail.

Fromages secs (marchand de) en détail.

Fruitier oranger.

Fruits secs (marchand de) en détail.

Fruits secs pour boissons (marchand de).

Fumiste.

Gardes-robes inodores (fabricant et marchand de).

Gibernes (fabricant de), pour son compte.

Glace ; eau congelée (marchand de).

Globes terrestres et célestes (fabricant et marchand de).

Gommeur d'étoffes.

Graine de moutarde blanche (marchand de).

Graines (marchand de) en détail.

Grainetier-fleuriste en détail.

Graveur sur métaux (fabriquant les timbres secs et gravant sur bijoux).

Grue (maître de).

Harpes (facteur de), n'ayant ni boutique ni magasin.

Herboriste-droguiste.

Histoire naturelle (marchand d'objets d').

Horlogerie (fabricant de pièces d'), pour son compte.

Horloger-rhabilleur (marchand).

Huîtres (marchand d').

Images (fabricant ou marchand d').

Imprimeur-lithographe-éditeur.

Instruments aratoires (fabricant d').

Instruments de chirurgie en gomme élastique (fabricant d').

Instruments de musique à vent, en bois ou en cuivre (facteur d').

Instruments pour les sciences (facteur d'), sans boutique ni magasin.

Ivoire (fabricant d'objets en), pour son compte.

Jais ou jaiet (fabricant ou marchand d'objets en).

Kaolin et pétunsé (marchand de).

Lamineur par les procédés ordinaires.

Lanternier.

Lattes (marchand de) en détail.

Lavoir public (tenant un).

Layetier.

Levure ou levain (marchand de).

Lin (marchand de) en détail.

Linge de table et de ménage (loueur de).

Linger.

Lithochrome, imprimeur.

Lithochromies (marchand de).

Lithographies (marchand de).

Lithophanies pour stores (fabricant et marchand de).

Loueur de tableaux et dessins.

Loueur en garni.

Lunetier (fabricant).

Lustreur de fourrures.

Maçon (maître).

Maison particulière de retraite (tenant une).

Marbre factice (fabricant et marchand d'objets en).

Marbrier.

Maréchal ferrant.

Masques (fabricant et marchand de).

Matériaux (marchand de vieux).

Menuisier.

Mercerie (marchand de menue).

Metteur en œuvre, pour son compte.

Meubles d'occasion (marchand de).

Moireur d'étoffes, pour son compte.

Monteur de métiers.

Mosaïques (marchand de).

Mulquinier. Celui qui prépare le fil pour les chaînes servant à la fabrication des tissus.

Naturaliste (marchand).

Nécessaires (fabricant de), pour son compte.

Nourrisseur de vaches et de chèvres pour le commerce du lait.

Oranges et citrons (marchand d'), en boutique et en détail.

Os (fabricant d'objets en), pour son compte.

Outres (fabricant d'), pour son compte.

Outres (marchand d').

Paille (fabricant de tissus pour les chapeaux de), pour son compte.

Paillettes et paillons (fabricant de), pour son compte.

Pain à cacheter et à chanter (fabricant et marchand de).

Pain d'épices (fabricant ou marchand en boutique de).

Papiers de fantaisie (fabricant de), pour son compte.

Parapluies (fabricant et marchand de).

Parcheminier, pour son compte.

Parqueteur (menuisier).

Pâtes alimentaires (marchand de).

Paveur.

Peaux de lièvres et de lapins (marchand de), en boutique.

Pêche (adjudicataire ou fermier de), pour un prix de 2,000 fr. ou au-dessus.

Peignes à sérancer (fabricant de), pour son compte.

Peignes d'écaille (fabricant de), pour son compte.

Peignes (marchand de), en boutique.

Peintre en bâtiments non entrepreneur.

Pension bourgeoise (tenant).

Pension particulière de vieillards (tenant).

Perles fausses (fabricant de), pour son compte.

Peseur et mesureur juré.

Pianos et clavecins (facteur de), n'ayant ni boutique ni magasin.

Pierres à brunir (fabricant et marchand de).

Pierres fausses (fabricant de).

Pierres bleues (marchand de) pour le blanchissage du linge.

Pierres taillées (marchand de).

Pinceaux (fabricant de), pour son compte.

Pipes (marchand de).

Plafonneur.

Plâtre (marchand de).

Plâtrier (maçon).

Plomb de chasse (fabricant ou marchand de).

Plumes métalliques (marchand fabricant de).

Poélier en faïence, fonte, etc.

Polisseur d'objets en or, argent, cuivre, acier, écaille, os, corne, etc.

Porces pour les papetiers (fabricant de).

Portefeuilles (fabricant de), pour son compte.

Portefeuilles (marchand de).

Potier d'étain.

Poudre d'or (fabricant et marchand de).

Pouilleur (fabricant).

Pressoir (maître de) à manége.

Queues de billard (fabricant de), pour son compte.

Ramonage (entrepreneur de).

Rampiste.

Ressorts de bandage pour les hernies (fabricant de), pour son compte.

Ressorts de montres et de pendules (fabricant de), pour son compte.

Sacs de toile (fabricant et marchand de).

Salpêtrier.

Sarreaux ou blouses (marchand de) en détail.

Sculpteur en bois, pour son compte.

Son, recoupe et remoulage (marchand de).

Sparterie (fabricant et marchand d'objets en).

Sphères (fabricant de).

Stucateur.

Sumac (marchand de).

Tabac (marchand de) en détail dans le département de la Corse.

Table d'hôte (tenant une).

Tabletier (marchand).

Tabletterie (fabricant d'objets en), pour son compte.

Tambours, grosses caisses, tambourins (fabricant de).

Tamisier (fabricant et marchand).

Tan (marchand de).

Tapissier à façon.

Teinturier dégraisseur pour les particuliers.

Teinturier en peau.

Tireur d'or et d'argent.

Tôlier. -

Tourneur sur métaux.

Tourteaux (marchand de) en détail.
Tréfileur par les procédés ordinaires.
Tuiles (marchand de).
Vannerie (marchand de) en détail.
Vannier (fabricant en vannerie fine).
Vérificateur de bâtiments.
Vernisseur sur cuivre, feutre, carton et métaux.
Verres bombés (marchand de).
Verroterie et gobeletterie (marchand de) en détail.
Vignettes et caractères à jour (fabricant de), pour son compte.
Vignettes et caractères à jour (marchand en boutique de).
Vins (marchand de) en détail, donnant à boire chez lui et ne
    tenant pas billard.
Vis (fabricant de) par procédés ordinaires, pour son compte.
Vitrier en boutique.
Voilier à façon.
Volaille ou gibier (marchand de).

SEPTIÈME CLASSE.

Accordeur de pianos, harpes et autres instruments,
Acheveur en métaux.
Acier poli (fabricant d'objets en) à façon.
Alevin (marchand d').
Alléges (maître d').
Anes (loueur d').
Apprêteur de barbes ou fanons de baleine.
Apprêteur de bas et autres objets de bonneterie.
Archets (fabricant d').
Armurier rhabilleur.
Armurier à façon.
Arpenteur.
Attelles pour colliers de bêtes de trait (fabricant et marchand d').
Avironnier.
Badigeonneur.
Balancier (fabricant) à façon.
Ballons pour lampes (fabricant de), pour son compte.
Bandagiste à façon.
Bardeaux (fabricant de), pour son compte.
Bâtier.

Battoirs de paume (fabricant de).

Baugeur.

Bijoutier à façon.

Bijoutier en faux (fabricant), à façon.

Bimbeloterie (fabricant d'objets de), sans boutique ni magasin.

Bimbelotier (marchand) en détail.

Blanchisseur de chapeaux de paille.

Blanchisseur de fin.

Blanchisseur de linge, ayant un établissement de buanderie.

Blanchisseur sur pré.

Boisselier.

Boîtes et bijoux à musique (fabricant de mécaniques pour) , à façon.

Bottes remontées (marchand de).

Bottier et cordonnier en chambre.

Boules vulnéraires dites d'acier ou de Nancy (fabricant de).

Bouquetière (marchande) en boutique.

Bouquiniste.

Bourrelets d'enfants (fabricant et marchand de).

Boursier.

Boutons de soie (fabricant de), pour son compte.

Briquets phosphoriques et autres (marchand de).

Broches pour la filature (rechargeur de).

Broderies (blanchisseur et apprêteur de).

Broderies (dessinateur imprimeur de).

Broderies (fabricant à façon de).

Brunisseur.

Buffletier (fabricant), pour son compte.

Bustes en cire pour les coiffeurs (fabricant de).

Cabinet de figures en cire (tenant un).

Cabinet de lecture où l'on donne à lire les journaux seulement (tenant un).

Cabinet particulier de tableaux , d'objets d'histoire naturelle ou d'antiquités (tenant un).

Cabriolets sur place ou sous remise (loueur de), s'il n'a qu'un cabriolet.

Calendreur de vieilles étoffes.

Cambreur de tiges de bottes.

Camées faux ou moulés (fabricant de).

Cannelles et robinets en cuivre (fabricant de), à façon.

Cannes (fabricant de), pour son compte.

Cannetille (fabricant de).

Caractères d'imprimerie (fondeur de), à façon.

Caractères d'imprimerie (graveur en).

Caractères mobiles en bois ou en terre cuite (fabricant et marchand de).

Carcasses ou montures de parapluies (fabricant de), pour son compte.

Cardeur de laine, de coton, de bourre de soie, filoselle, etc.

Carreleur.

Carrioles (loueurs de).

Ceinturonnier, pour son compte.

Cendres ordinaires (marchand de).

Chaises (loueur de), pour un prix de ferme de 500 francs à 2,000 francs.

Chapelets (fabricant marchand de).

Charnières en fer, cuivre ou fer-blanc (fabricant de), par les procédés ordinaires, pour son compte.

Chasublier à façon.

Chaudronnier rhabilleur.

Chaussons en lisière et autres (marchand de).

Chenille en soie (fabricant de), pour son compte.

Chevaux (courtier de).

Chèvres et chevreaux (marchand de).

Chiffonnier en détail.

Chineur.

Cirage ou encaustique (marchand fabricant de).

Cloutier au marteau, pour son compte.

Coiffes de femmes (faiseuse et marchande de).

Colle de pâte et de peau (fabricant de).

Colleur de chaînes pour fabricant de tissus.

Coquetier avec bêtes de somme.

Cordes harmoniques (fabricant de) à façon.

Cordes métalliques (fabricant de) à façon.

Cordier (fabricant de menus cordages, tels que cordes, ficelles, longes, traits, etc.).

Cordons en fil, soie, laine, etc. (fabricant de), pour son compte.

Corroyeurs à façon.

Cosmétique (marchand de).

Coton cardé ou gommé (marchand de).

Coupeur de poils à façon.

Courroies (apprêteur de), pour son compte.

Courtier de bestiaux.

Coutelier à façon.

Couturière en corsets, en robes ou en linge.

Couvreur en paille ou en chaume.

Crémier ou laitier.

Crépin en bois (fabricant d'articles de), pour son compte.

Criblier.

Cristaux (tailleur de).

Crochets pour les fabriques d'étoffes (fabricant de), pour son compte.

Cuivre vieux (marchand de).

Cuves, foudres, barriques et tonneaux (fabricant de).

Déchets de coton (marchand de).

Décrueur de fil.

Dégraisseur.

Denteleur de scies.

Doreur sur tranches.

Ebéniste (fabricant) à façon.

Ecailles d'ables ou ablettes (marchand d').

Echalas (marchand d').

Ecorcheur ou équarrisseur d'animaux.

Embouchoirs (faiseur d').

Emailleurs à façon.

Enjoliveur (fabricant), pour son compte.

Eperonnier à façon.

Epicier-regrattier. S'il ne vend qu'au petit poids et à la petite mesure quelques articles d'épiceries, et joint à ce commerce la vente de quelques autres objets, comme poterie de terre, charbon en détail, bois à la falourde, etc.

Epinglier-grillageur.

Equarrisseur de bois.

Equipeur-monteur.

Essence d'Orient (fabricant d').

Estampeur en métaux autres que l'or et l'argent.

Etriers (fabricant d') à façon.

Etrilles (fabricant d') à façon.

Evantailliste (fabricant), pour son compte.

Expert pour le partage et l'estimation des propriétés.

Ferblantiers en chambre.

Ferrailleur.

Fiacre (loueur de), s'il n'a qu'une seule voiture.

Finisseur en horlogerie.

Fleuriste travaillant pour le compte des marchands.

Fondeur de brins de baleine.

Fontaines en grès, à sable (marchand de).

Forces (fabricant de) à façon.

Forets (fabricant de).

Formier.

Fouets, cravaches (fabricant ou marchand de), pour son compte.

Fournier.

Fourreaux pour sabres, épées, baïonnettes (fabricant de), pour son compte.

Frangier (fabricant), pour son compte.

Fretin (marchand de).

Friseur de drap et autres étoffes de laine.

Friteur ou friturier en boutique.

Fruitier.

Gabarre (maître de) ou gabarrier.

Galettes, gauffres, brioches et gâteaux (marchand de), en boutique.

Galochier.

Galonnier (fabricant), pour son compte.

Gaînier (fabricant), pour son compte.

Gargottier.

Gauffreur d'étoffes, de rubans, etc.

Gaules et perches (marchand de).

Graines fourragères, oléagineuses et autres (marchand de) en détail.

Grainier ou grainetier.

Gravatier.

Graveur en caractères d'imprimerie.

Graveur sur métaux. Se bornant à graver des cachets ou des planches pour factures et autres objets dits de ville.

Grueur.

Guêtrier.

Guillocheur.

Guimpier.

Hâlage (loueur de chevaux pour le).

Hameçons (fabricant d').

Herboriste. Ne vendant que des plantes médicinales fraîches ou sèches.

Hongreur.

Horlogerie (fabricant de pièces d') à façon.

Horloger-repasseur.

Horloger-rhabilleur (non marchand).

Horloges en bois (fabricant ou marchand d').

Imprimeur en taille-douce pour objets dits de ville.

Imprimeur-lithographe (non éditeur).

Imprimeur sur porcelaine, faïence, verre, cristaux, émail, etc.

Ivoire (fabricant d'objets en) à façon.

Joaillier à façon.

Lait d'ânesse (marchand de).

Lamier-rotier, pour son compte.

Lapidaire à façon.

Layettes d'enfant (marchand de).

Légumes secs (marchand de) en détail.

Lie de vin (marchand de).

Lin (fabricant de).

Linge (marchand de vieux).

Liqueurs et eaux-de-vie (débitant de).

Logeur.

Loueur de livres.

Lunettes (fabricant de verres de).

Luthier (fabricant à façon).

Marbreur sur tranches.

Marchande à la toilette.

Maroquinier (à façon).

Mégissier (à façon).

Mesures linéaires, règles et équerres (fabricant de), pour son compte.

Métiers à bas (forgeur de) à façon.

Metteur en œuvre à façon.

Monteur en bronze.

Moulures (fabricant de) à façon.

Moutardier (marchand) en détail.

Muletier.

Nacre de perle (fabricant d'objets en) à façon.

Navetier (fabricant).

Oiselier.

Orfévre (à façon).

Orge (exploitant un moulin à perler l').

Orgues portatives (facteur d') à façon.

Ouate (fabricant et marchand d').

Outres (fabricant d') à façon.

Ovaliste.

Paille (fabricant de tissus pour chapeau de) à façon.

Paille (fabricant de tresses, cordonnets, etc., en).

Paille teinte (fabricant et marchand de).

Pain (marchand de) en boutique.

Papier de fantaisie (fabricant de) à façon.

Passementier (fabricant), pour son compte.

Patachier.

Pâtissier-brioleur.

Pêche (adjudicataire ou fermier de) pour un prix de ferme de 500 à 2000 francs.

Pédicure.

Peigneur de chanvre, de lin ou de laine.

Peintre en armoiries, attributs et décors.

Peintre ou doreur, soit sur verre ou cristal, soit sur porcelaine, etc., pour son compte.

Perruquier.

Pierre de touche (marchand de).

Piquonnier.

Planches ou ifs à bouteilles (fabricant de).

Planeur en métaux.

Plaqueur.

Plumeaux (marchand fabricant de), pour son compte.

Poires à poudre (fabricant de), pour son compte.

Poisson (marchand en détail de).

Pompes de bois (fabricant de).

Poterie de terre (marchand de).

Présurier.

Queues de billard (fabricant de) à façon.

Raquettes (fabricant de), pour son compte.

Regrattier.

Relieur de livres.

Rentrayeur de couvertures de laine ou de coton.

Ressorts de bandages pour les hernies (fabricant de) à façon.

Ressorts de montres et de pendules (fabricant de) à façon.
Revendeuse à la toilette, pour son compte.
Roseaux (marchand de).
Rouettes ou harts pour lier les trains de bois (marchand de).
Ruches pour les abeilles (fabricant de), pour son compte.
Scieur de long.
Sculpteur en bois à façon.
Seaux ou baquets en sapin (fabricant de), pour son compte.
Sel (marchand de) en détail.
Sellier (à façon).
Socques (fabricant et marchand de) en bois.
Soufflets ordinaires (fabricant et marchand de).
Tableaux (restaurateur de).
Tabletterie (fabricant d'objets en) à façon.
Tailleur d'habits à façon.
Toiles grasses (fabricant de) pour emballage.
Toiles métalliques (fabricant de) à façon.
Toiseur de bâtiments.
Toiseur de bois.
Tondeur de draps et autres étoffes de laine.
Tonneaux (marchand de).
Tonnelier.
Torcher.
Tourneur en bois (marchand), vendant en boutique divers objets
 en bois faits au tour.
Treillageur.
Tripier.
Ustensiles de ménage (marchand de vieux).
Vaisselle et ustensiles de bois (fabricant et marchand de).

HUITIÈME CLASSE.

Accoutreur.
Affiloirs (marchand d').
Agrafes (fabricant d'), par procédés ordinaires, à façon.
Aiguilles, clefs et autres petits objets pour montres et pendules
 (fabricant d') à façon.
Aiguilles (fabricant d') à coudre ou à faire des bas, par procédés
 ordinaires, à façon.
Aiguilles pour les métiers à faire des bas (monteur d').

Allumettes et amadou (fabricant et marchand d').

Appeaux pour la chasse (fabricant d').

Apprêteur de chapeaux de feutre.

Approprieur de chapeaux.

Arçonneur.

Artiste en cheveux.

Assembleur.

Balais de bouleaux, de bruyère, et de grand millet (marchand de), avec voitures ou bêtes de somme.

Ballons pour lampes (fabricant de) à façon.

Barbier.

Bardeaux (fabricant de) à façon.

Batelier.

Bâtonnier.

Baudelier.

Blanchisseur de linge, sans établissement de buanderie.

Bobines pour les manufactures (fabricant de).

Bois à brûler (marchand de), qui vend à la falourde, au fagot et au cotret.

Bois de galoches et de socques (faiseur de).

Boisselier (fabricant) à façon.

Bouchons de flacons (ajusteur de).

Bouclerie (fabricant de) à façon.

Boutons de métal, corne, cuir bouilli (fabricant de) à façon.

Boutons de soie (fabricant de), à façon.

Bretelles et jarretières (fabricant de) à façon.

Brioleur avec bêtes de somme.

Briquetier à façon.

Brocanteur d'habits sans boutique.

Broches et cannelets pour la filature (fabricant de) à façon.

Brosses (fabricant de bois pour).

Brossier (fabricant à façon).

Bûches et briquettes factices (marchand de).

Bufletier (fabricant) à façon.

Cabas (faiseur de).

Cadrans de montres et de pendules (fabricant de) à façon.

Café tout préparé (débitant de).

Cafetières du Levant ou marabouts (fabricant de) à façon.

Cages, souricières et tournettes (fabricant de).

Canevas (dessinateur de).

Cannes (fabricant de) à façon.
Caparaçonnier à façon.
Carcasses ou montures de parapluies (fabricant de) à façon.
Carcasses pour modes (fabricant de).
Cardes (fabricant de) à façon, par les procédés ordinaires.
Carrés de montres (fabricant de) à façon.
Cartons pour les bureaux et autres (fabricant de) à façon.
Casquettes (fabricant de) à façon.
Castine (marchand de).
Ceinturonnier à façon.
Cerclier.
Chaises communes (fabricant et marchand de).
Chaises (loueur de) pour un prix de ferme au-dessous de 500 francs.
Chamoiseur à façon.
Chandeliers de fer ou en cuivre (fabricant de) à façon.
Chapeaux (marchand de vieux) en boutique ou en magasin.
Charbon de bois (marchand de) en détail.
Charbon de terre épuré ou non (marchand de) en détail.
Charbonnier-voiturier.
Charnières en fer, cuivre ou fer-blanc (fabricant de), par procé-
    dés ordinaires, à façon.
Charrettes (loueur de).
Châsses de lunettes (fabricant de) à façon.
Chaussons en lisière (fabricant de).
Chenille en soie (fabricant de) à façon.
Chevilleur.
Clinquant (fabricant de) à façon.
Cloutier au marteau, à façon.
Colleur de papiers peints.
Cols (fabricant de) à façon.
Cordes à puits et liens d'écorces (fabricant de).
Cordons en fil, soie, laine, etc. (fabricant de) à façon.
Corne (apprêteur de) à façon.
Corne (fabricant de feuilles transparentes de) à façon.
Cotrets (débitant de).
Courroies (apprêteur de) à façon.
Couverts et autres objets en fer battu ou étamé (fabricant de) à
    façon.
Crépin en buis (fabricant d'articles de) à façon.
Crin (apprêteur, crêpeur ou friseur de) à façon.

Crinières (fabricant de) à façon.
Crochets pour les fabriques d'étoffes (fabricant de) à façon.
Cuillers d'étain (fondeur ambulant de).
Découpeur d'étoffes ou de papiers.
Découpoirs (fabricant de) à façon.
Décrotteur en boutique.
Dés à coudre, en métal autre que d'or et d'argent (fabricant de) à façon.
Ecrans (fabricants d') à façon.
Elastiques pour bretelles, jarretières, etc. (fabricant de).
Emeri et rouge à polir (marchand d').
Enjoliveur (fabricant) à façon.
Etameur ambulant d'ustensiles de cuisine.
Etoupes (marchand d')
Eventailliste (fabricant) à façon.
Fagots et bourrées (marchand de) en détail, vendant au fagot.
Falourdes (débitant de).
Faînes (marchand de).
Feuilles de blé de Turquie (marchand de).
Figures en cire (mouleur de) à façon.
Filasse de nerfs (fabricant de) à façon.
Formaire pour la fabrication du papier à façon.
Fouets et cravaches (fabricant de) à façon.
Fourreaux pour sabres, épées, baïonnettes (fabricant de), à façon.
Frangier à façon.
Frappeur de gaze.
Fuseaux (fabricant de).
Gaînier à façon.
Galonnier à façon.
Garnisseur d'étuis pour instruments de musique.
Garnitures de parapluies et cannes, telles que bouts, anneaux, cannes, manches, etc. (fabricant de).
Gibernes (fabricant de) à façon.
Graveur de musique.
Graveur sur bois.
Harmonicas (facteur d').
Lamier-rotier à façon.
Langueyeur de porcs.
Limaille (marchand de).
Limes (tailleur de).

Livrets (fabricant de) pour les batteurs d'or et d'argent.
Loueur en garni (s'il ne loue qu'une chambre).
Marrons (marchand de) en détail.
Matelassier.
Mèches et veilleuses (marchand et fabricant de).
Mesures linéaires, règles et équerres (fabricant de) à façon.
Modiste à façon.
Moireur d'étoffes à façon.
Moules de boutons (fabricant de).
Nattier.
Nécessaires (fabricant de) à façon.
Nerfs (batteur de).
Œillets métalliques (fabricant d').
Oribus (faiseur et marchand d').
Os (fabricant d'objets en) à façon.
Osier (marchand d').
Ourdisseur de fils.
Paillassons (fabricant de).
Paillettes et paillons (fabricant de) à façon.
Papiers verrés ou émerisés (fabricant de).
Parcheminier à façon.
Passementier (fabricant) à façon.
Pâte de rose (fabricant de bijoux en).
Pêche (adjudicataire ou fermier de) pour un prix de fermage au-
    dessous de 500 francs.
Peignes à sérancer (fabricant de) à façon.
Peignes d'écaille (fabricant de) à façon.
Peignes en cannes ou roseaux pour le tissage (fabricant et mar-
    chand de).
Peintre ou doreur, soit sur verre ou cristal, soit sur porce-
    laine, etc., à façon.
Pelles de bois (fabricant et marchand de).
Perceur de perles.
Perles fausses (fabricant de) à façon.
Pinceaux (fabricant de) à façon.
Piqueur de cartes à dentelles.
Piqueur de grès.
Plieur de fils de soie à façon.
Plumassier à façon.
Plumeaux (fabricant de) à façon.

Plumes a écrire (apprêteur de).
Poires à poudre (fabricant de) à façon.
Pois d'iris (fabricant de).
Portefeuilles (fabricant de) à façon.
Porteur d'eau filtrée ou non filtrée, avec cheval et voiture.
Potier de terre ayant moins de cinq ouvriers.
Pressoir (maître de) à bras.
Puits (maître cureur de).
Raquettes (fabricant de) à façon.
Régleur de papier.
Rémouleur ou repasseur de couteaux.
Reperceur.
Rognures de peaux (marchand de).
Rouleaux (tourneur de) pour la filature.
Ruches pour les abeilles (fabricant de) à façon.
Sable (marchand de).
Sabotier (fabricant).
Sabots (marchand de) en détail.
Seaux ou baquets en sapin (fabricant de) à façon.
Souliers vieux (marchand de).
Tisserand.
Têtes en carton servant aux marchandes de modes (fabricant de).
Tourbe (marchand de) en détail.
Tourneur en bois (fabricant), sans boutique.
Vannier (fabricant de vannerie commune).
Vignettes et caractères à jour (fabricant de) à façon.
Vis (fabricant de) par procédés ordinaires, à façon.
Voiturier.

TABLEAU B.

*PROFESSIONS imposées eu égard à la population,
d'après un tarif exceptionnel.*

		Fr.
Agent de change..	A Paris....................	1,000
	Dans les villes de 100,000 âmes et au-dessus.	250
	De 50,000 âmes à 100,000 âmes.	200
	De 30,000 à 50,000, et dans les villes de 15,000 à 30,000 âmes qui ont un entrepôt réel,......	150
	Dans les villes de 15,000 à 30,000 âmes, et dans les villes d'une population inférieure à 15,000 âmes qui ont un entrepôt réel.......	100
	Dans toutes les autres communes.	75
Banquier.	A Paris....................	1,000
	Dans les villes d'une population de 50,000 âmes et au-dessus.....	500
	Dans les villes de 30,000 à 50,000 âmes, et dans celles de 15,000 à 30,000 âmes qui ont un entrepôt réel....................	400
	Dans les villes de 15,000 à 30,000 âmes, et dans les villes d'une population inférieure à 15,000 âmes qui ont un entrepôt réel.......	300
	Dans toutes les autres communes..	200
Commissionnaire en marchandises....	A Paris....................	400
	Dans les villes d'une population de 50,000 âmes et au-dessus......	300
	Dans les villes de 30,000 à 50,000 âmes, et dans celles de 15,000 à 30,000 âmes qui ont un entrepôt réel....................	200

Fr.

Commissionnaire en marchandises....	Dans les villes de 15,000 à 30,000 âmes, et dans les villes d'une population inférieure à 15,000 âmes qui ont un entrepôt réel.......	150
	Dans toutes les autres communes..	75
Commissionnaire entrepositaire ...	A Paris..................	250
	Dans les villes de 50,000 âmes et au-dessus.................	200
Commissionnaire de transports par terre et par eau....	Dans les villes de 30,000 à 50,000 âmes, et dans celles de 15,000 à 30,000 âmes qui ont un entrepôt réel..................	150
Courtier d'assurances.		
Courtier de navires.	Dans les villes de 15,000 à 30,000 âmes, et dans les villes d'une population inférieure à 15,000 âmes qui ont un entrepôt réel.......	100
Courtier de marchandises.		
	Dans toutes les autres communes.	50
Entrepreneur d'éclairage à l'huile.	A Paris..................	300
	Dans les villes de 50,000 âmes et au-dessus.................	150
	Dans les villes de 30,000 à 50,000 âmes....	100
	Dans les villes de 15,000 à 30,000 âmes.	50
	Dans toutes les autres communes.	25
Facteur aux halles de Paris.......	Pour les farines, le beurre, les œufs, les fromages et le poisson salé...	150
	Pour les grains, graines et grenailles, la marée, les huîtres et les cuirs.	100
	Pour le poisson d'eau douce, la volaille, le gibier, les agneaux, cochons de lait, veaux de rivière et de Pré-Salé, les veaux, les charbons de bois arrivés par eau, les draps, les toiles, les fourrages...	75
	Pour le charbon de bois arrivé par terre ou pour le charbon de terre.	50
	Pour les fruits et légumes.......	25

Fr.

Gaz pour l'éclairage (fabrique de)....	Pour les fabriques qui fournissent l'éclairage de tout ou partie de la ville de Paris.............	600
	Des villes de 50,000 âmes et au-dessus..................	400
	Des villes de 30,000 âmes et au-dessus..................	200
	Des villes de 15,000 à 30,000 âmes.................	150
	Des villes au-dessous de 15,000 âmes..................	75

Inhumations et pompes funèbres de Paris (entreprise des)............................. **1,000**

Monnaies (directeur des)......	A Paris.................	1,000
	Dans toutes les autres villes......	500

Négociant.......	A Paris.................	400
	Dans les villes de 50,000 âmes et au-dessus..................	300
	Dans les villes de 30,000 à 50,000 âmes, et dans celles de 15,000 à 30,000 âmes qui ont un entrepôt réel.............	200
	Dans les villes de 15,000 à 30,000 âmes, et dans les villes d'une population inférieure à 15,000 âmes qui ont un entrepôt réel.......	150
	Dans toutes les autres communes.	100

Pont (concessionnaires ou fermiers de péage sur un).	Dans l'intérieur de Paris.......	200
	Dans l'intérieur d'une ville de 50,000 âmes et au-dessus......	100
	Dans l'intérieur d'une ville de 20,000 à 30,000 âmes.......	75
	Dans les autres communes d'une population inférieure à 20,000 âmes, lorsque le pont réunit deux parties d'une route royale......	75
	D'une route départementale.....	50
	D'un chemin vicinal de grande communication................	25
	D'un chemin vicinal..........	15

		Fr.
	A Paris....................	300
	Dans les villes de 50,000 âmes et au-dessus...................	200
Roulage (entrepreneur de)........	Dans les villes de 30,000 à 50,000 âmes, et dans celles de 15,000 à 30,000 âmes qui ont un entrepôt réel....................	150
	Dans les villes de 15,000 à 30,000 âmes, et dans les villes d'une population inférieure à 15,000 âmes qui ont un entrepôt réel.......	100
	Dans toutes les autres communes..	75

TABLEAU C.

PROFESSIONS imposées sans égard à la population.

PREMIÈRE PARTIE. — Droit proportionnel au 15e.

Armateur pour le long cours.....	40 cent. par chaque tonneau, jusqu'au maximum de 400 fr.
Armateur pour le grand et le petit cabotage, la pêche de la baleine et celle de la morue.	25 cent. par chaque tonneau, jusqu'au maximum de 400 fr.

Assurances, non mutuelles, dont les opérations s'étendent à plus de vingt départements................	1,000
—De six à vingt départements....................	500
—A moins de six départements....................	300
Banque de France, y compris ses comptoirs.........	10,000

Fr.

		Fr.
Banque dans les dé-partements.	Ayant un capital de 2 millions et au-dessous	1,000
	Par chaque million de capital en sus, 200 fr., jusqu'au maximum de 2,000 fr.	

Bateaux et paquebots à vapeur pour le transport des voyageurs (entreprise de).
—Pour voyages de long cours 300
—Sur fleuves, rivières et le long des côtes 200
Bateaux et paquebots à vapeur pour le transport des marchandises (entreprise de) 200
Bateaux à vapeur remorqueurs (entreprise de) 150
Canaux navigables avec péage (concessionnaire de) 200
Plus, 20 fr. par myriamètre complet, en sus du premier, jusqu'au maximum de 1.000 fr.
Coches d'eau (entreprise de) 100
Défrichement ou desséchement (compagnie de) 300

		Fr.
Fournisseurs géné-raux.	D'objets concernant l'habillement, l'armement, la remonte, le harnachement et l'équipement des troupes, etc	1,000
	De subsistance aux armées	1,000
	De bois et lumière aux troupes . . .	1,000

Fournisseur des objets ci-dessus indiqués, par division militaire 150
Fournisseur de fourrages aux troupes dans les garnisons . . 100
Fournisseur de vivres et fourrages dans un gîte d'étape . . 25
Fournisseur de bois et de lumière aux troupes dans les garnisons 25
Magasin de plusieurs espèces de marchandises (tenant un), lorsqu'il occupe habituellement au moins vingt-cinq personnes préposées à la vente 1,000

		Fr.
Marchand forain . .	Avec voiture à un seul collier	60
	A deux colliers	120
	A trois colliers et au-dessus ou ayant plus d'une voiture	200
	Avec bête de somme	40
	Avec balle	15

Fr.

(Les droits ci-dessus sont réduits de moitié lorsque le marchand forain ne vend que de la boissellerie, de la poterie, de la vannerie ou des balais.)

Tontine (société de)· 300

DEUXIÈME PARTIE.

Droit proportionnel { Au 20e : 1° sur la maison d'habitation ;
— 2° Sur les magasins de vente complétement séparés de l'établissement
Au 25e : sur l'établissement industriel.

	Fr.
Aiguilles à coudre ou à faire des bas par procédés ordinaires (fabricant d'), pour son compte.	25
Amidon (fabrique d'). . . . . { Ayant dix ouvriers et au-dessous. .	25
Et 3 fr. par chaque ouvrier en sus, jusqu'au maximum de 200 fr.	
Ardoisières (exploitant d'). . . . . . { Ayant dix ouvriers et au-dessous.	25
Et 3 fr. par chaque ouvrier en sus, jusqu'au maximum de 400 fr.	
Blanc de baleine (raffinerie de). . { Ayant cinq ouvriers et au-dessous.	25
Et 3 fr. par chaque ouvrier en sus, jusqu'au maximum de 200 fr.	
Bougies, cierges, etc. (fabrique de) { Ayant cinq ouvriers et au-dessous.	25
Et 3 fr. par chaque ouvrier en sus, jusqu'au maximum de 300 fr.	
Brais, Goudrons, Poix résines et autres matières analogues (fabrique de).	25
Briques (fabrique de). . . . . { Ayant cinq ouvriers et au-dessous. .	15
Et 2 fr. par chaque ouvrier en sus, jusqu'au maximum de 100 fr.	
Café de chicorée (fabrique de).	50
Capsules ou amorces de chasse (fabricant de).	50
Cendres gravelées (fabrique de).	25

Fr.

		Fr.
Chandelles (fabrique de)........	{ Ayant cinq ouvriers et au-dessous. Et 3 fr. par chaque ouvrier en sus, jusqu'au maximum de 100 fr.	10
Chaux naturelle (fabrique de)...	{ Pour un four................ Pour deux................. Et pour trois fours et au-dessus..	15 30 50
Chaux artificielle (fabrique de)...	{ Pour un four................ Pour deux................. Et pour trois fours et au-dessus..	20 50 80
Cire (blanchisserie de)..........	{ Ayant cinq ouvriers et au-dessous. Et 3 fr. pour chaque ouvrier en sus, jusqu'au maximum de 200 fr.	25
Colle-forte (fabrique de)........	{ Ayant cinq ouvriers et au-dessous. Et 3 fr. par chaque ouvrier en sus, jusqu'au maximum de 100 fr.	25
Crayons (fabrique de)..........	{ Ayant cinq ouvriers et au-dessous. Et 3 fr. par chaque ouvrier en sus, jusqu'au maximum de 300 fr.	25
Creusets (fabrique de)......................		25
Encre d'impression (fabricant d')...	{ Ayant cinq ouvriers et au-dessous. Et 3 fr. par chaque ouvrier en sus, jusqu'au maximum de 200 fr.	25
Engrais (marchand d')		25
Esprit ou Eau-de-vie de vin (fabrique d')...........		50
Esprit ou Eau-de-vie de marc de raisin, cidre, poiré, fécules et autres substances analogues (fabrique d')....		25
Etain (fabrique d') pour glaces.....	{ Ayant dix ouvriers et au-dessous. Et 3 fr. par chaque ouvrier, jusqu'au maximum de 300 fr.	50
Fécules de pommes de terre (fabrique de)..........	{ Ayant dix ouvriers et au-dessous. Et 3 fr. par chaque ouvrier, jusqu'au maximum de 200 fr.	25
Fontainier, sondeur et foreur de puits artésiens......		50
Formes à sucre (fabrique de)......	{ 25 fr. pour cinq ouvriers et au-dessous, et 3 fr. par chaque ouvrier en sus, jusqu'au maximum de 100 fr.	50

Fr.

		Fr.
Gélatine (fabrique de).........	Ayant cinq ouvriers et au-dessous. Et 3 fr. par chaque ouvrier, jusqu'au maximum de 200 fr.	25
Glacières (maîtres de).......................		50
Mastics et ciments (fabrique de)................		50
Noir animal (fabrique de)......................		50
Pâtes alimentaires (fabrique de)....	Ayant cinq ouvriers et au-dessous. Et 3 fr. par chaque ouvrier, jusqu'au maximum de 200 fr.	25
Pierres à feu (fabricant, expéditeur de)...........		25
Pipes (fabrique de), 25 fr. par four, jusqu'au maximum de 150 fr.		
Plâtre (fabrique de)	Pour un four................	15
	Pour deux fours..............	30
	Pour trois fours et au-dessus.....	50
Pointes (fabrique de), par procédés ordinaires......	Ayant dix ouvriers et au-dessous. Plus, 3 fr. par chaque ouvrier en sus, jusqu'au maximum de 300 fr.	25
Poterie (fabrique de)..........	3 fr. par chaque ouvrier, jusqu'au maximum de 300 fr.	
Réglisse (fabrique de)..........	Ayant cinq ouvriers et au-dessous. Et 3 fr. par chaque ouvrier en sus, jusqu'au maximum de 200 fr.	25
Savon (fabrique de)	30 fr. pour une ou plusieurs chaudières ayant une capacité minimum de 30 hectolitres. 1 fr. en plus par chaque hectolitre excédant le chiffre de 30, jusqu'au maximum de 400 fr.	
Sel (raffinerie de)........................		100
Suif (sondeur de)..	Ayant cinq ouvriers et au-dessous. Et 3 fr. par chaque ouvrier en sus, jusqu'au maximum de 100 fr.	10
Taffetas gommés ou cirés (fabricant de)...........		50
Tapis peints ou vernis (fabricant de)		50
Toiles cirées ou vernies (fabricant de)...........		50
Tourbes carbonisées (fabrique de)...............		25

21

Fr.

Tuiles (fabrique de) { Ayant cinq ouvriers et au-dessous. | 15
Et 2 fr. par chaque ouvrier en sus,
jusqu'au maximum de 100 fr.

TROISIÈME PARTIE.

Droit proportionnel { Au 20ᵉ : 1° sur la maison d'habitation ;
— 2° Sur les magasins de vente complétement séparés de l'établissement.
Au 40ᵉ : sur l'établissement industriel.

Acier fondu ou acier { Ayant trois ouvriers et au-dessous. | 15
de cémentation fabrique de)...... { Et 3 fr. par chaque ouvrier en sus,
jusqu'au maximum de 300 fr.

(Ce droit sera réduit de moitié pour les fabriques qui sont forcées de chômer, par crue ou par manque d'eau, pendant une partie de l'année équivalente au moins à quatre mois.)

Acier naturel (fabrique d'), imposable comme les forges et hauts fourneaux.

Agrafes (fabrique d') par procédés mécaniques........ | 50

Aiguilles à coudre ou à { Ayant cinq ouvriers et au-dessous.............. | 25
tricoter, ou pour métiers
à faire des bas par procédés mécaniques (manufacture d')....... { Plus 3 fr. par chaque ouvrier en sus, jusqu'au maximum de 300 fr.

Armes blanches (fabrique d')................... | 100
Armes (manufactures d') de guerre .... | 400
Biscuit de mer (fabrique de)................... | 50
Blanchisserie de toiles et fils pour le commerce, par procédés mécaniques :
Ayant cinq ouvriers et au-dessous. .... | 25
Et 3 fr. par chaque ouvrier en sus, jusqu'au maximum de 300 fr.

Bocard, patouillet ou { Pour chaque usine........ | 15
lavoir de minerais.... { jusqu'au maximum de 100 fr.

Fr.

(Ce droit sera réduit de moitié pour les bocards,
patouillets ou lavoirs qui sont forcés de chômer,
par crue ou par manque d'eau, pendant une
partie de l'année équivalente au moins à quatre
mois.)

Brasserie :

Pour chaque chaudière contenant moins de 10 hectolit.	10
Pour chaque chaudière de 10 à 20 hectolitres.......	20
Pour chaque chaudière de 20 à 30 hectolitres........	30
Pour chaque chaudière de 30 à 40 hectolitres.......	40
Pour chaque chaudière de 40 à 60 hectolitres.......	60
Pour chaque chaudière au-dessus de 60 hectolitres....	100

jusqu'au maximum de 400 fr.

(Ce droit sera réduit de moitié pour les brasseries
qui ne brassent que quatre fois au plus par an.

Cartonnage (fabri-{ 30 fr. par cuve, jusqu'au maximum
que de).......{ de 150 fr.

(Ce droit sera réduit de moitié pour les fabriques
qui sont forcées de chômer, par manque ou par
crue d'eau, pendant une partie de l'année équivalente au moins à quatre mois.)

Chaudronnerie pour les appareils à vapeur, à distiller, à concentrer, etc. (fabrique de)..................	200
Chemin de fer avec péage (concessionnaire de)	200

Plus, 20 fr. par myriamètre en sus du premier, jusqu'au maximum de 1,000 fr.

Clous et pointes (fa-/Pour dix métiers et au-dessous... 50
brique de), par\Plus 5 fr. pour chaque métier en
procédés mécani-/ sus de dix, jusqu'au maximum de
ques.........\ 400 fr.

Convois militaires (entreprise générale des)	1,000
Convois militaires (entreprise particulière des), pour une division militaire.............................	100
Convois militaires (entreprise particulière pour gîtes d'étapes)...................................	25

Cocons (filerie de), 1 fr. 50 c. par bassine ou tour,
jusqu'au maximum de 400 fr.

Cristaux (manufacture de).....................	300

Fr.

Diligences partant à jours et heures fixes (entrepreneur de), parcourant une distance de deux myriamètres et au-dessous. 25

Pour chaque myriamètre complet en sus des deux premiers, 5 fr., jusqu'au maximum de 1,000 fr.

Eaux minérales et thermales (exploitation d') 150

Enclumes, essieux et gros étaux (manufacture d'). . . .	Par feu. . . . . jusqu'au maximum de 150 fr.	25
Epingles (manufacture d'), par procédés mécaniques.	Ayant dix ouvriers et au-dessous. Plus, 3 fr. par chaque ouvrier en sus, jusqu'au maximum de 300 fr.	25
Faïence (manufacture de).	Par four. . . . . jusqu'au maximum de 150 fr.	25
Faux et faucilles (fabrique de).	Dix ouvriers et au-dessous . . . . . . Et 3 fr. par chaque ouvrier en sus de ce nombre, jusqu'au maximum de 300 fr.	25
Fer-blanc (fabrique de).	Jusqu'à vingt ouvriers. . . . . Plus, 3 fr. par chaque ouvrier en sus, jusqu'au maximum de 400 fr.	100
Ferronnerie, serrurerie et clous forgés (fabricant de). . .	Ayant dix ouvriers et au-dessous.. Et 3 fr. par chaque ouvrier en sus, jusqu'au maximum de 300 fr.	25

Forges et hauts fourneaux (maîtres de).	Ayant au moins trois hauts fourneaux au coke.	500
	Plusieurs hauts fourneaux au coke, avec fonderies, forges et laminoirs.	500
	Deux hauts fourneaux au coke. . .	400
	Un haut fourneau au coke, avec avec forges et laminoirs.	400
	Un haut fourneau au coke, avec une fonderie.	300
	Un haut fourneau au coke.	250
	Trois hauts fourneaux au bois, et plus.	400
	Un établissement ou un ensemble d'établissement réunissant à plus	

Fr.

	de quatre feux d'affinerie ou quatre fours à pudler une fabrication de tôle, ou deux autres systèmes au moins de sous-fabrication de métaux, soit fonderie, tréfilerie, ferblanterie, métiers à clous à pointe.	400
	Un haut fourneau au bois, avec plusieurs forges ou deux hauts fourneaux au bois, avec une seule forge.	300
	Plus de deux hauts fourneaux au bois, avec une ou plusieurs forges.	400
	Deux hauts fourneaux au bois....	250
	Un haut fourneau au bois, avec une fonderie.	250
Forges et hauts fourneaux (maîtres de).	Un haut fourneau au bois, avec une forge.	200
	Une ou plusieurs forges, avec laminoirs, tréfilerie, et tout autre système de sous-fabrication métallurgique.	200
	Un haut fourneau au bois.	150
	Une forge à trois marteaux et plus.	100
	Trois forges à la catalane et plus.	100
	Une forge où l'action des marteaux est remplacée par celle d'un laminoir cingleur.	100
	Une forge à deux marteaux.	50
	Deux forges à la catalane.	50
	Une forge à un seul marteau.	25
	Une forge dite catalane.	25

(Ces droits seront réduits de moitié pour les forges dites catalanes et pour les forges à un ou deux marteaux, lorsqu'elles seront forcées, par manque ou par crue d'eau, de chômer pendant une partie de l'année équivalente au moins à quatre mois.)

Fonderie de cuivre (entrepreneur de)	Ayant plusieurs laminoirs.	300
	Un laminoir ou plusieurs martinets.	200
	Se bornant à convertir le cuivre rouge en cuivre jaune.	100

21.

Fr.

Fonderie de cuivre et bronze (entrepreneur de).....

Fondant des objets de grande dimension tels que cylindres ou rouleaux d'impression pour les manufactures ou grandes pièces de mécanique, etc............... 200

Ne fondant que des objets d'art ou d'ornementation, ou des pièces de mécanique de petite dimension... 100

Ne fondant que des objets d'un usage commun et de petite dimension, comme robinets, clochettes, anneaux, etc............. 50

Fonderie en fer de seconde fusion (entrepreneur de)...

Fabriquant des objets de grande dimension, tels que cylindres, grilles, colonnes, pilastres, bornes et grandes pièces de mécaniques, etc... 200

Ne fabriquant que des objets de petite dimension pour l'ornementation, ou de petites pièces de mécanique..................... 100

Glaces (manufacture de)..................... 400

Gobeleterie (manufacture de)..... 50 fr. par four de fusion, jusqu'au maximum de 300 fr.

Huîtres (marchand expéditeur d'), avec voitures servies par des relais................................ 100

Kaolin (exploitant une usine à pulvériser le) :
Par chaque usine........................ 15
jusqu'au maximum de 100 fr.

(Ce droit sera réduit de moitié pour les usines qui sont forcées, par manque ou par crue d'eau, de chômer pendant une partie de l'année équivalente au moins à quatre mois.)

Laminerie (entrepreneur de).....

Ayant trois paires de cylindres et au-dessus.................. 300

Ayant deux paires de cylindres de grande dimension........... 250

Ayant une seule paire de cylindres de grande dimension, ou deux

Fr.

Laminerie (entre-preneur de)..... {
paires de cylindres de petite dimension, au-dessous d'un mètre de longueur.............. 200
Ayant une seule paire de cylindres de petite dimension au-dessous d'un mètre de longueur....... 100
}

Lamier-rotier par procédés mécaniques............. 50

Limes (fabrique de). {
Ayant dix ouvriers et au-dessous.. 25
3 fr. par chaque ouvrier en sus, jusqu'au maximum de 300 fr.
}

Lits militaires (entreprise générale des). 1,000
Mareyeur, expéditeur avec voitures servies par des relais. 100
Maison particulière de santé (tenant une). 100
Maroquin (fabrique de), avec machine à vapeur ou moteur hydraulique......................... 100
Martinets, par arbre de camage................ 15
jusqu'au maximum de 200 fr.

(Ce droit sera réduit de moitié pour les fabriques qui sont forcées, par manque ou par crue d'eau, de chômer pendant une partie de l'année équivalente au moins à quatre mois.)

Moulin à blé, à huile, à garance, à tan, etc. :
6 fr. pour une seule paire de meules ou de cylindres.
15 fr. pour deux paires de meules ou de cylindres.
25 fr. pour trois paires de meules ou de cylindres.
40 fr. pour quatre paires de meules ou de cylindres.
Et 20 fr. par paire de meules ou de cylindres en sus, jusqu'au maximum de 300 fr.

(Ce droit sera réduit de moitié pour les moulins à vent et pour les moulins à eau, qui, par manque ou par crue d'eau, sont forcés de chômer pendant une partie de l'année équivalente au moins à quatre mois.)

Moulinier en soie.. {
Par 100 tavelles. 10
jusqu'au maximum de 200 fr.
}

Orthopédie (tenant un établissement d')............ 100

Fr

Papeterie à la cuve. { Par cuve....... 15
{ jusqu'au maximum de 100 fr.

(Ce droit sera réduit de moitié pour les papeteries
à la cuve qui sont forcées, par manque ou par
crue d'eau, de chômer pendant une partie de
l'année équivalente au moins à quatre mois.)

Papeterie à la mécanique :

La première machine. 150
Plus, 50 fr. par machine jusqu'au maximum de 400 fr.

Papiers peints pour { Pour 15 tables et au-dessous.... 40
tenture (fabrique { Et 3 fr. par table en sus, jusqu'au
de)........... { maximum de 300 fr.
{ Un cylindre sera compté pour 25
{ tables.

Porcelaines (manufacture de) :
30 fr. par four jusqu'au maximum de 300 fr.

Produits chimiques { Ayant cinq ouvriers et au-dessous. 25
(manufacture de). { Et 3 fr. par chaque ouvrier en sus,
{ jusqu'au maximum de 300 fr.

Quincaillerie (fa- { Ayant dix ouvriers et au-dessous. 25
brique de).... . { Plus 3 fr. par chaque ouvrier en sus,
{ jusqu'au maximum de 150 fr.

Scierie mécanique. { Par chaque cadre............ 5
{ jusqu'au maximum de 150 fr.

(Ce droit sera réduit de moitié pour les fabriques
qui sont forcées, par manque ou par crue d'eau,
de chômer pendant au moins quatre mois de
l'année.)

Scies (fabrique de). { Ayant dix ouvriers et au-dessous. 25
{ Plus, 3 fr. par ouvrier en sus, jus-
{ qu'au maximum de 300 fr.

Sucre (raffinerie de).. 300
Sucre de betterave (fabrique de) :
Pour chaque chaudière à défequer contenant moins de
10 hectolitres.............................. 40

Fr.

Pour chaque chaudière à déféquer contenant 10 hectolitres et au-dessus......................... 60
jusqu'au maximum de 400 fr.

Tannerie de cuirs forts et mous, par mètre cube de fosses
ou de cuves, 25 cent., jusqu'au maximum de 300 fr.

Teinturier pour les fabricants et les marchands, 3 fr. par
ouvrier, jusqu'au maximum de 300 fr.

Transport de la guerre (entreprise générale du) 1,000

Transport de la guerre (entreprise particulière de), pour
une division militaire... 100

Transport de la guerre (entreprise particulière pour gîtes
d'étapes)........................... 25

Transports militaires (entreprise générale des)........ 1,000

Transports des tabacs (entreprise générale de). 1,000

Tréfilerie en fer ou
laiton.........
⎧ 10 bobines et au-dessous....... 25
⎪ 20 bobines................ 50
⎨ Et 4 fr. par chaque bobine en gros
⎪ numéro, et 1 fr. par bobine d'un
⎪ numéro fin, jusqu'au maximum de
⎩ 400 fr.

Verrerie, 50 fr. par four de fusion, jusqu'au maximum
de 300 fr.

Vis (manufacture
de), par procédés
mécaniques.....
⎧ Ayant dix ouvriers et au-dessous. 25
⎨ Plus, 3 fr. par chaque ouvrier en
⎩ sus, jusqu'au maximum de 300 fr.

QUATRIÈME PARTIE.

Droit proportionnel
⎧ Au 20ᵉ : 1° Sur la maison d'habi-
⎪ tation;
⎪ — 2° Sur les magasins de vente
⎨ complétement séparés de l'é-
⎪ tablissement.
⎪ Au 50ᵉ : Sur l'établissement indus-
⎩ triel.

Apprêteur d'étoffes
pour les fabriques.
⎧ Ayant cinq ouvriers et au-dessous. 25
⎨ Et 3 fr. par ouvrier en sus, jusqu'au
⎩ maximum de 150 fr.

Fr.

Cardes (manufacture de) par procédés mécaniques.   200

Filature de laine, de chanvre ou de lin, au-dessous de
500 broches.   15
      (Non compris les métiers préparatoires.)

Par chaque centaine de broches au-dessus de 500.   3
jusqu'au maximum de 400 fr.

Filature de coton au-dessous de 500 broches.   10
      (Non compris les métiers préparatoires.)

Pour chaque centaine de broches au-dessus de 500,
1 fr. 50 cent., jusqu'au maximum de 400 fr.

Fil de coton, chan- ⎧ Pour un ou deux moulins.   15
vre, lin (fabrique ⎨ Plus, 10 fr. par chaque moulin en
de). . . . . ⎩ sus, jusqu'au maximum de 400 fr.

            ⎧ Pour 25 tables et au dessous. . . .   50
            ⎪ Plus, 3 fr. par table en sus, jus-
            ⎪ qu'au maximum de 400 fr.
Imprimeur d'étoffes ⎨ Un rouleau comptera pour 25 ta-
            ⎪ bles, et 4 pérotines pour un rou-
            ⎩ leau.

Machines à vapeur. . . . . . . ⎫
Presses pour l'imprimerie, ⎪ Employant moins de 25 ou-
métiers mécaniques pour la ⎪ vriers.   100
filature et pour le tissage, ⎬ De 50 ouvriers.   200
et autres grandes machines ⎪ Plus de 50 ouvriers.   300
(contructeurs de). . . . . . . ⎭

Métiers (fabrique à). . . . . . ⎧ Jusqu'à 5 métiers.   10
Pour les métiers réunis dans ⎨ Et 2 fr. 50 c. en sus par
un corps de fabrique. . . . ⎩ métier, jusqu'au maximum
               de 400 fr.

Pour les métiers non réunis ⎧ 2 fr. 50 c. par chaque mé-
dans un corps de fabrique. ⎨ tier, jusqu'au maximum de
             ⎩ 300 fr.

    (Ces droits seront réduits de moitié pour les fabri-
cants à façon.)

Tissage mécanique, par chaque métier, 2 fr. 50 c., jusqu'au maximum de 400 fr.

CINQUIÈME PARTIE. — Droit proportionnel au 15ᵉ sur la maison d'habitation seulement.

Fr.

Carrières souterraines ou à ciel ouvert (exploitant de), ayant moins de dix ouvriers.................... 25
Plus, 3 fr. par chaque ouvrier en sus, jusqu'au maximum de 200 fr.
Cendres noires (extracteur de), ayant moins de dix ouvriers............................... 25
Plus, 3 fr. par chaque ouvrier en sus, jusqu'au maximum de 200 fr.
Chaussées et routes (entrepreneur de l'entretien des)..... 25
Desséchement (entrepreneur de travaux de) 50
Dragueur entrepreneur....................... 50
Fabrication dans les prisons, etc. (entrepreneur de), pour un atelier de 25 détenus et au-dessous............ 25
Par chaque détenu en sus, 50 cent., jusqu'au maximum de 500 fr.
Fabrication dans les dépôts de mendicité (entrepreneur de), moitié du droit ci-dessus fixé pour les entrepreneurs de fabrication dans les prisons.
Fournisseur général dans les prisons et dépôts de mendicité :
A forfait et par tête de détenu, pour une population de 300 détenus et au-dessous....................... 150
Par cent détenus en sus, 25 fr., jusqu'au maximum de 500 fr.
Flottage (entrepreneur de) 25
Fruits sur bateaux (marchand de)'.................. 50
Gare (entrepreneur de) 100
Minières non concessibles (exploitant de), ayant moins de dix ouvriers........................... 25
Plus, 3 fr. par chaque ouvrier en sus, jusqu'au maximum de 200 fr.
Restaurateurs sur coches et bateaux à vapeur.......... 50
Spectacle (directeur de) :
    1° Le quart d'une représentation complète dans les théâtres où l'on joue tous les jours ;
    2° Le huitième si l'on ne joue pas tous les jours et si la troupe est sédentaire ;

Fr.

3° Si la troupe n'est pas sédentaire, c'est-à-dire si elle ne reste pas quatre mois consécutifs dans la même ville.. 50

Tourbières (exploitant de), ayant moins de dix ouvriers .. 25

Plus, 3 fr. par chaque ouvrier en sus, jusqu'au maximum de 200 fr.

Travaux publics (entrepreneur de) 50

Madragues (fermier de)...................... 25

TABLEAU D.

EXCEPTIONS à la règle générale qui fixe le droit proportionnel au 20e de la valeur locative.

Le droit proportionnel est fixé au 15e :

1° Pour les patentables compris dans la première classe du tableau A ;

2° Pour les patentables compris dans le tableau B ;

3° Pour les patentables compris dans la première série du tableau C.

Il est également fixé au 15e, mais sur la maison d'habitation seulement, pour les patentables compris dans la cinquième partie du tableau C.

Le droit proportionnel est fixé au 25e de la valeur locative établissements industriels compris dans la deuxième partie du tableau C.

Au 30e de la valeur locative des locaux servant à l'exercice des professions ci-après désignées :

Marchands de bois en gros compris dans la première classe du tableau A.

Marchands de charbon de bois et de charbon de terre, compris dans la première et la deuxième classe du tableau A.

Marchands de vins en gros.

Commissionnaires entrepositaires de vins.
Marchands d'huiles en gros.

Au 40e de la valeur locative :

1º De tous les locaux occupés par les patentables des septième et huitième classes du tableau A ; mais seulement dans les communes d'une population de 20,000 âmes et au-dessus ;

2º Des établissements industriels compris dans la troisième partie du tableau C ;

3º Des locaux servant à l'exercice des professions ci-après désignées :

Fabricants de gaz pour l'éclairage ;
Imprimeurs typographes employant des presses mécaniques.
Maîtres d'hôtel garni.
Loueurs en garni.
Individus tenant des maisons particulières :
— d'accouchement ;
— de santé ;
— de retraite ;
— des établissements d'orthopédie.
Magasiniers.
Entrepreneurs de roulage ;
— de bains publics ;
— de bains de rivière en pleine eau.
Maîtres de jeu de paume.
Individus tenant un manège d'équitation ;
— une école de natation ;
— un jardin public ;
— un parc à charrettes.

Au 50e de la valeur locative des établissements industriels compris dans la quatrième partie du tableau C.

Payent le droit proportionnel au 20e, sur les maisons d'habitation seulement :

Les concessionnaires, exploitants ou fermiers des droits d'emmagasinage dans un entrepôt.

Les adjudicataires ou fermiers des droits de halles ou marchés.

Les adjudicataires des droits de jaugeage des liquides.

Les fermiers des droits de pesage et de mesurage.

22

Les fournisseurs d'objets de consommation dans les cercles ou sociétés.

Les directeurs de Diorama, Panorama, Géorama, Néorama.

Les fermiers de fontaines publiques.

Les adjudicataires des droits d'octroi.

Les concessionnaires, exploitants ou fermiers de péage sur un pont.

Les fermiers de bacs.

Les concessionnaires ou fermiers d'abattoirs publics.

Les directeurs des monnaies.

Sont exempts de tout droit proportionnel :

Les patentables des septième et huitième classes, résidant dans les communes d'une population inférieure à 20,000 âmes ;

Et les fabricants à métiers, ayant moins de dix métiers, et ne travaillant qu'à façon.

LOI DU 3 MAI 1841, SUR L'EXPROPRIATION

POUR CAUSE D'UTILITÉ PUBLIQUE.

TITRE PREMIER.

DISPOSITIONS PRÉLIMINAIRES.

Art. 1er. L'expropriation pour cause d'utilité publique s'opère par autorité de justice.

Art. 2. Les tribunaux ne peuvent prononcer l'expropriation qu'autant que l'utilité en a été constatée et déclarée dans les formes prescrites par la présente loi.

Ces formes consistent :

1° Dans la loi ou l'ordonnance royale qui autorise l'exécution des travaux pour lesquels l'expropriation est requise ;

2° Dans l'acte du préfet qui désigne les localités ou territoires sur lesquels les travaux doivent avoir lieu, lorsque cette désignation ne résulte pas de la loi ou de l'ordonnance royale ;

3° Dans l'arrêté ultérieur par lequel le préfet détermine les propriétés particulières auxquelles l'expropriation est applicable.

Cette application ne peut être faite à aucune propriété particulières qu'après que les parties intéressées ont été mises en état d'y fournir leurs contredits, selon les règles exprimées au titre II.

Art. 3. Tous grands travaux publics, routes royales, canaux, chemins de fer, canalisation des rivières, bassins et docks, entrepris par l'Etat, les départements, les communes, ou par compagnies particulières, avec ou sans péage, avec ou sans subside du Trésor, avec ou sans aliénation du domaine public, ne pourront être exécutés qu'en vertu d'une loi qui ne sera rendue qu'après une enquête administrative.

Une ordonnance royale suffira pour autoriser l'exécution des routes départementales, celle des canaux et chemins de fer d'embranchement de moins de vingt mille mètres de longueur, des ponts et de tous autres travaux de moindre importance.

Cette ordonnance devra également être précédée d'une enquête.

Ces enquêtes auront lieu dans les formes déterminées par un règlement d'administration publique.

TITRE II.

DES MESURES D'ADMINISTRATION RELATIVES A L'EXPROPRIATION.

Art. 4. Les ingénieurs ou autres gens de l'art chargés de l'exécution des travaux lèvent, pour la partie qui s'étend sur chaque commune, le plan parcellaire des terrains ou des édifices dont la cession leur paraît nécessaire.

Art. 5. Le plan desdites propriétés particulières, indicatif des noms de chaque propriétaire, tels qu'ils sont inscrits sur la matrice des rôles, reste déposé, pendant huit jours, à la mairie de la commune où les propriétés sont situées, afin que chacun puisse en prendre connaissance.

Art. 6. Le délai fixé à l'article précédent ne court qu'à dater de l'avertissement, qui est donné collectivement aux parties intéressées, de prendre communication du plan déposé à la mairie.

Cet avertissement est publié à son de trompe ou de caisse dans la commune, et affiché tant à la principale porte de l'église du lieu qu'à celle de la maison commune.

Il est en outre inséré dans l'un des journaux publiés dans l'arrondissement, ou, s'il n'en existe aucun, dans l'un des journaux du département.

Art. 7. Le maire certifie ces publications et affiches; il mentionne sur un procès-verbal qu'il ouvre à cet effet, et que les parties qui comparaissent sont requises de signer, les déclarations et réclamations qui lui ont été faites verbalement, et y annexe celles qui lui sont transmises par écrit.

Art. 8. A l'expiration du délai de huitaine prescrit par l'article 5, une commission se réunit au chef lieu de la sous-préfecture.

Cette commission, présidée par le sous-préfet de l'arrondissement, sera composée de quatre membres du conseil général du département ou du conseil de l'arrondissement désignés par le préfet, du maire de la commune où les propriétés sont situées, et de l'un des ingénieurs chargés de l'exécution des travaux.

La commission ne peut délibérer valablement qu'autant que cinq de ses membres au moins sont présents.

Dans le cas où le nombre des membres présents serait de six, et où il y aurait partage d'opinions, la voix du président sera prépondérante.

Les propriétaires qu'il s'agit d'exproprier ne peuvent être appelés à faire partie de la commission.

Art. 9. La commission reçoit, pendant huit jours, les observations des propriétaires.

Elle les appelle toutes les fois qu'elle le juge convenable. Elle donne son avis.

Ses opérations doivent être terminées dans le délai de dix jours; après quoi le procès-verbal est adressé immédiatement par le sous-préfet au préfet.

Dans le cas où lesdites opérations n'auraient pas été mises à fin dans le délai ci-dessus, le sous-préfet devra, dans les trois jours, transmettre au préfet son procès-verbal et les documents recueillis.

Art. 10. Si la commission propose quelque changement au tracé indiqué par les ingénieurs, le sous-préfet devra, dans la forme indiquée par l'article 6, en donner immédiatement avis aux propriétaires que ces changements pourront intéresser. Pendant huitaine, à dater de cet avertissement, le procès-verbal et les pièces resteront déposés à la sous-préfecture; les parties intéressées pourront en prendre communication sans déplacement et sans frais, et fournir leurs observations écrites.

Dans les trois jours suivants, le sous-préfet transmettra toutes les pièces à la préfecture.

Art. 11. Sur le vu du procès-verbal et des documents y annexés, le préfet détermine, par un arrêté motivé, les propriétés qui doivent être cédées, et indique l'époque à laquelle il sera nécessaire d'en prendre possession. Toutefois, dans le cas où il résulterait de l'avis de la commission qu'il y aurait lieu de modifier le tracé des travaux ordonnés, le préfet surseoira jusqu'à ce qu'il ait été prononcé par l'administration supérieure.

L'administration supérieure pourra, suivant les circonstances, ou statuer définitivement, ou ordonner qu'il soit procédé de nouveau à tout ou partie des formalités prescrites par les articles précédents.

Art. 12. Les dispositions des articles 8, 9 et 10 ne sont point

22.

applicables au cas où l'expropriation serait demandée par une commune, et dans un intérêt purement communal, non plus qu'aux travaux d'ouverture ou de redressement des chemins vicinaux.

Dans ce cas, le procès-verbal prescrit par l'article 7 est transmis, avec l'avis du conseil municipal, par le maire au sous-préfet, qui l'adressera au préfet avec ses observations.

Le préfet, en conseil de préfecture, sur le vu de ce procès-verbal, et sauf l'approbation de l'administration supérieure, prononcera comme il est dit en l'article précédent.

TITRE III.

DE L'EXPROPRIATION ET DE SES SUITES, QUANT AUX PRIVILÉGES, HYPOTHÈQUES ET AUTRES DROITS RÉELS.

Art. 13. Si des biens de mineurs, d'interdits, d'absents, ou autres incapables, sont compris dans les plans déposés en vertu de l'article 5, ou dans les modifications admises par l'administration supérieure, aux termes de l'article 11 de la présente loi, les tuteurs, ceux qui ont été envoyés en possession provisoire, et tous représentants des incapables, peuvent, après autorisation du tribunal donnée sur simple requête, en la chambre du conseil, le ministère public entendu, consentir amiablement à l'aliénation desdits biens.

Le tribunal ordonne les mesures de conservation et de remploi qu'il juge nécessaires.

Ces dispositions sont applicables aux immeubles dotaux et aux majorats.

Les préfets pourront, dans le même cas, aliéner les biens des départements, s'ils y sont autorisés par délibération du conseil général ; les maires ou administrateurs pourront aliéner les biens des communes ou établissements publics, s'ils y sont autorisés par délibération du conseil municipal ou du conseil d'administration, approuvée par le préfet en conseil de préfecture.

Le ministre des finances peut consentir à l'aliénation des biens de l'État, ou de ceux qui font partie de la dotation de la couronne, sur la proposition de l'intendant de la liste civile.

A défaut de conventions amiables, soit avec les propriétaires des terrains ou bâtiments dont la cession est reconnue nécessaire, soit avec ceux qui les représentent, le préfet transmet au procureur du roi dans le ressort duquel les biens sont situés la loi ou l'ordonnance qui autorise l'exécution des travaux, et l'arrêté mentionné en l'article 11.

Art. 14. Dans les trois jours, et sur la production des pièces constatant que les formalités prescrites par l'article 2 du titre Ier, et par le titre II de la présente loi, ont été remplies, le procureur du roi requiert et le tribunal prononce l'expropriation pour cause d'utilité publique des terrains ou bâtiments indiqués dans l'arrêté du préfet.

Si, dans l'année de l'arrêté du préfet, l'administration n'a pas poursuivi l'expropriation, tout propriétaire dont les terrains sont compris audit arrêté peut présenter requête au tribunal. Cette requête sera communiquée par le procureur du roi au préfet, qui devra, dans le plus bref délai, envoyer les pièces, et le tribunal statuera dans les trois jours.

Le même jugement commet un des membres du tribunal pour remplir les fonctions attribuées par le titre IV, chapitre II, au magistrat directeur du jury chargé de fixer l'indemnité, et désigne un autre membre pour le remplacer au besoin.

En cas d'absence ou d'empêchement de ces deux magistrats, il sera pourvu à leur remplacement par une ordonnance sur requête du président du tribunal civil.

Dans le cas où les propriétaires à exproprier consentiraient à la cession, mais où il n'y aurait point accord sur le prix, le tribunal donnera acte du consentement, et désignera le magistrat directeur du jury, sans qu'il soit besoin de rendre le jugement d'expropriation, ni de s'assurer que les formalités prescrites par le titre II ont été remplies.

Art. 15. Le jugement est publié et affiché, par extrait, dans la commune de la situation des biens, de la manière indiquée en l'article 6. Il est en outre inséré dans l'un des journaux publiés dans l'arrondissement, ou, s'il n'en existe aucun, dans l'un de ceux du département.

Cet extrait, contenant les noms des propriétaires, les motifs et le dispositif du jugement, leur est notifié au domicile qu'ils auront élu dans l'arrondissement de la situation des biens, par une déclaration faite à la mairie de la commune où les biens sont situés ; et, dans le cas où cette élection de domicile n'aurait pas eu lieu, la notification de l'extrait sera faite en double copie au maire et au fermier, locataire, gardien ou régisseur de la propriété.

Toutes les autres notifications prescrites par la présente loi seront faites dans la forme ci-dessus indiquée.

Art. 16. Le jugement sera, immédiatement après l'accomplissement des formalités prescrites par l'article 15 de la présente loi, transcrit au bureau de la conservation des hypothèques de l'arrondissement, conformément à l'article 2181 du Code civil.

Art. 17. Dans la quinzaine de la transcription, les priviléges et les hypothèques conventionnelles, judiciaires ou légales, seront inscrits.

A défaut d'inscription dans ce délai, l'immeuble exproprié sera affranchi de tous priviléges et hypothèques, de quelque nature qu'ils soient, sans préjudice des droits des femmes, mineurs et interdits, sur le montant de l'indemnité, tant qu'elle n'a pas été payée ou que l'ordre n'a pas été réglé définitivement entre les créanciers.

Les créanciers inscrits n'auront, dans aucun cas, la faculté de surenchérir, mais ils pourront exiger que l'indemnité soit fixée conformément au titre IV.

Art. 18. Les actions en résolution, en revendication, et toutes autres actions réelles, ne pourront arrêter l'expropriation ni en empêcher l'effet. Le droit des réclamants sera transporté sur le prix, et l'immeuble en demeurera affranchi.

Art. 19. Les règles posées dans le premier paragraphe de l'article 15 et dans les articles 16, 17, et 18, sont applicables dans le cas de conventions amiables passées entre l'administration et les propriétaires.

Cependant l'administration peut, sauf les droits des tiers, et sans accomplir les formalités ci-dessus tracées, payer le prix des acquisitions dont la valeur ne s'élèverait pas au-dessus de 500 fr.

Le défaut d'accomplissement des formalités de la purge des hypothèques n'empêche pas l'expropriation d'avoir son cours; sauf, pour les parties intéressées, à faire valoir leurs droits ultérieurement, dans les formes déterminées par le titre IV de la présente loi.

Art. 20. Le jugement ne pourra être attaqué que par la voie du recours en cassation, et seulement pour incompétence, excès de pouvoir ou vices de forme du jugement.

Le pourvoi aura lieu, au plus tard, dans les trois jours, à dater de la notification du jugement, par déclaration au greffe du tribunal. Il sera notifié dans la huitaine, soit à la partie, au domicile indiqué par l'article 15, soit au préfet ou au maire, suivant la nature des travaux ; le tout à peine de déchéance.

Dans la quinzaine de la notification du pourvoi, les pièces seront adressées à la chambre civile de la cour de cassation, qui statuera dans le mois suivant.

L'arrêt, s'il est rendu par défaut, à l'expiration de ce délai, ne sera pas susceptible d'opposition.

TITRE IV.

DU RÈGLEMENT DES INDEMNITÉS.

CHAPITRE Ier. — *Mesures préparatoires.*

Art. 21. Dans la huitaine qui suit la notification prescrite par l'article 15, le propriétaire est tenu d'appeler et de faire connaître à l'administration les fermiers, locataires, ceux qui ont des droits d'usufruit, d'habitation ou d'usage, tels qu'ils sont réglés par le Code civil, et ceux qui peuvent réclamer des servitudes résultant des titres mêmes du propriétaire ou d'autres actes dans lesquels il serait intervenu ; sinon il restera seul chargé envers eux des indemnités que ces derniers pourront réclamer.

Les autres intéressés seront en demeure de faire valoir leurs droits par l'avertissement énoncé en l'article 6, et tenus de se faire connaître à l'administration dans le même délai de huitaine, à défaut de quoi ils seront déchus de tous droits à l'indemnité.

Art. 22. Les dispositions de la présente loi relative aux propriétaires et à leurs créanciers sont applicables à l'usufruitier et à ses créanciers.

Art. 23. L'administration notifie aux propriétaires et à tous autres intéressés qui auront été désignés ou qui seront intervenus dans le délai fixé par l'article 21, les sommes qu'elle offre pour indemnités.

Ces offres sont, en outre, affichées et publiées conformément à l'article 6 de la présente loi.

Art. 24. Dans la quinzaine suivante, les propriétaires et autres intéressés sont tenus de déclarer leur acceptation, ou, s'ils n'acceptent pas les offres qui leur sont faites, d'indiquer le montant de leurs prétentions.

Art. 25. Les femmes mariées sous le régime dotal, assistées de leurs maris, les tuteurs, ceux qui ont été envoyés en possession provisoire des biens d'un absent, et autres personnes qui représentent les incapables, peuvent valablement accepter les offres énoncées en l'article 23, s'ils y sont autorisés dans les formes prescrites par l'article 13.

Art. 26. Le ministre des finances, les préfets, maires ou administrateurs, peuvent accepter les offres d'indemnité pour expropriation des biens appartenant à l'État, à la couronne, aux départements, communes ou établissements publics, dans les formes et avec les autorisations prescrites par l'article 13.

Art. 27. Le délai de quinzaine, fixé par l'article 24, sera d'un mois dans les cas prévus par les articles 25 et 26.

Art. 28. Si les offres de l'administration ne sont pas acceptées dans les délais prescrits par les articles 24 et 27, l'administration citera devant le jury, qui sera convoqué à cet effet, les propriétaires et tous autres intéressés qui auront été désignés, ou qui seront intervenus, pour qu'il soit procédé au règlement des indemnités de la manière indiquée au chapitre suivant. La citation contiendra l'énonciation des offres qui auront été refusées.

CHAPITRE II.—*Du jury spécial chargé de régler les indemnités.*

Art. 29. Dans sa session annuelle, le conseil général du département désigne, pour chaque arrondissement de sous-préfecture, tant sur la liste des électeurs que sur la seconde partie de la liste du jury, trente-six personnes au moins, et soixante et douze au plus, qui ont leur domicile réel dans l'arrondissement, parmi lesquelles sont choisis, jusqu'à la session suivante ordinaire du conseil général, les membres du jury spécial appelé, le cas échéant, à régler les indemnités dues par suite d'expropriation pour cause d'utilité publique.

Le nombre des jurés désignés pour le département de la Seine sera de 600.

Art. 30. Toutes les fois qu'il y a lieu de recourir à un jury spécial, la première chambre de la cour royale, dans les départements qui sont le siége d'une cour royale, et, dans les autres départements, la première chambre du tribunal du chef-lieu judiciaire, choisit en la chambre du conseil, sur la liste dressée en vertu de l'article précédent pour l'arrondissement dans lequel ont lieu les expropriations, seize personnes qui formeront le jury spécial chargé de fixer définitivement le montant de l'indemnité, et, en outre, quatre jurés supplémentaires ; pendant les vacances, ce choix est déféré à la chambre de la cour ou du tribunal chargée du service des vacations. En cas d'abstention ou de récusation des membres du tribunal, le choix du jury est déféré à la cour royale.

Ne peuvent être choisis ;

1° Les propriétaires, fermiers, locataires des terrains et bâtiments désignés en l'arrêté du préfet pris en vertu de l'article 11, et qui restent à acquérir ;

2° Les créanciers ayant inscription sur lesdits immeubles ;

3° Tous autres intéressés désignés ou intervenants en vertu des articles 21 et 22.

Les septuagénaires seront dispensés, s'ils le requièrent, des fonctions de juré.

Art. 31. La liste des seize jurés et des quatre jurés supplémentaires est transmise par le préfet au sous-préfet, qui, après s'être concerté avec le magistrat directeur du jury, convoque les jurés et les parties, en leur indiquant, au moins huit jours à l'avance, le lieu et le jour de la réunion. La notification aux parties leur fait connaître les noms des jurés.

Art. 32. Tout juré qui, sans motifs légitimes, manque à l'une des séances ou refuse de prendre part à la délibération, encourt une amende de 100 fr. au moins et de 300 fr. au plus.

L'amende est prononcée par le magistrat directeur du jury.

Il statue en dernier ressort sur l'opposition qui serait formée par le juré condamné.

Il prononce également sur les causes d'empêchement que les jurés proposent, ainsi que sur les exclusions ou incompatibilités dont les causes ne seraient survenues ou n'auraient été connues que postérieurement à la désignation faite en vertu de l'article 30.

Art. 33. Ceux des jurés qui se trouvent rayés de la liste par suite des empêchements, exclusions ou incompatibilités prévus à l'article précédent, sont immédiatement remplacés par les jurés supplémentaires, que le magistrat directeur du jury appelle dans l'ordre de leur inscription.

En cas d'insuffisance, le magistrat directeur du jury choisit, sur la liste dressée en vertu de l'article 29, les personnes nécessaires pour compléter le nombre des seize jurés.

Art. 34. Le magistrat directeur du jury est assisté, auprès du jury spécial, du greffier ou commis-greffier du tribunal, qui appelle successivement les causes sur lesquelles le jury doit statuer, et tient procès-verbal des opérations.

Lors de l'appel, l'administration a le droit d'exercer deux récusations péremptoires; la partie adverse a le même droit.

Dans le cas où plusieurs intéressés figurent dans la même affaire, ils s'entendent pour l'exercice du droit de récusation, sinon le sort désigne ceux qui doivent en user.

Si le droit de récusation n'est point exercé, ou s'il ne l'est que partiellement, le magistrat directeur du jury procède à la réduction des jurés au nombre de douze, en retranchant les derniers noms inscrits sur la liste.

Art. 35. Le jury spécial n'est constitué que lorsque les douze jurés sont présents.

Les jurés ne peuvent délibérer valablement qu'au nombre de neuf au moins.

Art. 36. Lorsque le jury est constitué, chaque juré prête serment de remplir ses fonctions avec impartialité.

Art. 37. Le magistrat directeur met sous les yeux du jury :

1° Le tableau des offres et demandes notifiées en exécution des articles 23 et 24 ;

2° Les plans parcellaires et les titres ou autres documents produits par les parties à l'appui de leurs offres et demandes.

Les parties ou leurs fondés de pouvoir peuvent présenter sommairement leurs observations.

Le jury pourra entendre toutes les personnes qu'il croira pouvoir l'éclairer.

Il pourra également se transporter sur les lieux, ou déléguer à cet effet un ou plusieurs de ses membres.

La discussion est publique, elle peut être continuée à une autre séance.

Art. 38. La clôture de l'instruction est prononcée par le magistrat directeur du jury.

Les jurés se retirent immédiatement dans leur chambre pour délibérer, sans désemparer, sous la présidence de l'un d'eux, qu'ils désignent à l'instant même.

La décision du jury fixe le montant de l'indemnité : elle est prise à la majorité des voix.

En cas de partage, la voix du président du jury est prépondérante.

Art. 39. Le jury prononce des indemnités distinctes en faveur des parties qui les réclament à des titres différents, comme propriétaires, fermiers, locataires, usagers et autres intéressés dont il est parlé à l'article 21.

Dans le cas d'usufruit, une seule indemnité est fixée par le jury, eu égard à la valeur totale de l'immeuble ; le nu-propriétaire et l'usufruitier exercent leurs droits sur le montant de l'indemnité au lieu de l'exercer sur la chose.

L'usufruitier sera tenu de donner caution ; les père et mère ayant l'usufruit légal des biens de leurs enfants en seront seuls dispensés.

Lorsqu'il y a litige sur le fond du droit ou sur la qualité des réclamants, et toutes les fois qu'il s'élève des difficultés étrangères à la fixation du montant de l'indemnité, le jury règle l'indemnité indépendamment de ces litiges et difficultés, sur lesquels les parties sont renvoyées à se pourvoir devant qui de droit.

L'indemnité allouée par le jury ne peut, en aucun cas, être inférieure aux offres de l'administration, ni supérieure à la demande de la partie intéressée.

Art. 40. Si l'indemnité réglée par le jury ne dépasse pas l'offre de l'administration, les parties qui l'auront refusée seront condamnées aux dépens.

Si l'indemnité est égale à la demande des parties, l'administration sera condamnée aux dépens.

Si l'indemnité est à la fois supérieure à l'offre de l'administration, et inférieure à la demande des parties, les dépens seront compensés de manière à être supportés par les parties et l'administration, dans les proportions de leur offre ou de leur demande avec la décision du jury.

Tout indemnitaire qui ne se trouvera pas dans le cas des articles 25 et 26 sera condamné aux dépens, quelle que soit l'estimation ultérieure du jury, s'il a omis de se conformer aux dispositions de l'article 24.

Art. 41. La décision du jury, signée des membres qui y ont concouru, est remise par le président au magistrat directeur, qui la déclare exécutoire, statue sur les dépens, et envoie l'adminis-

23

tration en possession de la propriété, à la charge par elle de se conformer aux dispositions des articles 53, 54 et suivants.

Ce magistrat taxe les dépens, dont le tarif est déterminé par un règlement d'administration publique.

La taxe ne comprendra que les actes faits postérieurement à l'offre de l'administration ; les frais des actes antérieurs demeurent, dans tous les cas, à la charge de l'administration.

Art. 42. La décision du jury et l'ordonnance du magistrat directeur ne peuvent être attaquées que par la voie du recours en cassation, et seulement pour violation du premier paragraphe de l'article 30, de l'article 31, des deuxième et quatrième paragraphes de l'article 34, et des articles 35, 36, 37, 38, 39 et 40.

Le délai sera de quinze jours pour ce recours, qui sera d'ailleurs formé, notifié et jugé comme il est dit en l'article 20 ; il courra à partir du jour de la décision.

Art. 43. Lorsqu'une décision du jury aura été cassée, l'affaire sera renvoyée devant un nouveau jury, choisi dans le même arrondissement.

Néanmoins, la cour de cassation pourra, suivant les circonstances, renvoyer l'appréciation de l'indemnité à un jury choisi dans un des arrondissements voisins, quand même il appartiendrait à un autre département.

Il sera procédé, à cet effet, conformément à l'article 30.

Art. 44. Le jury ne connaît que des affaires dont il a été saisi au moment de sa convocation, et statue successivement et sans interruption sur chacune de ces affaires. Il ne peut se séparer qu'après avoir réglé toutes les indemnités dont la fixation lui a été ainsi déférée.

Art. 45. Les opérations commencées par un jury, et qui ne sont pas encore terminées au moment du renouvellement annuel de la liste générale mentionnée en l'article 29, sont continuées, jusqu'à conclusion définitive, par le même jury.

Art. 46. Après la clôture des opérations du jury, les minutes de ses décisions et les autres pièces qui se rattachent auxdites opérations sont déposées au greffe du tribunal civil de l'arrondissement.

Art. 47. Les noms des jurés qui auront fait le service d'une session ne pourront être portés sur le tableau dressé par le conseil général pour l'année suivante.

CHAPITRE III. — *Des règles à suivre pour la fixation des indemnités.*

Art. 48. Le jury est juge de la sincérité des titres et de l'effet des actes qui seraient de nature à modifier l'évaluation de l'indemnité.

Art. 49. Dans le cas où l'administration contesterait au détenteur exproprié le droit à une indemnité, le jury, sans s'arrêter à la contestation, dont il renvoie le jugement devant qui de droit, fixe l'indemnité comme si elle était due, et le magistrat directeur du jury en ordonne la consignation, pour, ladite indemnité, rester déposée jusqu'à ce que les parties se soient entendues ou que le litige soit vidé.

Art. 50. Les bâtiments dont il est nécessaire d'acquérir une portion pour cause d'utilité publique seront achetés en entier, si les propriétaires le requièrent par une déclaration formelle adressée au magistrat directeur du jury, dans les délais énoncés aux articles 24 et 27.

Il en sera de même de toute parcelle de terrain qui, par suite du morcellement, se trouvera réduite au quart de la contenance totale, si toutefois le propriétaire ne possède aucun terrain immédiatement contigu, et si la parcelle ainsi réduite est inférieure à dix ares.

Art. 51. Si l'exécution des travaux doit procurer une augmentation de valeur immédiate et spéciale au restant de la propriété, cette augmentation sera prise en considération dans l'évaluation du montant de l'indemnité.

Art. 52. Les constructions plantations et améliorations ne donneront lieu à aucune indemnité, lorsque, à raison de l'époque où elles auront été faites ou de toutes autres circonstances dont l'appréciation lui est abandonnée, le jury acquiert la conviction qu'elles ont été faites dans la vue d'obtenir une indemnité plus élevée.

TITRE V.

DU PAIEMENT DES INDEMNITÉS.

Art. 53. Les indemnités réglées par le jury seront, préalablement à la prise de possession, acquittées entre les mains des ayants droit.

S'ils se refusent à les recevoir, la prise de possession aura lieu après offres réelles et consignation.

S'il s'agit de travaux exécutés par l'Etat ou les départements, les offres réelles pourront s'effectuer au moyen d'un mandat égal au montant de l'indemnité réglée par le jury : ce mandat, délivré par l'ordonnateur compétent, visé par le payeur, sera payable sur la caisse publique qui s'y trouvera désignée.

Si les ayants droit refusent de recevoir le mandat, la prise de possession aura lieu après consignation en espèces.

Art. 54. Il ne sera pas fait d'offres réelles toutes les fois qu'il existera des inscriptions sur l'immeuble exproprié ou d'autres obstacles au versement des deniers entre les mains des ayants droit; dans ce cas, il suffira que les sommes dues par l'administration soient consignées, pour être ultérieurement distribuées ou remises, selon les règles du droit commun.

Art. 55. Si, dans les six mois du jugement d'expropriation, l'administration ne poursuit pas la fixation de l'indemnité, les parties pourront exiger qu'il soit procédé à ladite fixation.

Quand l'indemnité aura été réglée, si elle n'est ni acquittée ni consignée dans les six mois de la décision du jury, les intérêts courront de plein droit à l'expiration de ce délai.

TITRE VI.

DISPOSITIONS DIVERSES.

Art. 56. Les contrats de vente, quittances et autres actes relatifs à l'acquisition des terrains, peuvent être passés dans la forme des actes administratifs ; la minute restera déposée au secrétariat de la préfecture ; expédition en sera transmise à l'administration des domaines.

Art. 57. Les significations et notifications mentionnées en la présente loi sont faites à la diligence du préfet du département de la situation des biens.

Elles peuvent être faites tant par huissier que par tout agent de l'administration dont les procès-verbaux font foi en justice.

Art. 58. Les plans, procès-verbaux, certificats, significations, jugements, contrats, quittances et autres actes faits en vertu de la présente loi, seront visés pour timbre et enregistrés gratis, lorsqu'il y aura lieu à la formalité de l'enregistrement.

Il ne sera perçu aucuns droits pour la transcription des actes au bureau des hypothèques.

Les droits perçus sur les acquisitions amiables faites antérieurement aux arrêtés de préfet seront restitués lorsque, dans le délai de deux ans, à partir de la perception, il sera justifié que les immeubles acquis sont compris dans ces arrêtés. La restitution des droits ne pourra s'appliquer qu'à la portion des immeubles qui aura été reconnue nécessaire à l'exécution des travaux.

Art. 59. Lorsqu'un propriétaire aura accepté les offres de l'administration, le montant de l'indemnité devra, s'il l'exige et s'il n'y a pas eu contestation de la part des tiers dans les délais prescrits par les articles 24 et 27, être versé à la caisse des dépôts et consignations, pour être remis ou distribué à qui de droit, selon les règles du droit commun.

Art. 60. Si les terrains acquis pour des travaux d'utilité publique ne reçoivent pas cette destination, les anciens propriétaires ou leurs ayants droit peuvent en demander la remise.

Le prix des terrains rétrocédés est fixé à l'amiable, et, s'il n'y a pas accord, par le jury, dans les formes ci-dessus prescrites. La fixation par le jury ne peut, en aucun cas, excéder la somme moyennant laquelle les terrains ont été acquis.

Art. 61. Un avis, publié de la manière indiquée en l'article 6, fait connaître les terrains que l'administration est dans le cas de revendre. Dans les trois mois de cette publication, les anciens propriétaires qui veulent réacquérir la propriété desdits terrains sont tenus de le déclarer; et, dans le mois de la fixation du prix, soit amiable, soit judiciaire, ils doivent passer le contrat de rachat et payer le prix : le tout à peine de déchéance du privilége que leur accorde l'article précédent.

Art. 62. Les dispositions des articles 60 et 61 ne sont pas applicables aux terrains qui auront été acquis sur la réquisition du propriétaire, en vertu de l'article 50, et qui resteraient disponibles après l'exécution des travaux.

Art. 63. Les concessionnaires des travaux publics exerceront tous les droits conférés à l'administration, et seront soumis à toutes les obligations qui lui sont imposées par la présente loi.

Art. 64. Les contributions de la portion d'immeuble qu'un

23.

propriétaire aura cédée, ou dont il aura été exproprié pour cause d'utilité publique, continueront à lui être comptées pendant un an, à partir de la remise de la propriété, pour former son cens électoral.

TITRE VII.

DISPOSITIONS EXCEPTIONNELLES.

CHAPITRE Ier.

Art. 65. Lorsqu'il y aura urgence de prendre possession des terrains non bâtis qui seront soumis à l'expropriation, l'urgence sera spécialement déclarée par une ordonnance royale.

Art. 66. En ce cas, après le jugement d'expropriation, l'ordonnance qui déclare l'urgence et le jugement seront notifiés, conformément à l'article 15, aux propriétaires et aux détenteurs, avec assignation devant le tribunal civil. L'assignation sera donnée à trois jours au moins ; elle énoncera la somme offerte par l'administration.

Art. 67. Au jour fixé, le propriétaire et les détenteurs seront tenus de déclarer la somme dont ils demandent la consignation avant l'envoi en possession.

Faute par eux de comparaître, il sera procédé en leur absence.

Art. 68. Le tribunal fixe le montant de la somme à consigner.

Le tribunal peut se transporter sur les lieux, ou commettre un juge pour visiter les terrains, recueillir tous les renseignements propres à en déterminer la valeur, et en dresser, s'il y a lieu, un procès-verbal descriptif. Cette opération devra être terminée dans les cinq jours, à dater du jugement qui l'aura ordonnée.

Dans les trois jours de la remise de ce procès-verbal au greffe, le tribunal déterminera la somme à consigner.

Art. 69. La consignation doit comprendre, outre le principal, la somme nécessaire pour assurer, pendant deux ans, le payement des intérêts à 5 pour 100.

Art. 70. Sur le vu du procès-verbal de consignation, et sur une nouvelle assignation à deux jours de délai au moins, le président ordonne la prise de possession.

Art. 71. Le jugement du tribunal et l'ordonnance du président sont exécutoires sur minute et ne peuvent être attaqués par opposition ni par appel.

Art. 72. Le président taxera les dépens, qui seront supportés par l'administration.

Art. 73. Après la prise de possession, il sera, à la poursuite de la partie la plus diligente, procédé à la fixation définitive de l'indemnité, en exécution du titre IV de la présente loi.

Art. 74. Si cette fixation est supérieure à la somme qui a été déterminée par le tribunal, le supplément doit être consigné dans la quinzaine de la notification de la décision du jury, et, à défaut, le propriétaire peut s'opposer à la continuation des travaux.

CHAPITRE II.

Art. 75. Les formalités prescrites par les titres I et II de la présente loi ne sont applicables ni aux travaux militaires ni aux travaux de la marine royale.

Pour ces travaux, une ordonnance royale détermine les terrains qui sont soumis à l'expropriation.

Art. 76. L'expropriation ou l'occupation temporaire, en cas d'urgence, des propriétés privées qui seront jugées nécessaires pour des travaux de fortification, continueront d'avoir lieu conformément aux dispositions prescrites par la loi du 30 mars 1831.

Toutefois, lorsque les propriétaires ou autres intéressés n'auront pas accepté les offres de l'administration, le règlement définitif des indemnités aura lieu conformément aux dispositions du titre IV ci-dessus.

Seront également applicables aux expropriations poursuivies en vertu de la loi du 30 mars 1831, les articles 16, 17, 18, 19 et 20, ainsi que le titre VI de la présente loi.

TITRE VIII.

DISPOSITIONS FINALES.

Art. 77. Les lois des 8 mars 1810 et 7 juillet 1833 sont abrogées.

LOI DU 25 MAI 1838, SUR LES JUSTICES DE PAIX (1).

Art. **1er**. Les juges de paix connaissent de toutes actions purement personnelles ou mobilières, en dernier ressort, jusqu'à la valeur de cent francs, et, à charge d'appel, jusqu'à la valeur de deux cents francs.

Art. 2. Les juges de paix prononcent, sans appel, jusqu'à la valeur de cent francs, et, à charge d'appel, jusqu'au taux de la compétence en dernier ressort des tribunaux de première instance :

Sur les contestations entre les hôteliers, aubergistes ou logeurs, et les voyageurs ou locataires en garni, pour dépenses d'hôtellerie et perte ou avarie d'effets déposés dans l'auberge ou dans l'hôtel ;

Entre les voyageurs et les voituriers ou bateliers, pour retards, frais de route et perte ou avarie d'effets accompagnant les voyageurs ;

Entre les voyageurs et les carrossiers ou autres ouvriers, pour fournitures, salaires et réparations faites aux voitures de voyage.

Art. 3. Les juges de paix connaissent, sans appel, jusqu'à la valeur de cent francs, et, à charge d'appel, à quelque valeur que la demande puisse s'élever :

Des actions en payement de loyers ou fermages, des congés, des demandes en résiliation de baux, fondées sur le seul défaut de payement des loyers ou fermages ; des expulsions de lieux et des demandes en validité de saisie-gagerie ; le tout lorsque les loca-

---

(1) Indépendamment de la juridiction qui leur est attribuée par la loi du 25 mai 1838, les juges de paix, à Paris, président alternativement le tribunal de police municipale séant au Palais-de-Justice, et auprès duquel un commissaire de police remplit les fonctions de ministère public. — Pour la marche à suivre devant ce tribunal, auquel sont déférées les contraventions de simple police et les recours à exercer contre ses décisions, voy. le *Corps municipal*, p. 185 et suiv.

tions verbales ou par écrit n'excèdent pas annuellement, à Paris, quatre cents francs, et deux cents francs partout ailleurs (1).

Si le prix principal du bail consiste en denrées ou prestations en nature, appréciables d'après les mercuriales, l'évaluation sera faite sur celles du jour de l'échéance, lorsqu'il s'agira du payement des fermages ; dans tous les autres cas, elle aura lieu suivant les mercuriales du mois qui aura précédé la demande. Si le prix principal du bail consiste en prestations non appréciables d'après les mercuriales, ou s'il s'agit de baux à colons partiaires, le juge de paix déterminera la compétence, en prenant pour base du revenu de la propriété le principal de la contribution foncière de l'année courante, multiplié par cinq.

Art. 4. Les juges de paix connaissent, sans appel, jusqu'à la valeur de cent francs, et, à charge d'appel, jusqu'au taux de la compétence en dernier ressort des tribunaux de première instance :

1° Des indemnités réclamées par le locataire ou fermier pour non-jouissance provenant du fait du propriétaire, lorsque le droit à une indemnité n'est pas contesté ;

---

(1) D'après l'article 1736 du Code civil, lorsque le bail a été fait sans écrit, l'une des parties ne peut donner congé à l'autre qu'en observant les délais fixés par l'usage des lieux.

A Paris, les termes sont de trois mois : ils commencent aux 1er janvier, 1er avril, 1er juillet et 1er octobre.

Lorsque le prix du bail est de 400 fr. ou au-dessous, le congé doit être signifié *six semaines* avant le commencement du terme ou du demi-terme.—Lorsque le prix est au-dessus de 400 fr., et quelle que soit la somme à laquelle il s'élève, le congé doit être donné *trois mois* avant le commencement du terme.—Enfin, quel que soit le prix, s'il s'agit du bail d'une maison entière, d'un corps de logis ou d'une boutique sur la rue, le délai accordé entre le congé et la sortie est de *six mois*.

Ce même délai de six mois est également accordé à certaines personnes qui, à raison de leur profession ou de leurs fonctions, sont obligées de se loger dans un quartier déterminé. Ce sont les commissaires de police, les maîtres et maîtresses de pension.

Soit que le bail cesse par l'effet d'un congé, soit qu'il expire de plein droit, aux termes fixés par l'usage des lieux, un délai de quelques jours est accordé pour faire le déménagement et l'emménagement. A Paris, on donne huit jours, lorsque le prix du loyer est de 400 fr. ou au-dessous, et quinze, lorsqu'il est au-dessus ou qu'il s'agit de la location d'une maison entière, d'un corps de logis ou d'une boutique. Ainsi, le locataire n'est obligé

2º Des dégradations et pertes, dans les cas prévus par les articles 1732 et 1735 du Code civil.

Néanmoins, le juge de paix ne connaît des pertes causées par incendie ou inondation que dans les limites posées par l'article 1er de la présente loi.

Art. 5. Les juges de paix connaissent également, sans appel, jusqu'à la valeur de cent francs, et, à charge d'appel, à quelque valeur que la demande puisse s'élever :

1º Des actions pour dommages faits aux champs, fruits et récoltes, soit par l'homme, soit par les animaux, et de celles relatives à l'élagage des arbres ou haies, et au curage, soit des fossés, soit des canaux servant à l'irrigation des propriétés ou au mouvement des usines, lorsque les droits de propriété ou de servitude ne sont pas contestés ;

2º Des réparations locatives des maisons ou fermes, mises par la loi à la charge du locataire ;

3º Des contestations relatives aux engagements respectifs des gens de travail au jour, au mois et à l'année, et de ceux qui les

---

de rendre les clefs que le 8 ou le 15 des mois de janvier, avril, juillet ou octobre, à midi, quoique le terme expire le 1er.

Au surplus, ces délais supplémentaires ne sont point une prorogation du délai de six semaines, de trois mois ou de six mois, qui doit s'écouler entre le congé et la sortie : c'est par faveur et pour faciliter les déménagements qu'ils sont accordés. Par conséquent, le congé doit être donné au moins la veille du 1er janvier, du 1er avril, du 1er juillet ou du 1er octobre, ou la veille du demi-terme, pour produire son effet six semaines, trois mois ou six mois plus tard. On ne pourrait, sous prétexte qu'on n'est forcé de déménager que le 8 ou le 15, prétendre que le congé a été signifié en temps utile, six semaines, trois mois ou six mois avant le 8 ou le 15. (Duvergier, continuation de Toullier, t. 19, p. 65 et suiv.)

Le bail cesse de plein droit à l'expiration du terme fixé, lorsqu'il a été fait par écrit, sans qu'il soit nécessaire de donner congé. (Code civil, art. 1757.)

Si, à l'expiration des baux écrits, le preneur reste et est laissé en possession, il s'opère un nouveau bail, dont l'effet est réglé par l'article relatif aux locations faites sans écrit. (*Id.*, art. 1758.) —Voyez ci-dessus l'article 1736.

Lorsqu'il y a un congé signifié, le preneur, quoiqu'il ait continué la jouissance, ne peut invoquer la tacite reconduction. (*Id.*, art. 1739.)

emploient ; des maîtres et des domestiques ou gens de service à gages ; des maîtres et de leurs ouvriers ou apprentis, sans néanmoins qu'il soit dérogé aux lois et règlements relatifs à la juridiction des prud'hommes ;

4° Des contestations relatives au payement des nourrices, sauf ce qui est prescrit par les lois et règlements d'administration publique à l'égard des bureaux de nourrices de la ville de Paris et de toutes les autres villes ;

5° Des actions civiles pour diffamation verbale et pour injures publiques ou non publiques, verbales ou par écrit, autrement que par la voie de la presse, des mêmes actions pour rixes ou voies de fait ; le tout lorsque les parties ne se sont pas pourvues par la voie criminelle.

Art. 6. Les juges de paix connaissent, en outre, à charge d'appel :

1° Des entreprises commises, dans l'année, sur les cours d'eau servant à l'irrigation des propriétés et au mouvement des usines et moulins, sans préjudice des attributions de l'autorité administrative dans les cas déterminés par les lois et par les règlements ; des dénonciations de nouvel œuvre, complaintes, actions en réintégrande et autres actions possessoires fondées sur des faits également commis dans l'année ;

2° Des actions en bornage et de celles relatives à la distance prescrite par la loi, les règlements particuliers et l'usage des lieux, pour les plantations d'arbres ou de haies, lorsque la propriété ou les titres qui l'établissent ne sont pas contestés ;

3° Des actions relatives aux constructions et travaux énoncés dans l'article 674 du Code civil, lorsque la propriété ou la mitoyenneté du mur ne sont pas contestées ;

4° Des demandes en pension alimentaire n'excédant pas cent cinquante francs par an, et seulement lorsqu'elles seront formées en vertu des articles 205, 206 et 207 du Code civil.

Art. 7. Les juges de paix connaissent de toutes les demandes reconventionnelles ou en compensation qui, par leur nature ou leur valeur, sont dans les limites de leur compétence, alors même que, dans les cas prévus par l'article 1er, ces demandes, réunies à la demande principale, s'élèveraient au-dessus de deux cents francs. Ils connaissent, en outre, à quelques sommes qu'elles puissent monter, des demandes reconventionnelles en dommages-intérêts fondées exclusivement sur la demande principale elle-même.

Art. 8. Lorsque chacune des demandes principales, reconventionnelles ou en compensation, sera dans les limites de la compétence du juge de paix en dernier ressort, il prononcera sans qu'il y ait lieu à appel.

Si l'une de ces demandes n'est susceptible d'être jugée qu'à charge d'appel, le juge de paix ne prononcera sur toutes qu'en premier ressort.

Si la demande reconventionnelle ou en compensation excède les limites de sa compétence, il pourra, soit retenir le jugement de la demande principale, soit renvoyer, sur le tout, les parties à se pourvoir devant le tribunal de première instance, sans préliminaire de conciliation.

Art. 9. Lorsque plusieurs demandes formées par la même partie seront réunies dans une même instance, le juge de paix ne prononcera qu'en premier ressort, si leur valeur totale s'élève au-dessus de cent francs, lors même que quelqu'une de ces demandes serait inférieure à cette somme. Il sera incompétent sur le tout, si ces demandes excèdent, par leur réunion, les limites de sa juridiction.

Art. 10. Dans les cas où la saisie-gagerie ne peut avoir lieu qu'en vertu de permission de justice, cette permission sera accordée par le juge de paix du lieu où la saisie devra être faite, toutes les fois que les causes rentreront dans sa compétence.

S'il y a opposition de la part des tiers, pour des causes et pour des sommes qui, réunies, excéderaient cette compétence, le jugement en sera déféré aux tribunaux de première instance.

Art. 11. L'exécution provisoire des jugements sera ordonnée dans tous les cas où il y a titre authentique, promesse reconnue, ou condamnation précédente dont il n'y a point eu appel.

Dans tous les autres cas, le juge pourra ordonner l'exécution provisoire, nonobstant appel, sans caution, lorsqu'il s'agira de pension alimentaire, ou lorsque la somme n'excédera pas trois cents francs, et avec caution, au-dessus de cette somme.

La caution sera reçue par le juge de paix.

Art. 12. S'il y a péril en la demeure, l'exécution provisoire pourra être ordonnée sur la minute du jugement avec ou sans caution, conformément aux dispositions de l'article précédent.

Art. 13. L'appel des jugements des juges de paix ne sera recevable ni avant les trois jours qui suivent celui de la prononciation des jugements, à moins qu'il n'y ait lieu à l'exécution provisoire, ni après les trente jours qui suivront la signification à l'égard des personnes domiciliées dans le canton.

Les personnes domiciliées hors du canton auront, pour interjeter appel, outre le délai de trente jours, le délai réglé par les articles 73 et 1033 du Code de procédure civile.

Art. 14. Ne sera pas recevable l'appel des jugements mal à propos qualifiés en premier ressort, ou qui, étant en dernier ressort, n'auraient point été qualifiés.

Seront sujets à l'appel les jugements qualifiés en dernier ressort, s'ils ont statué, soit sur des questions de compétence, soit sur des matières dont le juge de paix ne pouvait connaître qu'en premier ressort.

Néanmoins, si le juge de paix s'est déclaré compétent, l'appel ne pourra être interjeté qu'après le jugement définitif.

Art. 15. Les jugements rendus par les juges de paix ne pourront être attaqués par la voie du recours en cassation que pour excès de pouvoir.

Art. 16. Tous les huissiers d'un même canton auront le droit de donner toutes les citations et de faire tous les actes devant la justice de paix. Dans les villes où il y a plusieurs justices de paix, les huissiers exploitent concurremment dans le ressort de la juridiction assignée à leur résidence. Tous les huissiers du même canton seront tenus de faire le service des audiences, et d'assister le juge de paix toutes les fois qu'ils en seront requis; les juges de paix choisiront leurs huissiers audienciers.

Art. 17. Dans toutes les causes, excepté celles où il y aurait péril en la demeure et celles dans lesquelles le défendeur serait domicilié hors du canton ou des cantons de la même ville, le juge de paix pourra interdire aux huissiers de sa résidence de donner aucune citation en justice, sans qu'au préalable il n'ait appelé, sans frais, les parties devant lui (1).

Art. 18. Dans les causes portées devant la justice de paix, aucun huissier ne pourra ni assister comme conseil ni représenter les parties en qualité de procureur fondé, à peine d'une amende

_____

(1) Cette prohibition existe généralement à Paris : de sorte qu'avant toute assignation, le demandeur ou poursuivant est tenu de se présenter au bureau de paix et de fixer le jour où il sera entendu, au préalable, par le juge, ainsi que la partie adverse.

de vingt-cinq à cinquante francs, qui sera prononcée sans appel par le juge de paix.

Ces dispositions ne seront pas applicables aux huissiers qui se trouveront dans l'un des cas prévus par l'article 86 du Code de procédure civile.

Art. 19. En cas d'infraction aux dispositions des articles 16, 17 et 18, le juge de paix pourra défendre aux huissiers du canton de citer devant lui, pendant un délai de quinze jours à trois mois, sans appel et sans préjudice de l'action disciplinaire des tribunaux et des dommages-intérêts des parties, s'il y a lieu.

Art. 20. Les actions concernant les brevets d'invention seront portées, s'il s'agit de nullité ou de déchéance des brevets, devant les tribunaux civils de première instance; s'il s'agit de contre-façon, devant les tribunaux correctionnels.

Art. 21. Toutes les dispositions des lois antérieures contraires à la présente loi sont abrogées.

ORDONNANCE CONCERNANT LA CHASSE

DES OISEAUX DE PASSAGE, LE GIBIER D'EAU ET LA DESTRUCTION DES ANIMAUX MALFAISANTS OU NUISIBLES.

Paris, le 10 mars 1845.

Nous, pair de France, préfet de police,

Vu la loi du 3 mai 1844 sur la police de la chasse et la circulaire de M. le Ministre de l'Intérieur, en date du 20 du même mois ;

Vu les arrêtés du gouvernement du 12 messidor an VIII (1er juillet 1800) et 3 brumaire an IX (25 octobre 1800);

Vu la délibération du conseil général du département de la Seine, dans sa session du mois de novembre dernier, insérée dans le *Moniteur* du 5 décembre suivant ;

Considérant qu'il y a lieu de prescrire des mesures réglementaires pour l'exécution des dispositions de l'article 9 de la loi précitée ;

Ordonnons ce qui suit :

Art. 1er. La chasse des oiseaux de passage, sur terre, ne sera permise dans le département de la Seine que pendant le temps où la chasse des autres espèces de gibier est ouverte. Elle ne pourra avoir lieu que pendant le jour et au moyen du fusil.

Art. 2. Les oiseaux de passage aquatiques pourront seuls être chassés en tout temps sur les rivières et étangs, mais au fusil et en bateau seulement.

Tout fait de chasse sur les berges est expressément défendu.

Art. 3. Il est permis, en tout temps, au propriétaire, possesseur ou fermier, de tirer avec des armes à feu ou de prendre aux piéges, autres que les lacets, sur ses terres ou récoltes seulement, les sangliers, les loups, renards, fouines, blaireaux, chats sauvages, belettes et putois.

Art. 4. Dans les conditions de l'article précédent, la destruction des moineaux, pies, geais, corbeaux, faucons, oiseaux de proie, est autorisée à l'aide de piéges, pendant le temps où la chasse est close.

Art. 5. La destruction des lapins pourra avoir lieu, pendant le temps où la chasse est prohibée et même en temps de neige, mais seulement à l'aide de furets et de bourses.

Art. 6. Il est formellement interdit de faire usage de panneaux et filets de toute espèce, d'appeaux, appelants et chanterelles, de lacets, collets et autres engins analogues.

Le miroir qu'on est dans l'habitude d'employer pour tirer les alouettes n'est pas considéré comme un engin prohibé.

Art. 7. La chasse est expressément interdite toutes les fois que la terre est couverte de neige, dans les localités autres que les bois et forêts.

Cette disposition n'est pas applicable à la chasse du gibier d'eau dans les marais, sur les étangs, canaux, fleuves et rivières, ni à la destruction des animaux malfaisants ou nuisibles.

Art. 8. Nul ne pourra se livrer à la chasse des oiseaux de passage et du gibier d'eau, sans être muni d'un permis de chasse obtenu conformément aux prescriptions de la loi.

Le propriétaire, possesseur ou fermier, n'aura pas besoin de ce permis pour repousser et détruire sur ses terres, même avec des armes à feu, les bêtes fauves qui porteraient dommage à ses propriétés.

Art. 9. Tout individu qui, sous prétexte de détruire des animaux nuisibles ou malfaisants, se livrerait à l'exercice de la chasse, en temps prohibé, ou sans être muni d'un permis de chasse, sera poursuivi conformément à la loi.

Art. 10. La présente ordonnance sera imprimée, publiée et affichée, et les contraventions qui y seraient faites, seront constatées par des procès-verbaux et déférées aux tribunaux compétents.

Le Pair de France, Préfet de Police,

G. DELESSERT.

TABLE DES MATIÈRES.

A.

24.

B.

C.

F.

G.

S.

T.